HVH

Bibliografische Information der Deutschen Bibliothek
Die Deutsche Bibliothek verzeichnet diese Publikation
in der Deutschen Nationalbibliografie; detaillierte
bibliografische Daten sind im Internet über
http://dnb.ddb.de abrufbar.

Bernhard Pörksen / Hanne Detel
Der entfesselte Skandal.
Das Ende der Kontrolle im digitalen Zeitalter
Köln: Halem, 2012

© 2012 by Herbert von Halem Verlag, Köln

ISBN 978-3-86962-058-9

Den Herbert von Halem Verlag erreichen Sie auch im
Internet unter http://www.halem-verlag.de
E-Mail: info@halem-verlag.de

SATZ: Herbert von Halem Verlag
DRUCK: FINIDR, S.R.O. (Tschechische Republik)
GESTALTUNG: Claudia Ott Grafischer Entwurf, Düsseldorf
Copyright Lexicon ©1992 by The Enschedé Font Foundry.
Lexicon® is a Registered Trademark of The Enschedé Font Foundry.

Bernhard Pörksen / Hanne Detel

Der entfesselte Skandal

Das Ende der Kontrolle im digitalen Zeitalter

Herbert von Halem Verlag

INHALT

I. DER ENTFESSELTE SKANDAL.
EINE EINFÜHRUNG

DIE MEDIALE ALLGEGENWART

Es ist ein Moment der Unschuld und des Spiels. Die Geschichte ereignet sich auf Korfu vor einem Restaurant und Ferienzentrum. Drei Jungen toben über die Straße und mit ihnen ein kleiner griechischer Straßenhund. Zwei der Jungen kennen sich aus Berlin. Sie sind gemeinsam mit ihren Müttern angereist. Der kleinste Junge kommt aus einer anderen Stadt, er ist sieben Jahre alt. Er ist mit seinen Eltern da. Man hat sich gerade erst kennengelernt. Einer der Jungen – er ist zwölf Jahre alt – hat ein Handy. Dies wird sich später am Abend herausstellen. Irgendwann verschwinden die drei mit dem Hund zwischen den Häusern. »Richtig nett und irgendwie lustig« seien die beiden Neuen, wird der Jüngste später am Abend seinen Eltern erzählen. Einen kleinen Film hätten sie gedreht – über ihn und den Hund und ihr Spiel. Der Hund habe ihn angesprungen, sein Bein mit den Vorderpfoten umklammert, sich immer wieder an ihm gerieben. Dann möchte er wissen, was ›bumsen‹ bedeutet. Denn dem Film hätten sie eben diesen Titel gegeben: »Hund bumst Jungen.« Was das denn hieße? Und einer der Jungs habe ihm zum Abschied zugerufen, er werde dies alles ins Internet stellen. Ob das denn einfach so funktionieren könne und was das bedeute?

Das ist eine gute, weil kaum zu beantwortende Frage. Was hätte passieren können, wenn es diese Bemerkung nicht gegeben hätte, wenn also das Filmchen der beiden Zufallsbekanntschaften tatsächlich im Netz gelandet wäre? Vielleicht wäre einfach gar nichts passiert. Das ist im Übrigen äußerst wahrscheinlich. Vielleicht wäre das Filmchen einfach untergegangen wie Millionen Realitätsschnipsel davor und danach auf den entsprechenden Plattformen und hätte sich schlicht versendet. Vielleicht aber eben auch nicht. Und im Extremfall wäre der Siebenjährige, wie manche vor ihm, zu einer *Netzberühmtheit wider Willen* geworden.[1] Gary Brolsma hat dies 2004 mit einem 97-Sekunden-Clip geschafft, den er eigentlich zum Spaß und zur Unterhaltung seiner Freunde produzieren wollte. Hier grimassiert und gestikuliert er zu den Klängen eines rumänischen Popsongs und singt: »Ma-ia-hii, mai-ia-huu, mai-hoo, ma-ia-haha.« Man kennt ihn heute weltweit als den *Numa Numa-Guy*, der inzwischen versucht, aus seinem zufällig entstandenen Prominenten-Status Kapital zu schlagen. Bis zum November 2006 wurde sein Video, so die Schätzung der britischen Marketing-Firma The Viral Factory, bereits 700 Millionen Mal angeklickt.

Auch der dickliche kanadische Junge, der als *Star Wars Kid* zu zweifelhaftem Ruhm gekommen ist, muss an dieser Stelle erwähnt werden. Er drehte im November 2002 ein kleines Video, in dem er das Schwingen der Lichtschwerter in *Star Wars* mithilfe einer Golfball-Angel imitierte – auch dies ein selbstvergessener Moment des tapsigen, des hilflosen Spiels, der ihn bis zum heutigen Tag verfolgt. Weil er sein Video in der Schule liegen ließ, dies vier seiner Klassenkameraden entdeckten und 2003 begannen, das Filmchen über Tauschbörsen im Netz zu verbreiten, wurde er zu einer Internet-Berühmtheit ersten Ranges. Etwa eine Milliarde Aufrufe der vielen kursierenden Video-Versionen hat es, so heißt es, gegeben – mit fatalen Folgen für den Ad-hoc-Imitator und seinen Wunsch nach Privatheit: Er verließ die Schule, weil er die beständigen Hänseleien nicht mehr aushielt, wurde von einem Privatlehrer unterrichtet, begab sich in psychiatrische Behandlung, verklagte schließlich mithilfe seiner Eltern jene Schüler, die alles ausgelöst, ihm

1   Zu den folgenden Fallgeschichten s. LISCHKA, KONRAD (2007): Verglühte Netzsternchen. In: *Spiegel Online* vom 24.07.2007. http://www.spiegel.de/netzwelt/web/0,1518,496118,00.html [22.03.2010].

diesen Aufmerksamkeitsexzess beschert hatten. »Irgendwer war immer da, der Star Wars Kid, Star Wars Kid rief. Es war unerträglich«, so erklärte er konsterniert in einem Interview. Und noch heute braucht es nur ein paar Mausklicks, um auf die entsprechenden Filmchen, Hunderte von Artikeln und den Wikipedia-Eintrag des Gebeutelten zu stoßen.

Besser hingegen ist es Matt Harding ergangen, dem tanzenden Weltenbummler mit seinen Gute-Laune-Videos. Er kündigte eines Tages seinen Job als Designer von Computerspielen und begab sich auf Weltreise. Irgendwer brachte ihn auf die Idee, vor unterschiedlichen Sehenswürdigkeiten und in unterschiedlichen Situationen (in den Gängen einer russischen Eisenbahn, auf dem Gipfel des Kilimandscharo, auf einer Straße in Indien) zu tanzen – und dies alles zu filmen. Sein ursprünglich für Freunde und Verwandte gedachtes Filmchen, seine Clip-Collage, die ihn an unterschiedlichen Orten der Erde zeigt, hat ihm inzwischen eine Existenzgrundlage beschert und den Ententanz vor Weltpublikum in eine Art Beruf verwandelt. Harding reist heute, gesponsert von einer Kaugummifirma, unterstützt von seiner Freundin, um die Welt, vollführt seine eigenen, seltsamen, seine lustigen und doch berührenden Tänze, ermuntert andere, mit ihm zu tanzen. Er gibt zahlreiche Interviews, tritt bei den Konferenzen der digitalen Boheme auf, veröffentlichte 2009 ein Buch mit dem Titel *Where the Hell Is Matt? Dancing Badly around the World* – und genießt ganz offenkundig die schönen Seiten einer kuriosen, vollkommen ungeplanten Prominenz. Alles begann damit, dass er das Video auf seine Seite stellte und dass ein entfernter Bekannter und ein paar Blogger einen Link setzten. Matt Harding: »Zu meiner großen Überraschung hat es allen richtig gefallen. Dieses jämmerliche Tanzen schien sogar die abgestumpftesten unter den Zuschauern aufzurütteln, und die Fülle der fernen Schauplätze weckte in ihnen offenbar das Gefühl, es wäre immer noch das eine oder andere möglich. Die alles beherrschende Stimmung im Forum der Kommentatoren gipfelte in dem plötzlichen Wunsch, das Leben nicht einfach irgendwie vorbeiziehen zu lassen. Die Leute waren tatsächlich inspiriert.«[2]

---

2   HARDING, MATT (2009): *Where the Hell Is Matt? Dancing Badly around the World*. New York, Skyhorse Publishing, S. 30. [Die Übersetzung der englischsprachigen Zitate stammt in diesem und den anderen Kapiteln des Buches jeweils von den Autoren].

Was also hätten – wählt man die geschilderten Fälle zum Ausgangspunkt und vergegenwärtigt sich die von eigenartigen, kaum einschätzbaren Schmetterlingseffekten regierte Aufmerksamkeitsökonomie des Netzes – die Folgen für den Siebenjährigen sein können, den seine neuen Freunde auf Korfu für die Handykamera mit dem Hund spielen ließen? Die Antwort muss lauten: Man kann es nicht wissen. Aber die digitalen Überall-Medien haben, dies ist für jeden erfahrbar geworden, eine mediale Allgegenwart erzeugt – das Universum einer neuen Sichtbarkeit, in dem dem Einzelnen die Kontrolle über sein Selbstbild und sein Image abhanden kommt. *Big Brother*, die inzwischen erfolglose Fernsehshow, ist damit zur Leitmetapher der gegenwärtigen Medienkultur geworden – Ausdruck der Tatsache, dass man womöglich immer und überall beobachtet wird und dass sich das eigene Verschwinden vom Monitor unter den gegenwärtigen Medienbedingungen kaum machen lässt. Das moderne Ich hockt gleichsam überall in einem Container und ist potenziell stets den Blicken anderer ausgesetzt. »Heute kann keiner mehr sicher sein, nicht gesehen zu werden«, so beschreiben Markus Brauck, Isabell Hülsen und Martin U. Müller die Bewusstseinslage dieses *Container-Ich.* »Ob er nun betrunken am Rand des Oktoberfestes mit Foto-Handy geknipst, beim Nasepopeln in der U-Bahn von einem Blogger erwischt wird oder vor die Linsen des professionellen Reality-TV läuft: Schiere Präsenz ist zum Maßstab geworden.«[3]

Noch einmal: Es muss nicht sein, aber womöglich hätte eine geifernde, eine kontextvergessene Netzgemeinde das Verhalten dieses Jungen auf Korfu skandalisiert und sich ein belustigter Mob über ihn und sein scheinbar schamloses Spiel mit dem rammelnden Straßenhund erregt – »Seht her, wie dieser kleine Idiot agiert!« Womöglich hätte dieser Moment der Unschuld und des Spiels zu einem Skandal neuen Typs werden können. *Denn jeder kann heute – unabhängig von seinem gesellschaftlichen Status – zum Objekt unerwünschter, potenziell weltweiter Aufmerksamkeit werden.*[4] Der entfesselte Skandal orientiert sich nicht mehr an Relevanz und Hierarchie,

3   BRAUCK, MARKUS/ISABELL HÜLSEN/MARTIN U. MÜLLER (2010): Das Container-Ich. In: *Der Spiegel* vom 04.01.2010. Nr. 1. S. 65.
4   Siehe auch: BERGMANN, JENS/BERNHARD PÖRKSEN (Hrsg.) (2009): *Skandal! Die Macht öffentlicher Empörung.* Köln: Herbert von Halem Verlag. S. 15.

nicht mehr bzw. nicht mehr nur und ausschließlich an den Verfehlungen von Eliten und Mächtigen, sondern handelt von den angeblichen oder vermeintlichen Normverletzungen aller. Diese selbst fabrizierten Kuriositäten und Normverletzungen können unendlich unwichtig sein und überhaupt nur aus der Sicht der Netz-Voyeure als publizistisch bedeutsam erscheinen. Sie müssen im Bewusstsein der direkt Beteiligten nicht einmal stattgefunden haben bzw. sie verdecken die eigentliche Normverletzung – die ungefragte Veröffentlichung –, ohne dass eine Entstehungsgeschichte sichtbar würde, ohne einen Kontext, der die begründete Einschätzung erlauben würde, ohne einen Versuch der Einordnung.

DAS DILEMMA DER DARSTELLUNG

Es ist einer dieser Tage des Normalbetriebs in der Universität. Ein Referat mit einem Bachelor-Studenten zum Thema ›Privatheit im digitalen Zeitalter‹ gilt es abzustimmen. Der Student hat sich offenkundig gut vorbereitet, in Eigenregie eine Fallgeschichte recherchiert und eine PowerPoint-Präsentation vorab geschickt. Zumindest wirkt dies alles auf den ersten Blick ziemlich erfreulich. Wenn man die Präsentation dann öffnet, ist man als Universitätsinsasse doch einigermaßen irritiert. Denn gleich auf dem ersten Schaubild ist ein Foto von Uta Friesing zu sehen, einem Mädchen, dessen Augen der Student mit einem schwarzen Balken eher notdürftig anonymisiert hat.[5] »Motorhauben-Uta« hat der Student sein Referat betitelt. Deutlich wird im Laufe der Präsentation, dass er der Faszination seiner Fallgeschichte erlegen ist und sein Umgang mit ihr exemplarisch den Verlust der Privatheit illustriert, den er eigentlich analysieren wollte. Ihm fehlt es in einer für das Thema dieses Buches erhellenden Weise an Distanz bzw. an der für den Prozess der Analyse richtigen *Mischung aus Nähe und Distanz*. Uta Friesing, so berichtet er, habe in der Silvesternacht des 31. Dezember 2005 eine All-You-Can-Drink-Party auf der schwäbischen Alb besucht

---

5   Es versteht sich von selbst, dass alle Namen verändert wurden.

und bei dieser Party Jens Altmann getroffen, der damals 19 Jahre alt ist. Die Fallgeschichte, die der Student in der Sprechstunde und später im Seminar vorstellen möchte, besteht im Kern aus vier Bildern, die seine Präsentation ausmachen. Auf dem ersten Bild sieht man noch aus der Ferne ein Mädchen auf einer Autohaube beim Geschlechtsverkehr mit einem Jungen, dessen Hose bis auf die Knie heruntergerutscht ist. Die nächsten Handybilder gehen näher ran und zeigen Details. Fotos der besoffenen Liebesnacht, so wird aus seiner Dokumentation des Falles deutlich, kursieren wenig später in der Schule, in der Stadt; sie werden noch in der Nacht des Jahreswechsels mithilfe von Bluetooth und MMS auf andere Handys überspielt, am nächsten Tag per E-Mail verschickt. Man entdeckt sie im Netz. Jens Altmann wird sie sich besorgen und sich mit ihnen vor seinen Kollegen im Sportverein und vor seinen Freunden brüsten. Er sei stolz auf den ›Aufriss‹ heißt es in der kleinen Stadt – und freut sich über die präzise Dokumentation von Leistung und Potenz. Uta Friesing selbst wird hingegen als ›Flittchen‹ und ›Schlampe‹ beschimpft. Sie flieht, als sie die Ursache des allgemeinen Getuschels und Gelächters in der Schule bemerkt und man auch ihr die Bilder des anonymen Laienpaparazzos zeigt, zunächst in die vermeintliche Abgeschlossenheit des eigenen Zuhauses – und lässt sich krankschreiben. Schließlich erreichen die Handybilder den Vater des Mädchens und eben auch den Studenten auf der Suche nach einer Form der Direkt-Empirie. Und es entsteht der fortan kursierende Spitzname, den der Student eben doch nicht selbst erfunden hat: »Motorhauben-Uta«.

Das Beispiel zeigt aller Irrelevanz, aller fehlenden gesellschaftlichen Brisanz des Geschehens zum Trotz eine für den entfesselten Skandal typische *informationelle Verunsicherung* für das betroffene Subjekt, das sich in einer alptraumhaft wirkenden Zufälligkeit in ein ohnmächtig wirkendes Objekt verwandeln kann. Es ist schwer und manchmal unmöglich zu wissen, was der andere über einen weiß und wie er zu diesem Wissen gelangt ist, welche digitalen Spuren er verfolgt, welche Fotos er durch Zufall bekommen hat – und was er mit ihnen anfängt, an wen er sie weitergibt, wie er sie verändert, streut. Im Extrem entstehen äußerst intime Bilder des eigenen Selbst – ohne dass man selbst auch nur eine Ahnung davon hat, ohne dass sich der eigene Einfluss auf das öffentlich kursierende Bild bemerkbar machen könnte.[6] Der Jurist Daniel J. Solove hat dieses Problem der kontextfreien Diffamierung und Skandalisierung in seinem brillanten Buch *The Future of Reputation* präzise formuliert: »Wer einen Onlinebericht über irgendeinen weit entfernt lebenden, ihm fremden Menschen liest, wird eben kaum je die vollständige Geschichte vermittelt bekommen; der Leser verfügt bloß über Bruchstücke an Information, und wenn keine persönliche Beziehung existiert, dann genügen auch schon Informationen, die vielleicht unvollständig und von zweifelhaftem Wahrheitsgehalt sind, um unmittelbar Spott, Ablehnung oder Tadel auszulösen.«[7] Überdies: Die Vorgeschichte eines dann eben doch nicht gehaltenen bzw. eines gerade noch gestoppten Referats demonstriert (dies macht sie bei aller inhaltlichen Irrelevanz gleichsam sekundär interessant) ein analytisches Dilemma, das jeden beschäftigen muss, der sich mit tatsächlichen oder vermeintlichen Skandalen befasst. *Es wird nämlich deutlich, dass die Analyse einer angeblichen Normverletzung unvermeidlich diese Normverletzung reproduziert – und die Gefahr erzeugt, die Schmähung, nur eben unter dem Deckmantel von Information, Aufklärung und Analyse, ein weiteres Mal zu wiederholen.*

VARIANTEN DES VOYEURISMUS

Es gibt, so zeigt sich, im Grunde genommen zwei Varianten des Voyeurismus. Die erste Form des Voyeurismus ist nackt, sie erscheint begründungslos, sie tritt ohne begleitende Rechtfertigung in Erscheinung und ist damit auf eine obskure Art und Weise ehrlich. Hier ergötzt man sich ohne jede Scham am Erfolg oder Misserfolg anderer, den Schicksalen, den Tragödien. Pornografie kommt in dieser Variante ohne Zusatzelemente aus. Die zweite Form des Voyeurismus könnte man als einen *Voyeurismus zweiter Ordnung* bezeichnen: Hier zeigt man den Porno, um im Bild zu bleiben, gleichsam mit kritisch-reflektierender Unterzeile,

6   SPÄRCK JONES, KAREN (2003): Privacy: What's Different Now? In: *Interdisciplinary Science Reviews*, 28. Jg. H. 4. S. 287-292.
7   SOLOVE, DANIEL J. (2007): *The Future of Reputation. Gossip, Rumor, and Privacy on the Internet*. New Haven/London: Yale University Press. S. 37.

liefert Kurioses, Absonderliches und Widerliches unter dem Deckmantel eines Aufklärungsinteresses, das das eigene Publikum für die sorglose Rezeption und den Genuss ohne Reue oder Gewissensbisse öffnet. Der Vorwurf des Voyeurismus wird bei dieser Art der Präsentation mit behandelt – und durch die Gesamtanlage des Vorhabens und den Kontext (ein akademisches Referat, ein Buch über Netzskandale und den Reputationsverlust im digitalen Zeitalter etc.) zumindest scheinbar entkräftet. Die Unterscheidung verschiedener Varianten des Voyeurismus verweist auf eine Herausforderung eigener Art. Die Auseinandersetzung mit dem entfesselten Skandal, einem Skandal, der jeden treffen kann, ist ein beständiger Balanceakt zwischen Nähe und Distanz, zwischen Aufklärung und Voyeurismus, zwischen Analyse und Klatsch. Wie verwendet man die Geschichte der damals 15-jährigen Besucherin einer Silvesterparty, ohne ihr womöglich erneut zu schaden und ihr als Fallbeispiel in der medienwissenschaftlichen Literatur zu weiterer, erkennbar unerwünschter Publizität zu verhelfen? Wie berichtet man über den Fall des schwäbischen Brasilien-Urlaubers, der bei einem Bordellbesuch heimlich gefilmt wird und sich nun verzweifelt mithilfe eines professionellen Netzdienstleisters bemüht, die epidemische Verbreitung des Netzvideos auf zahlreichen Sexseiten zu stoppen? Ist dieser Fall überhaupt verwendbar? Wie erzählt man von jenem Schlager- und Fernsehprominenten, der zum Stalking-Opfer wird, weil ihn ein einziger, hasserfüllter anderer mit allen Mitteln und aller Raffinesse des *Negative Campaigning* diffamiert? Wie geht man vor, wenn man doch eigentlich einerseits den *Kult der Irrelevanz* analysiert und kritisiert, man aber doch andererseits auf eine Form der dichten Beschreibung und eine Fülle von Fallgeschichten angewiesen ist, die erst die Brisanz des Themas erfahrbar machen, man also die als irrelevant attackierten Inhalte notwendigerweise noch einmal ausbreiten muss?

Es gibt im Angesicht des Darstellungsdilemmas gewiss eine *pragmatische* und ganz konkrete Antwort, die besagt: Manche Fallgeschichten in diesem Buch wurden gezielt anonymisiert (Namen, Ortsangaben, Jahreszahlen wurden mitunter verändert), um eine Nachrecherche zumindest zu erschweren. Andere Geschichten wurden bewusst ausgespart, weil ihre Darstellung im Sinne der Betroffenen als zu heikel erschien. Wieder andere wurden referiert, weil sie ohnehin in entscheidenden Grundzügen bekannt geworden sind oder sich gegen tatsächlich Mächtige und Prominente richten bzw. eine legitime Form der Skandalisierung von kritikwürdigem Verhalten darstellen. Es existiert jedoch auch eine *prinzipielle* Antwort, die auf die Versuchung des Voyeurismus höherer Ordnung reagiert. Sie besteht schlicht darin, das Dilemma dieser Recherchen und Analysen von den ersten Seiten an offenzulegen, sich die Möglichkeit des Scheiterns vor Augen zu führen, die Leserinnen und Leser zu bitten, die Geschichten in dem hier geschilderten Kontext zu belassen – und die Autorin und den Autor an ihren selbst formulierten Ansprüchen zu prüfen: Kann man über den entfesselten Skandal in einer Weise schreiben, die sich nicht von der allgegenwärtig gewordenen Neigung zur Skandalisierung forttragen lässt?

MERKMALE DES KLASSISCHEN SKANDALS

Skandale sind, das lässt sich leicht zeigen, überall. Und es ist unendlich leicht geworden, sich zu empören – auch ohne das Informationsgewitter der digitalen Überall-Medien. Man muss nur eine Zeitung zur Hand nehmen, am besten die mit den großen Schlagzeilen. Man muss nur die Abendnachrichten einschalten, vorzugsweise die der privaten Sender. Man muss sich nur in irgendeiner Weise mit den Erregungsmaschinen der modernen Mediengesellschaft verbinden. Und schon ist er da, unabweisbar, aufdringlich und laut: der Skandal. Er treibt uns um, wenn auch nur für kurze Zeit; er fordert Opfer, die wir schnell vergessen; er zwingt zur öffentlichen Buße, was uns freut. Der Skandal ist allgegenwärtig – und zu einer Art *Medium der Medien* geworden: ein Raster zur Organisation von Erkenntnis und Aufmerksamkeit, eine Möglichkeit, ferne, unbekannte Sphären des Realen blitzschnell einzuordnen und ohne größere intellektuelle und sonstige Unkosten zu bewerten.[8] »Deutschlands frechster Arbeitsloser kassiert seit 36 Jahren Stütze!« »Die

---

8   SMOLTCZYK, ALEXANDER (1999): Skandal! Die nackte Wahrheit. In: *SPIEGELreporter*, Nr. 12. S. 16-29.

Kölner U-Bahn versinkt in einem Sumpf aus Pfusch und Korruption!«
»Helene Hegemann hat beim Schreiben ihres Bestsellers plagiiert!«
»Neue Missbrauchsvorwürfe gegen die katholische Kirche!« »Gam-
melfleisch in Berliner Imbissbuden!« »Auf deutschen Fußballplätzen
wird geschummelt und bestochen!« »Doping im Sport!« »Schmiergeld
von Siemens!« »Die Kundus-Affäre!« »Watergate!« »Nipplegate!« »Klimagate!« Und es vergeht kein Tag, an dem diese Gesellschaft nicht mit
neuen Vorschlägen, sich zu erregen und zu empören, versorgt werden
würde. Es gibt Finanz- und Korruptionsskandale, Sex- und Missbrauchsskandale, Skandale des Feuilletons und der intellektuellen Debatte, politische Skandale, Skandale der Kirchen und der Gewerkschaften, der
Unternehmen, der Banken und der Medien, des Sports, des Theaters
und der Literatur. Wer das Wort *Skandal* bei Google eingibt, also die
moderne Form des Existenz- und Relevanznachweises führt, erhält gut
46 Millionen Treffer. »Tag für Tag«, so der Philosoph Peter Sloterdijk,
»versuchen Journalisten neue Erreger in die Arena einzuschleusen, und
sie beobachten, ob der Skandal, den sie auslösen wollen, zu blühen beginnt. Man darf nicht vergessen, dass in jeder modernen Nation jeden
Tag zwanzig bis dreißig Erregungsvorschläge lanciert werden, von denen naturgemäß die meisten nicht zu dem gewünschten Ergebnis führen.
Die moderne Gesellschaft ist zwar eine sehr skandalisierungsfreudige
Lebensform, aber sie nimmt nicht jeden Skandalisierungsvorschlag auf.
Die meisten Erregungsvorschläge werden abgelehnt oder mit mäßigem
Interesse studiert.«[9]

Wenn man die Verbreitungswege derartiger Erregungsvorschläge
analysiert, unterschiedliche Phasen der Skandalisierung rekonstruiert,
so zeigt sich: Der klassische, der in die massenmediale Logik eingebet-
tete Skandal hat verschiedene Merkmale. Am Anfang steht unvermeidlich die Verfehlung, die Normverletzung. Es folgt die von Journalisten
betriebene Enthüllung, dann – wenn das Thema greift – der Aufschrei,
die kollektive Empörung des Publikums, schließlich das Ritual der

---

9   SLOTERDIJK, PETER (2007): Am Medienhimmel. Ein Gespräch mit Jana Kühle und Sugárka
    Sielaff. In: BERGMANN, JENS/PÖRKSEN, BERNHARD (Hrsg.): *Medienmenschen. Wie man Wirk-
    lichkeit inszeniert*. Münster: Solibro. S. 273.

Aufarbeitung und der öffentlichen Anklage mit allen Varianten der Reaktion. Manche der Beschuldigten rechtfertigen sich oder streiten alles ab. Sie bitten öffentlich um Entschuldigung und gestehen ihre Schuld. Sie erklären sich mehr oder minder trotzig zum Opfer und sehen das eigentliche Unrecht und den wirklichen Skandal in der Tatsache, dass man sie gerade attackiert hat. Schließlich kommt es zu einem letzten Schritt. »Die Beteiligten, Skandalierer und Skandalierte, müssen ihn,« so heißt es in einem Buch des Soziologen Karl Otto Hondrich, »in hintergründigem Zusammenwirken, selbst tun. Aber sie tun es unter einem Zwang: Die kollektiven Gefühle, aufs Höchste aufgebracht, verlangen Genugtuung. Verletzte Werte müssen geheilt, unscharfe Regeln verschärft, hochgestiegene Karrieristen gestürzt, Individuen geopfert werden – auf dem Altar der von vielen geteilten moralischen Gefühle.«[10] Und dann beginnt, nicht für die Täter, nicht für die Opfer, aber doch für die Mehrheit der Leser, Hörer und Zuschauer das große Vergessen. Was bleibt, sind allenfalls Erinnerungsfetzen, Meinungen, gefühlte Wahrheiten. Das Publikum verliert das Interesse und wendet sich spätestens nach sechs bis acht Wochen neuen Themen zu, denn die allgemeine Erregung hat eine äußerst geringe Halbwertszeit. Jedem Aufreger ist ein rasches Verfallsdatum aufgeprägt. Und doch ist – aller Flüchtigkeit zum Trotz – der Moment der kollektiven Empörung besonders aufschlussreich. Denn hier probt die Allgemeinheit das große moralische Gespräch und erklärt sich, welche Werte gelten oder doch gelten sollen. Im Skandalschrei offenbaren Einzelne oder auch ganze Nationen ihr Verständnis von Normalität und vergewissern sich ihrer Werte: je gleichförmiger die Entrüstung, desto stabiler und akzeptierter das Wertesystem, das verletzt wurde. Eine offene, eine pluralistische Gesellschaft, die sich nicht mehr an positiv zu bestimmende Werte gebunden fühlt, eine Gesellschaft, die in ganz unterschiedliche Welten und Wirklichkeiten zerfällt, fingiert eine Einheit, eine kollektive Moral in der Abgrenzung und dem gemeinsamen Zorn auf das, was sie als schlecht und böse erkannt hat. Auch die Konfrontation mit

---

10   HONDRICH, KARL OTTO (2002): *Enthüllung und Entrüstung. Eine Phänomenologie des politischen Skandals*. Frankfurt am Main: Suhrkamp. S. 16.

dem Abseitigen, dem Unmoralischen und Skandalösen erlaubt es, so schon Emile Durkheim, der Mitbegründer der modernen Soziologie, letztlich moralische Normen zu bekräftigen und in der Grenzüberschreitung die Grenze selbst wieder sichtbar zu machen. Das ist die Moral der Unmoral.

Allerdings hat die allgemeine Skandalsucht, diese moderne Form der Wertedebatte, keine besonders gute Presse. Man nimmt sie eher angewidert zur Kenntnis. Im Kampf um Aufmerksamkeit und Marktanteile praktizierten Journalisten, so heißt es, eine brutale Form der Menschenjagd. Der Skandal werde zu einer überaus schädlichen Kommunikationsform. Wahrheit, meint beispielsweise der Kommunikationswissenschaftler Hans Mathias Kepplinger, sei zwar noch erkennbar, habe aber in der Regel keine Chance, sich durchzusetzen. Ohnehin sei der Skandalisierer mehr Künstler als Analytiker, der den Skandal erst kreativ aus dem Material von Misständen produziere.[11] Das heißt: Schon der klassische, der in den Massenmedien lancierte und verbreitete Skandal ist bei genauerer Betrachtung Instrument der Aufklärung – und der Gegenaufklärung. Er erzwingt, oft äußerst brutal und effektiv, dies lässt sich positiv verbuchen, Verantwortung und den womöglich dringend gebotenen Neuanfang – und stimuliert doch andererseits häufig nur die gedankenarme Schadenfreude, den voyeuristischen Zeitvertreib, das kollektive Amüsement über den dramatischen Absturz der einst gefeierten Helden. Er setzt Themen und lässt die moralische Debatte als dringlich erscheinen, schüchtert Mächtige ein, zerstört Hierarchien der Herrschaft und erreicht mitunter die Kraft einer urdemokratischen Wahl, die gefährliche Charismatiker und Despoten zu Fall bringt. Schon der klassische Skandal hat zwei Gesichter. Oft wird das Banale einfach nur zur Sensation aufgebläht. Und es gibt jede Menge Opfer. Denn der Skandal verletzt eben auch immer wieder Unschuldige oder Kaum-Schuldige und nimmt ihnen ihre Würde.

---

11   KEPPLINGER, HANS MATHIAS (2005): *Die Mechanismen der Skandalierung. Die Macht der Medien und die Möglichkeiten der Betroffenen.* 2., aktualisierte Aufl. München: Olzog. S. 145f.

CHARAKTERISTIKA DES ENTFESSELTEN SKANDALS

Allerdings: Es bildet sich im Schatten der allgegenwärtig gewordenen Neigung zur Empörung – das ist die zentrale These dieses Buches – ein neues Skandalschema heraus. Ursächlich dafür ist, dass sich der Skandal von seiner Fesselung an die lineare, weitgehend interaktionsfreie Logik der Massenmedien entkoppelt und eine neue Evolutions- und Eskalationsstufe erreicht; er emanzipiert sich von den Beschränkungen, die physische, räumliche oder zeitliche Grenzen vorgeben, löst sich von den klassischen Themen und den gesellschaftlich relevanten Normverletzungen, erweitert sein inhaltliches Spektrum – eben durch die offensiven Aktivitäten derjenigen, die einst das zur Passivität verdammte Medienpublikum bildeten. Die vielen Einzelnen sind es, die sich nun zur publizistischen Großmacht vereinen können. Die Schlüsselmerkmale des entfesselten Skandals lassen sich im Sinne eines ersten, eines einführenden Überblicks folgendermaßen zusammenfassen:

- Die *Initiatoren und Enthüller* der Skandalisierungsprozesse sind nicht mehr nur die von Peter Sloterdijk so rhetorisch geschliffen attackierten Journalisten, nicht mehr notwendig die professionellen Gatekeeper mit dem grundsätzlich eben doch gegebenen Interesse an Fragen von öffentlicher Relevanz, sondern auch Blogger, in Schwärmen oder Mobformationen auftretende Kollaborateure im Social Web, oder auch Einzelne, die den richtigen Moment erwischen, ihr ganz persönliches Thema einem aufnahmebereiten Weltpublikum vorzustellen. Jeder kann heute effektiv skandalisieren, wenn es ihm gelingt, Aufmerksamkeit zu erregen.
- Aufzeichnungsmedien wie Handys, Digitalkameras, leistungsstarke Computer, Verbreitungsmedien im Social Web, also Netzwerk- und Multimedia-Plattformen wie Facebook, Twitter oder YouTube, Blogs, persönliche Websites und Wikis sind die *neuartigen Instrumente solcher Skandalisierungsprozesse*. Sie liegen heute potenziell in den Händen aller.
- Es gibt *neue Opfer* – eben weil auch ganz und gar Ohnmächtige und komplett Unschuldige und vor allem bislang vollständig Unbe-

kannte zum Objekt kollektiver Empörung und unerwünschter Aufmerksamkeitsexzesse werden können. Status, Prominenz und Macht sind keine Voraussetzung mehr für die effektive Skandalisierung. Natürlich lassen sich nach wie vor die ›alten‹, die klassischen Formen der öffentlichen Abrechnung und Aufrechnung entdecken, die sich gegen die Mitglieder einer gesellschaftlichen Elite richten. Aber gesellschaftliche Fallhöhe ist heute kein Schlüsselkriterium mehr.

- Das klassische, massenmedial vorstrukturierte *Themenspektrum* wird, vorsichtig formuliert, entlang der möglichen Extreme erweitert. Relevante Information und private Narration, echte Missstände und abstruse Behauptungen, das Kuriose und das Ekelhafte, die bedeutsame Enthüllung und die hingerotzte Banalität sind gleichermaßen vorhanden, gehen neuartige Mischungsverhältnisse ein; sie provozieren eigene Formen der Bearbeitung und des kollektiven Spiels mit Inhalten. Die Frage der gesellschaftlichen Bedeutung ist nicht mehr ausschließlich entscheidend. *Interessantheit dominiert Relevanz.*

- Die Empörung eines zwischen den Extremen schwankenden *Publikums*, das von der kleinen Wutgemeinde der Wenigen bis hin zur globalen Erregungsgemeinschaft der Vielen reichen kann, bricht sich – man denke im Kontrast nur an die mehr oder minder strikt redigierten Leserbriefseiten einer klassischen Tageszeitung – vergleichsweise ungefiltert Bahn. Das Publikum agiert in einem bislang unbekannten Ausmaß als Taktgeber der Skandalisierungsprozesse. Es wird selbst zum Akteur.

- Es bilden sich im Zwielicht der Monitore und der Datenströme *neue Formen der Ungewissheit.* Denn man kann sich als Betroffener nie sicher sein, was andere von einem wissen, auf welcher Grundlage sie das eigene Ich als digitales Image rekonstruieren. Und als Rezipient muss man sich fragen, was davon überhaupt stimmt, welchen Wahrheitsstatus man den frei flottierenden Informationen und leicht retuschierbaren Bildern eigentlich mit welchen Gründen zubilligen kann und muss. An die Stelle des leicht veränderbaren und damit stets verdächtigen Dokuments tritt im Zweifel die Autorität und die Glaubwürdigkeit der Quelle. Diese Quelle wird in Zeiten einer wachsenden Verunsicherung zur entscheidenden Meta-Information.

- Die ohnehin bescheidenen *Möglichkeiten der Kontrolle, der Steuerung und des Skandalmanagements* nehmen unter diesen Bedingungen dramatisch ab. Die breite Streuung der Daten, ihre leichte Verfügbarkeit, die womöglich globale Verbreitung, die Permanenz ihrer Präsenz, die rasche Durchsuchbarkeit und leichte Rekombinierbarkeit, die schwierige Identifikation der Verursacher und Auslöser – all diese Merkmale lassen die üblichen Formen des Skandalmanagements (Zensur- und Einschüchterungsversuche durch aggressive Medienanwälte, Gegendarstellungen, Korrekturen etc.) als vergleichsweise hilflos erscheinen; eben weil dem Einzelnen die Möglichkeit entzogen ist, Aufmerksamkeit zu fokussieren, seine Realitätsversion durchzusetzen.

Das heißt: Es entstehen neue Formen der Enthüllung und neue Formen, Empörung öffentlich zu artikulieren, die aus der Sicht der Betroffenen und Gemeinten als ein fundamentaler Kontrollverlust erlebt werden. Die informationstechnische Voraussetzung für diese Veränderung ist die Digitalisierung. Was ist damit gemeint? Analoge Materialien sind träge, sie sind ortsgebunden, körperlich. Es ist vergleichsweise mühevoll, sie zu kopieren und einer breiten Masse zugänglich zu machen. Man braucht dafür Zeit und Geduld. Die Besonderheiten der Materialität blockieren den raschen Transfer, die leichte Vervielfältigung und die rasche Verfügbarkeit. Der Prozess der Digitalisierung verwandelt die Vielfalt analog vorhandener Materialien zunächst in einen Strom aus Bits und Bytes und lässt auf diese Weise die physisch-materiellen Einschränkungen der Bilder und Töne, der Bücher, Texte und Filme verschwinden. Was in dieser Weise codiert ist, kann von Computern verarbeitet, beliebig vervielfältigt – und blitzschnell um die Welt geschickt werden. »Mit der Digitalisierung gehen immer mehr Dinge, die zuvor an bestimmte unaustauschbare Materialien gebunden waren, in einen neuen Aggregatzustand über«, heißt es bei Peter Glaser, dem Philosophen und Poeten des Datenuniversums. »Kulturdinge im weitesten Sinn – aus Zeichenbrettern, Tonstudios, Fernsehern, Büchern, you name it – werden Daten. Diese digitale Substanz hat eine grundlegend neue Leichtigkeit. Die digitalen Dinge lassen sich ungleich leichter bewegen als zuvor, weltweit senden, empfangen, verändern, kopieren, mit anderen teilen, remixen. Nicht zuletzt das Remix-Phänomen weist auf den instabilen Zustand hin, in dem sich die ganze Entwicklung derzeit befindet. Geremixt werden Fragmente, Filmstücke, Soundschnipsel, Splitter anderer Kulturobjekte, die zu neuen Formen zusammengesetzt werden.«[12]

R mixing und Resampling sind damit die Kulturtechniken der Stunde. Realitätsentwürfe lassen sich in einem beliebig erweiterbaren Möglichkeitsraum in immer neuen Anläufen und mit Blick auf ein immer anderes, immer neues Publikum arrangieren, kombinieren, transformieren. »Musik, Texte, Bilder, Filme, aber auch modulare Software oder enzyklopädisches Wissen befinden sich in der digitalen Welt in einem Zustand latenter Zerlegung«, schreibt Peter Glaser weiter in seinem Essay mit dem Titel *Kulturelle Atomkraft*. »Die althergebrachten kulturellen Molekülverbindungen – die komplexen Formen, die sie über Jahrhunderte angenommen haben – werden nun aufgeknackt, oder sie zerfallen von ganz alleine wieder in ihre Grundbestandteile. Der Übergang in das digitale Aggregat führt erst einmal zu einer Art Ursuppe aus Bruchstücken und atomisiertem Kulturgut, das allerdings hoch reaktionsbereit ist. Es ähnelt den freien Radikalen in der Chemie, die sich auf aggressive Weise zu verbinden suchen.«[13] Noch einmal: *Digitalisierung erlaubt totale Transformation.* Im digitalen Zeitalter heißt Sein: Veränderbarkeit – und zwar in einem globalen Maßstab, ohne unbedingt gültige Zugangsbarrieren. Auch das ehemals Flüchtige und Ortsgebundene wird dauerhaft und womöglich weltweit verfügbar. Es lässt sich sehr rasch durchsuchen, fast ohne Aufwand und ohne jede Kontexttreue kopieren, wieder und wieder rekombinieren, blitzschnell in neue Zu-

12 G ASER, PETER (2009): Kulturelle Atomkraft. In: *Berliner Zeitung* vom 25.08.2009. http://www.berlinonline.de/berliner-zeitung/archiv/.bin/dump.fcgi/2009/0825/feuilleton/0004/index.html [30.09.2011].
13 G ASER, PETER (2009): Kulturelle Atomkraft. In: *Berliner Zeitung* vom 25.08.2009. http://www.berlinonline.de/berliner-zeitung/archiv/.bin/dump.fcgi/2009/0825/feuilleton/0004/index.html [30.09.2011].

sammenhänge transferieren. Eben weil den digitalisierten Daten diese besondere Leichtigkeit, diese Möglichkeit zur totalen Transformation und zur globalen Präsenz eigen ist, können einzelne Textsplitter, können einmal verfügbare Imagefragmente, können Bilder, können Momentaufnahmen – ganz unabhängig von ihrer ursprünglichen Verwendung – zu kollektiv wirksamen Empörungsanlässen werden, die im Extremfall weltweit zirkulieren und ein kaum fassbares, nicht mehr kalkulierbares Publikum erreichen. Der entfesselte Skandal ist ohne diese neuen Aggregatzustände und den *Kollaps der Kontexte*[14] nicht vorstellbar.

DER BLOGGER UND DAS WIRKUNGSNETZ

Auch das Verhältnis von Laien und journalistischen Profis gerät in Bewegung, transformiert sich im Zuge der aktuellen Medienentwicklung. Das Zentrum der sich abzeichnenden Trends bildet – dies ist die entscheidende Ausgangsüberlegung bei dem Bemühen, die Neuordnung des Skandalschemas zu erkunden, das klassische massenmediale Skandalkonzept als Kontrastfolie und Interpretationsinstrument zu benutzen – eine *radikale Demokratisierung der mediengestützten Enthüllungs- und Skandalisierungspraxis.* Enthüllungs- und Empörungsprozesse werden zum Aktionsfeld der vielen. Und der entfesselte Skandal kann jeden treffen. Er kann den Lebensgang von Mächtigen und das Schicksal von Ohnmächtigen beeinflussen, er lässt auch den Analytiker und die Bewohner des Elfenbeinturms nicht unberührt und kann sich gegen den Skandalisierer selbst wenden. Kurzum: *Der entfesselte Skandal ist kein Distanzereignis mehr, sondern immer auch in die eigene Lebenssphäre eingebettet, in ihr konkret und direkt erfahrbar geworden.* Jeder weiß von individuellen Erlebnissen und Erfahrungen zu berichten. Erneut eine Fallgeschichte aus der eigenen, der akademischen Nahwelt, die dies illustriert: Am 2. Juni 2010 schreibt der *Münchner Merkur*: »Ein Student brachte Köhler zu Fall.

---

14 Diese Formulierung verdanken wir: WESCH, MICHAEL (2009): YouTube and You. Experiences of Self-Awareness in the Context Collapse of the Recording Webcam. In: *Explorations in Media Ecology*. 8. Jg. H. 2. S. 19-34.

Das Internet macht's möglich: Ein Student hat offenbar einen großen Anteil am Rücktritt von Horst Köhler.« Weiter heißt es: »Wahrscheinlich ist Jonas Schaible schuld an dem ganzen Salat. Er und ein paar seiner Kollegen aus dem Internet. Schaible ist 20, studiert Politik in Tübingen und hatte sich vor ein paar Tagen sehr gewundert – weil nichts passierte. Schaible hatte Köhlers Worte zum Bundeswehreinsatz in Afghanistan gelesen und war irritiert – vor allem davon, dass die Nachrichten das nicht aufgriffen. Kurzerhand setzte er sich hin und verschickte Mails an überregionale Medien, zudem nutzte er den Kurznachrichtendienst Twitter – und plötzlich nahm die Geschichte Fahrt auf. Ihr Ende ist bekannt. Das konnte niemand ahnen – auch nicht Schaible, der Studiosus.« Am Vortag hatte Bundespräsident Horst Köhler überraschend sein Amt niedergelegt. Sein Auftritt – blass, mit vor Schreck und Anspannung geweiteten Augen, seine Frau an der Seite – ist verstörend, wirkt er doch wie ein öffentlich zelebrierter Schwächeanfall, erscheint als ein Inszenierungsbruch, der die Würde des Amtes und die Erfordernisse eines eng geschnürten Repräsentationskorsetts demontiert.

Abb. 1: Zusammen mit seiner Frau gibt Bundespräsident Horst Köhler im Schloss Bellevue in Berlin seinen Rücktritt bekannt.

Die öffentlichen Reaktionen auf den plötzlichen Abgang sind verheerend (»Fahnenflucht«, »kopflos«, »Verzweiflungstat«). Köhler selbst schimpft in seiner kurzen Erklärung auf die Medien. Man habe sein Interview zu den Auslandseinsätzen der Bundeswehr gezielt missverstanden und es als grundgesetzwidrige Rechtfertigung von Wirtschaftskriegen offensiv fehlinterpretiert. In dem dann einsetzenden Deutungsvakuum, der hektischen Suche nach Ursachen und Erklärungen, gerät eben jener Tübinger Student als »Königsmörder« in den Blick.[15] Er ist es, so die plötzlich aufflackernden Meldungen, der Horst Köhler mit ein paar E-Mails, einigen Twitter-Meldungen und seinem medienkritischen Blog zu Fall gebracht haben soll. Die Geschichte hat eine archetypische Aktualität und wird strikt monokausal nacherzählt: Blogger stürzt Bundespräsidenten, David schlägt Goliath. Im *heute-journal* verhandelt Claus Kleber den Fall als eine »Geschichte über die Macht des Netzes« und meint, sie werde »wohl einmal tatsächlich in den Geschichtsbüchern stehen.« Ein Tübinger Professor des Studenten – einer der Autoren dieser Zeilen – absolviert einen einigermaßen unglücklichen Auftritt in der Sendung und spricht von einer »Skandalisierung von unten«. Die penetrant im eigentlichen Interview wiederholten Sätze, man könne Netzwerkeffekte nicht personalisieren, weil dies der Logik des gesamten Geschehens widerspreche, fallen dem Vereinfachungsgebot des Mediums zum Opfer. Gleichwohl bleibt die Geschichte auch ohne offensive Zuspitzung aufschlussreich, weil sie etwas anderes demonstriert: Der entfesselte Skandal funktioniert nicht nach linearen Ursache-Wirkungs-Pfeilen (A erzeugt B und B erzeugt C), sondern verletzt unsere klassische Vorstellung von Kausalität. Es ergibt wenig Sinn, die etablierten Massenmedien gegen die digitalen Medien auszuspielen, vielmehr brauchen sie sich wechselseitig: In der Blogosphäre wird der Empörungsvorschlag lanciert, getestet, ausprobiert und variiert – und dann von Zeitungen und Zeitschriften, Netzmedien und dem Fernsehen mit der nötigen Wucht versorgt. Es sind die Mails und Twittermeldungen *und* die Reaktionen von Journalisten, die eine Art Wirkungsnetz entstehen lassen. Zunächst gänzlich unbedeutend erscheinende Anstöße können in diesem Wirkungsnetz plötzlich massive Folgen haben.

---

15 Die folgende Darstellung stützt sich auf die umsichtige Analyse, die Marcel Wagner 2010 vorgelegt hat. Siehe: WAGNER, MARCEL (2010): *Auch du, Brutus? Wer waren die Königsmörder?* Unveröffentlichtes Manuskript. S. 1-9.

DIE MOBILISIERENDE KRAFT DES VERDACHTS

Ganz konkret und im Detail: Am Anfang steht ein zunächst in seiner möglichen Brisanz weitgehend unbemerktes Interview. Auf der Rückreise von Masar-i-Scharif in Afghanistan in der Nacht des 21. Mai 2010 äußert Horst Köhler gegenüber dem DEUTSCHLANDRADIO-Reporter Christopher Ricke u. a. folgende Sätze: »In meiner Einschätzung sind wir insgesamt auf dem Wege, in der Breite der Gesellschaft zu verstehen, dass ein Land unserer Größe, mit dieser Außenhandelsabhängigkeit, auch wissen muss, dass im Zweifel, im Notfall auch militärischer Einsatz notwendig ist, um unsere Interessen zu wahren – zum Beispiel freie Handelswege, zum Beispiel ganze regionale Instabilitäten zu verhindern, die mit Sicherheit dann auch negativ auf unsere Chancen zurückschlagen, bei uns durch Handel Arbeitsplätze und Einkommen zu sichern. Alles das soll diskutiert werden – und ich glaube, wir sind auf einem nicht so schlechten Weg.« Das Interview sendet man im Berliner DEUTSCHLANDRADIO KULTUR und im Kölner DEUTSCHLANDFUNK. Die später kritisierte Passage taucht jedoch nur im DEUTSCHLANDRADIO KULTUR auf und wird hier auch in den Nachrichten zitiert. Die Netzfassung hat man jedoch um die entscheidenden Passagen bereinigt, ein reiner Zufall, eine Nachlässigkeit, so heißt es in späteren Stellungnahmen der Radiomacher. In dieser *Latenzphase des Skandals* versenden sich die Äußerungen zunächst, werden aber schließlich von dem Blogger Stefan Graunke aufgegriffen, der bemerkt, dass die eine, die später so entscheidende Passage in Audiodokumenten zwar auffindbar ist, aber in der online abrufbaren Wort- und Textfassung fehlt.[16] Jetzt vermuten die Blogger Zensur und Manipulation, fassen per E-Mail bei der Redaktion nach, transkribieren die entscheidenden Textstellen. Verschwörungstheorien kursieren. Stefan Graunke startet diverse Anfragen: Warum das Interview, das womöglich eine nicht verfassungskonforme Position des Bundespräsidenten enthalte, um die entscheidenden Passagen gekürzt

---

16   Das Phasenmodell, das hier als Analyse- und Darstellungsraster verwendet wird, findet sich in leicht abgewandelter Form in: BURKHARDT, STEFFEN (2006): *Medienskandale. Zur moralischen Sprengkraft öffentlicher Diskurse.* Köln: Herbert von Halem Verlag. Siehe insbesondere S. 181 und S. 204.

worden sei? Es entsteht eine rege Diskussion. Interessierte Kreise wollten, so die Annahme, das Interview womöglich verschwinden lassen; eben deshalb fertigt man Sicherheitskopien an.

Der vermeintliche Kontrollversuch provoziert Widerstand und der Zensurverdacht macht das Thema für die Bloggerszene infektiös, mobilisiert eine Urangst vor Manipulation und nährt den großen Verdacht gegenüber den Mainstream-Medien. Allmählich machen die entsprechenden Äußerungen einen Kontext- und Funktionswandel durch. Aus einem medienkritisch benutzten Text (»Zensur beim Deutschlandradio«) wird ein gegen die politische Elite gerichtetes, entsprechend interpretiertes Dokument (»Militäreinsätze zur nationalen Wohlstandssicherung«); die Inhalte selbst geraten in den Blick, nicht mehr der angeblich manipulative Umgang mit ihnen. Der Tübinger Student Jonas Schaible verschickt an die Online-Redaktionen großer Zeitungen (*Süddeutsche Zeitung*, *Frankfurter Allgemeine Zeitung*, die *Zeit, tageszeitung, Frankfurter Rundschau*, die *Welt* etc.) und an große Nachrichtenagenturen per E-Mail die Anfrage, warum man nicht über den Fall berichte – und liefert die skandalisierten Interviewpassagen gleich als Beweismittel für den möglichen Skandal mit. Er stellt den Journalisten folgende Fragen: »Mich würde interessieren, wieso Sie dem nicht nachgegangen sind? Sind Sie nicht der Meinung, das Zitat sei diskussionswürdig? [...] Warum wurde das Thema nicht ins Blatt/den Online-Auftritt genommen? Zum Schluss: Dürfte ich eine etwaige Antwort in meinem Blog zitieren?« Auch beginnt er intensiver über den Fall zu bloggen und fasst über Twitter bei den Redaktionen nach. Nun kommt der Skandal allmählich in die *Aufschwungphase*. *Zeit Online* dankt für die Anregung. Ein Ressortleiter der *Frankfurter Rundschau* kündigt die eigene Berichterstattung an, räumt gegenüber Jonas Schaible ein, dass man das Interview und seine Brisanz schlicht übersehen habe. Einzelne Redaktionen reagieren – auch weil sie noch von anderen Lesern auf den Fall aufmerksam gemacht werden. Bei *Spiegel Online*, dem entscheidenden Agenda-Setter im Online-Universum, erscheint der Artikel *Bundeswehr in Afghanistan – Köhler entfacht neue Kriegsdebatte* mit kritischen Stimmen der Opposition. Die *Frankfurter Rundschau* legt kurz darauf nach: »Ärger um Köhler-Äußerungen – das böse Wort vom Wirtschaftskrieg«. Es erscheinen weitere Berichte, befeuert durch die Stellungnahmen der Opposition (»Kanonenbootpolitik«), begleitet von einem einzigen, einigermaßen hilflosen Versuch des Skandalmanagements: Das Bundespräsidialamt lässt verlauten, man fühle sich missverstanden. Horst Köhler habe sich mit seinen Äußerungen nicht ausdrücklich auf die Afghanistan-Mission bezogen, sondern eigentlich aktuelle Einsätze der Bundeswehr gegen Piraterie gemeint. Der Versuch einer Klarstellung wird jedoch rasch demontiert – auch durch die schlichte Dokumentation der Originaltöne und die sich verstärkende Kritik der politischen Gegner. In der *Süddeutschen Zeitung* (»Schwadroneur im Schloss Bellevue«) und vor allem in der aktuellen, bereits am Samstag vorab verfügbaren und im Regierungsviertel kursierenden Montagsausgabe des *Spiegel* wird Horst Köhler in bislang beispielloser Schärfe als »Horst Lübke« attackiert – eine Anspielung auf den ehemaligen Bundespräsidenten Heinrich Lübke, der nicht gerade als Meister des gesprochenen Wortes galt und sich einst bei einem Besuch in Westafrika mit der Begrüßung lächerlich gemacht haben soll: »Meine sehr geehrten Damen und Herren, liebe Neger...«

Schließlich folgt die *Entscheidungsphase* mit dem Höhepunkt des Blitz-Rücktritts. Eben hier, in diesem Zusammenspiel, zeigt sich eine hochnervöse, von enormer Geschwindigkeit, unüberbietbar günstiger Information und Instrumenten der Ad-hoc-Verifikation regierte Kommunikation: Die hastig individualisierten E-Mails und die Twitter-Meldungen kann man ohne großen Aufwand und zu jeder Tages- und Nachtzeit an die entscheidenden Multiplikatoren verschicken, die Dateien und Originaldokumente – ausschlaggebende Beweisstücke – können leicht in die eigenen Informationspakete und Empörungsangebote integriert werden. Und eben dieses Zusammenspiel von technischen Möglichkeiten und plötzlicher Erregung eines mächtig gewordenen Medienpublikums lässt ein eigenes Wirkungsnetz entstehen. Die zunächst schlicht in ihrer Brisanz verkannte Interviewpassage wird über den Umweg eines anders gelagerten Verdachts (»Zensur«, »Manipulation«) erneut zum Thema. Es folgt ein zweites Agenda-Setting durch E-Mails, Twitter-Meldungen und journalistische Reflexe der Bloggerszene: »Die Sprengkraft«, so etwa Jonas Schaible in seinem Blog, »die diesem Zitat innewohnt, ist riesig.« Und weiter: »Dass ein deutscher

Bundespräsident derart unverhohlen Militäreinsätzen das Wort redet, dass er derart deutlich mit der bisherigen, zumindest offiziellen, Staatsräson bricht, dass er ungeniert wirtschaftliche nationale Interessen mit Waffengewalt zu sichern erwägt, ist ein Skandal.«

DER GEBROCHENE ZEITPFEIL UND DIE EWIGE GEGENWART

Das Beispiel zeigt auch: Klassische Leitmedien, etablierte Online-Medien, Blogger und eine sich aggressiv gebärdende Opposition agieren aller möglichen *prinzipiellen* Animositäten zum Trotz *faktisch* kooperativ. Natürlich sind die Vorbehalte auf allen Seiten massiv. Ein Journalist weiß, warum ein Oppositionspolitiker seine Thesen über den Gegner immer weiter zuspitzt, sich mit Themenvorschlägen und Interviewanregungen bei ihm meldet, ihm zitierfähige Formeln in einem Akt der strategischen Unterwerfung anbietet – und welche Motive des persönlichen bzw. politischen Machtgewinns ihn eigentlich umtreiben und in seine Anbiederei hineintreiben. Und er hat womöglich, in einem stillen Moment auf der Hinterbühne befragt, keine besonders hohe Meinung von den Bloggern und ihren oft so selbstbewusst ausgeflaggten Leistungen. Und die Blogger selbst freuen sich wiederum an den Versäumnissen der etablierten Medien, beobachten sie mit einer eigenen Mischung aus Faszination und Herablassung, zelebrieren die Fehler der Profis, als seien sie ein Beweis für die eigene Kompetenz und Indiz ihrer besonderen Überlegenheit. Aber diese inhaltlichen Differenzen sind, darauf kommt es an, nicht unbedingt kommunikativ relevant. Sie alle heizen in dieser konkreten Situation des Sommers 2010 die Debatte kollektiv an – und erzeugen so ein Klima, das offenkundig die Kurzschlussreaktion eines noch immer nicht letztgültig geklärten Rücktritts erzeugt.

Die klassische, die Normalform der Skandalkausalität (zuerst die Normverletzung, dann die mediale Enthüllung der Normverletzung, schließlich die kollektive Empörung des Publikums) wird hier offenkundig neu arrangiert und partiell außer Kraft gesetzt: Die Empörung des Publikums lässt das bereits Veröffentlichte und achtlos versendete Material mit einem Mal als brisant und potenziell skandalös erscheinen. Und es sind Teile des Publikums selbst, die in der Rolle des Rechercheurs, Archivars und des Informanten, des Beweis-Lieferanten und des journalismusaffinen Anklägers in Erscheinung treten. Die etablierten Massenmedien reagieren auf die noch unkoordiniert flackernden Empörungszeichen und versorgen sie mit der nötigen Wucht und den Elementen einer zusätzlichen Legitimation. Sie kanalisieren die Aufmerksamkeit. Sie fokussieren die keimende Empörungsbereitschaft – bis zum Moment der Entscheidung, in dem der Bundespräsident fassungslos demissioniert. Der Fall zeigt überdies, unabhängig davon, wie man das konkrete Geschehen und die tatsächliche Brisanz dieses präsidialen Interviews einschätzt: *Den entfesselten Skandal charakterisiert eine eigene Zeitform. Es ist die potenziell ewige Gegenwart.* Der lineare Zeitpfeil, der von der Vergangenheit in die Gegenwart und von dort in die Zukunft weist, scheint gebrochen. Auch Vergangenes und gerade noch gnädig Versendetes – eine unbedachte Äußerung, eine idiotische Fehlleistung, ein unsympathisch wirkender Aussetzer – wird zur abrufbaren und bei Bedarf erneut aktualisierbaren Gegenwart und zum bedrohlich im Hintergrund brodelnden Zukunftsgift. *Selbst marginales Fehlverhalten bleibt öffentlich abrufbar und womöglich weltweit präsent.* Die digitale Erinnerung ist gewiss nicht absolut, sie ist nicht total, aber das Vergessen und Verlöschen der Spuren geschieht auf schwer kontrollierbare Weise. Man weiß nie, was (trotz beseitigter Kommentare, abgeschalteter Server, untauglich gewordener Links) noch vorhanden ist.

DIE TENDENZ EINES WERKZEUGS

Man mag diese potenziell ewige Gegenwart beklagen oder kritisieren, für die eigene Position das Etikett der neutralen Analyse beanspruchen oder die sich abzeichnende Entwicklung euphorisch als Verwirklichung einer Vision totaler Transparenz begrüßen, die im Ergebnis ein neues Ethos zu begründen vermag. Frei nach dem Motto: Weil alle ohnehin (fast) alles wissen, lohnt sich auch das Verbergen des Anrüchigen nicht mehr – und man kann sich gleich korrekt verhalten, um der wahrscheinlich gewordenen Entlarvung zu entgehen. Die Geschichte des kleinen Jungen mit dem spielenden Hund und die Erfahrungen der Partygängerin von der schwäbischen Alb erscheinen manchen gewiss als unwichtig bzw. als Phänomene des Übergangs; sie ließen sich, so könnte man z. B. einwenden, als Ausdruck eines noch ungenügend sensibilisierten Bewusstseins interpretieren, das noch nicht damit rechnet, immer und überall zum Objekt der Aufmerksamkeit zu werden. Aber es wären auch andere Deutungen möglich. Denn auch der Kulturpessimist könnte sich an dieser Stelle zu Wort melden und eine allgemeine Verwahrlosung und den Verlust des Privaten beklagen, die Fallgeschichten also in sein Schema des Niedergangs und die von ihm prophezeiten Szenarien der Degeneration einbauen. Schon diese Indizien einer möglichen Interpretationsvielfalt der ausgebreiteten Fallgeschichten machen eines deutlich: *Skandal ist Ansichtssache.*[17] Mitunter erscheint das, was jemand für skandalös hält, einem anderen als Bagatelle oder gar als Beleg einer besonderen Form der Moral. »Der Begriff ›Skandal‹ bezeichnet demnach *nicht* die Verletzung einer sozial gültigen Norm«, so der Soziologe Ronald Hitzler, »sondern die akzeptierte *Etikettierung* eines Ereignisses oder Sachverhalts als nicht normenkonform. Kurz: Ein Sachverhalt wird dadurch zum Skandal, dass er bekannt gemacht und erfolgreich als Skandal *definiert* worden ist.«[18] Man ist, wenn man diese Sätze ernst nimmt, aufgefordert, sich selbst zu erklären, die eigene Position und Perspektive zu offenbaren, Stellung zu beziehen. Denn natürlich ist auch die Deutung all der Belege und Geschichten, die sich in diesem Buch finden, unvermeidlich eines: Ansichtssache – Resultat einer mehr oder minder gelungenen, mehr oder minder überzeugend belegten Interpretationsleistung, über deren Plausibilität diejenigen zu befinden haben, für die dies alles geschrieben wurde, die Leserinnen und Leser dieses Buches.

17 HITZLER, RONALD (1989): Skandal ist Ansichtssache. Zur Inszenierungslogik ritueller Spektakel in der Politik. In: EBBIGHAUSEN, ROLF/NECKEL, SIGHARD (Hrsg.): *Anatomie des politischen Skandals.* Frankfurt am Main: Suhrkamp. S. 334-354.
18 HITZLER, RONALD (1989): Skandal ist Ansichtssache. Zur Inszenierungslogik ritueller Spektakel in der Politik. In: EBBIGHAUSEN, ROLF/NECKEL, SIGHARD (Hrsg.): *Anatomie des politischen Skandals.* Frankfurt am Main: Suhrkamp. S. 334. [Hervorhebung im Original].

Allerdings lässt sich, aller prinzipiellen Skepsis zum Trotz, eines mit Gewissheit sagen: Für eine endgültige Bewertung, ein definitives Urteil und eine Entscheidung zwischen den extremen Ansichten und Interpretationen ist es noch viel zu früh; und wahrscheinlich ist eine solche prinzipielle Entscheidung auch gar nicht möglich, weil sich für alle Positionen die entsprechenden Belege finden lassen. *Das Telos der digitalen Werkzeuge und der allgegenwärtig gewordenen Medien weist nicht in eine einzige, eine klar identifizierbare Richtung, aber es existiert eine Tendenz.* Ihr Gebrauch ist einerseits prinzipiell offen, aber doch andererseits nicht völlig beliebig. Sie setzen einen Rahmen für die Kommunikation, sie stecken ihn ab, sie schaffen Möglichkeiten, sie blockieren andere, sie prägen auch diejenigen, die sie verwenden. Noch einmal: Die digitalen Werkzeuge ermöglichen neue Formen der Auseinandersetzung und der Partizipation, sie forcieren eine bislang unbekannte Geschwindigkeit der Verbreitung und Streuung, eine neuartige Dimension der kombinatorischen Vielfalt und der raschen Verfügbarkeit. Sie ermöglichen andere, bislang unbekannte Evolutions- und Eskalationsstufen im Prozess der Skandalisierung. Aber sie sind nicht dazu gemacht, das konkrete Geschehen und die jeweiligen Inhalte in einer stets berechenbaren Art und Weise zu determinieren; hinter dem Werkzeug und dem Medium steht immer noch ein einzelner, im Letzten verantwortlicher Mensch mit seinen guten oder schlechten Absichten, seinen Zielen, seinen Sehnsüchten und Wünschen. Was daraus folgt? Es ist an der Zeit, das gängige Mantra der Medientheorie zu präzisieren. *Das Medium ist nicht die Botschaft, aber Spuren des Mediums, die Eigenschaften der Werkzeuge werden in der Botschaft selbst manifest.*[19] Die Kommunikationsinstrumente und die Medien des digitalen Zeitalters sind keine gänzlich neutralen, nach dem Postbotenprinzip funktionierenden Vermittlungsapparate, sondern Instanzen mit Eigenwirkung, Spurensetzer. Als Medienwissenschaftler gilt es, diese Spuren zu dechiffrieren, sie für sich selbst und für andere lesbar zu machen, mithilfe des Einzelfalls und des Besonderen das allgemeine Muster und das fundamental wirksame Prinzip

[19] KRÄMER, SYBILLE (2008): *Medium, Bote, Übertragung. Kleine Metaphysik der Medialität.* Frankfurt am Main: Suhrkamp. S. 11ff.

herauszuarbeiten. Im Idealfall gelingt es auf diese Weise, die besondere Logik des Netzmediums erfahrbar und Inszenierung durchschaubar zu machen – und einen Beitrag zur Selbstaufklärung der Mediengesellschaft zu leisten.

DIE FORM DES ESSAYS

Aus der grundsätzlich gegebenen Vielfalt der Verwendungszwecke und der resultierenden Eigenverantwortung des Einzelnen folgt, dass die schlichte Mono-Perspektive nicht weiter führt. Optimismus und Pessimismus sind – zum Prinzip und zum Dogma erhoben – gleichermaßen dumm, Ausdruck eines Denkzwanges, der auf unterschiedliche Phänomene stets mit im Kern identischen Positionen reagiert; man muss dann, auf das Extrem fixiert, immer dasselbe sagen; euphorisch oder von Abscheu erfüllt, utopisch gestimmt oder pauschal entsetzt. Demgegenüber gilt es festzuhalten: Das digitale Zeitalter hat seine eigene Schönheit und seinen eigenen Schrecken. Es besitzt eine eigene Strahlkraft und eine besondere Brutalität. Es ist *polymorph*, vergleichbar mit jenen merkwürdigen Gestalten und Zwitterwesen, die je nach der Perspektive des Betrachters und den Interessen des jeweiligen Beobachters ihr Erscheinungsbild ändern. Man sieht sie immer wieder anders, immer wieder neu. Ludwig Wittgenstein analysiert in den *Philosophischen Untersuchungen* eine Figur, die man – je nach Blickrichtung – als Hase oder als Ente sehen kann; er bezeichnet sie als den H-E-Kopf. Mal sieht man die eine, mal die andere Variante, mal erkennt man den Hasen, mal scheint die Gestalt der Ente zu dominieren. Wer diese Figur fixieren will, wer die letzte Eindeutigkeit oder gar den moralischen Richtspruch über ihre Eigenarten und ihr Wesen verlangt, der verfehlt das Phänomen. Denn ihr Wesen besteht gerade darin, dass sie keinen identifizierbaren Wesenskern besitzt – und sich ihre Erscheinungsformen entsprechend vielfältig betrachten und deuten lassen. »Polymorphe weisen«, so heißt es in einem Essay, »in eine Welt jenseits der Polaritäten. Wir Europäer sind geneigt, die Dinge von zwei Seiten zu sehen, schattig oder licht, eine graue uniforme Zukunft oder eine vielfältige, krautig besonnte. Jenseits solcher Antinomien haben die Dinge viele Gestalten.«[20]

Es wird die Leserinnen und Leser dieses Buches nicht überraschen: Auch der entfesselte Skandal gehört aus unserer Sicht zu der Gruppe der polymorphen, der aus einer moralischen Perspektive schillernden Kommunikationsereignisse, die vorschnell zu einem harschen Verdikt verleiten könnten. Wer ihn jedoch zunächst einfach nur verstehen will, wird durch ein zu rasches, ein allzu entschiedenes Urteil vermutlich eher blockiert und in seiner analytischen Beweglichkeit behindert. Notwendig ist zunächst einfach nur der genaue Blick, die möglichst präzise Rekonstruktion und Dokumentation der Fälle und Erfahrungen, die zeigen, dass manche Skandalisierung gerechtfertigt ist, eine andere aber hingegen allein als ein grausames Spektakel erscheint, das den Lebensgang von Unschuldigen und Ohnmächtigen zerstört. Allerdings: Die Beispiele und Geschichten sind nicht als Beitrag zu einer medien- bzw. skandaltheoretischen Diskussion oder als scholastische Fingerübung gedacht. Es handelt sich um ausgewählte Fallstudien, die auf eine möglichst detailgenaue Rekonstruktion zielen und doch im Konkreten das allgemeine Muster und die Gemeinsamkeit suchen. Der große gemeinsame Nenner aller Fälle und Fallgeschichten besteht darin, dass sie die Formen des Kontrollverlustes und die Demokratisierung der Enthüllungspraxis und im digitalen Zeitalter anschaulich werden lassen, die eine auf die Massenmedien und den einst so mächtigen journalistischen Gatekeeper fixierte Skandalforschung unvermeidlich übersehen muss. Jeder, der will und mag, kann heute einen Skandalreport lancieren. Er braucht keine Redaktion, für die er arbeitet, kein Medienunternehmen, das ihn stützt, nur einen Netzzugang und ein Minimum an technischer Kompetenz. Inhaltlich sind die einzelnen Fälle eben gerade nicht vergleichbar, im Gegenteil. Sie stammen aus sehr unterschiedlichen Ländern und Lebenswelten. Politik- und Sexskandale sind darunter, Unternehmens- und Umweltskandale finden sich in den nachfolgenden Kapiteln, echte, global rezipierte Skandale und vermeintliche Skandale

---

20 PÖRKSEN, UWE (1989): *Polymorphe. Ein mexikanisches Tagebuch.* Stuttgart: Klett-Cotta. S. 31.

38

und bloß behauptete Normverletzungen sind es, die beschrieben werden. Sie handeln im Extremfall von Folter und Mord (Abu Ghraib) – oder aber von einem höchst privaten, für die Öffentlichkeit irrelevanten Verhalten von gänzlich Unbekannten, das ein empörungsbereiter Mob attackiert. Mal ist es ein mit dem Handy aufgezeichneter Ausraster in einem Nachtbus von Hongkong, der für kollektive Aufregung sorgt; mal ist es eine nachlässig verschickte Twitter-Meldung, die eine politische Karriere implodieren lässt. Manche Skandalisierungsgeschichten sind – inhaltlich betrachtet – außerordentlich trivial, enthüllen also nicht ein tatsächlich skandalöses Vergehen, aber doch, gleichsam indirekt, die Eigenarten des Mediums und die neuartige Dynamik der Empörung.

Wie sind wir vorgegangen? Zunächst haben wir eine umfangreiche Falldatenbank angelegt, dann charakteristische, besonders aufschlussreiche Fälle ausgewählt, diese schließlich umfassend ausrecherchiert. Ausgewertet und analysiert haben wir Zeitungsartikel und, falls vorhanden, die wissenschaftliche Literatur zum Thema sowie eine große Zahl online verfügbarer bzw. über Caches (Puffer-Speicher) und Internet-Archive rekonstruierbare Quellen. Wir haben, wann immer dies möglich war und geboten erschien, mit Betroffenen gesprochen, uns mit Opferinitiativen und Medienanwälten ausgetauscht, mit den Initiatoren einer Kampagne korrespondiert, die Befunde mit anderen diskutiert – und uns dann entschieden, das Darstellungskorsett einer klassischen wissenschaftlichen Abhandlung aufzubrechen und aufzulockern, Inszenierungsstile und Inszenierungsbrüche sichtbar zu machen und die Skandalgeschichten möglichst aus der Nähe und ohne die Distanzformeln der üblichen akademischen Abhandlungen zu erzählen.[21] Das Bemühen um die essayistische Formulierung und die offensive Pointierung mag man bedauern oder begrüßen, aber zu unserem Verständnis einer universitären Existenz gehört es, dass auch Geistes- und Sozialwissenschaftler die These wagen sollten – gerade in Zeiten eines beständigen Wettlaufs um irgendwelche Evaluations-Pokale und

---

21 Noch eine Vorbemerkung zu Art und Umfang der Quellenangaben: Wir liefern im Verlauf eines Kapitels überblicksartig die zentralen Nachweise, die für unsere Arbeit besonders wichtig waren, dokumentieren im Detail, wenn wir Ideen und Schlüsselbegriffe aus wissenschaftlichen und nicht wissenschaftlichen Sekundärquellen übernommen haben.

eines mitunter lähmenden, intellektuell vergleichsweise anspruchs-
losen Konkurrenzkampfes, der eigentlich andere Gattungen und Äußerungsformen begünstigt und öffentliche Interventionen entgegen
anderslautender Gerüchte nicht gerade belohnt. Zu unseren akademischen Träumen gehört es, dass das Geschriebene, gerade durch diesen
Akt der entschiedenen Zuspitzung, schließlich den Charakter eines
mehr oder minder sterilen Monologs verliert – und für andere und die
Autoren selbst zur Anregung wird, um die eigenen Thesen und Ideen
durch den Dialog und den Disput zu verbessern.

II. DIE NEUEN ENTHÜLLER UND DIE ALTEN MEDIEN

Es waren Journalistinnen und Journalisten, die einst als *Schleusenwärter*, als Gatekeeper das Weltbild eines zur Passivität verdammten Publikums prägten. Sie entschieden, was als wichtig und was als unwichtig zu gelten hatte. Sie legten fest, was überhaupt ein Skandal ist – und was nicht. »Was wir über unsere Gesellschaft, ja über die Welt, in der wir leben, wissen«, so einst der Soziologe Niklas Luhmann in einem berühmt gewordenen Buch, »wissen wir durch die Massenmedien«.[22] Im Zeitalter der Digitalisierung ist die Macht der Massenmedien keineswegs verschwunden, aber sie scheint doch gebrochen. Die Fernseh- und Radiosender, die Zeitungen und Zeitschriften werden damit keineswegs überflüssig. Aber die Zahl der Informationsquellen, über die Welt, in der wir leben, ist explosionsartig gewachsen. Jeder Mensch ist heute ein Sender, zumindest potenziell. Was wir über unsere Gesellschaft wissen, wissen wir auch von denen, die die neuen Möglichkeiten nutzen, die Links empfehlen, kommentieren, twittern, bloggen, senden.

Das bedeutet in der Konsequenz: Die klassischen Medien sind nicht mehr notwendig die primären Auslöser und die zentralen Agenda-Setter des Skandalgeschehens, nicht mehr die alles entscheidenden Akteure, die klare, autoritär wirksame Relevanzordnungen durchsetzen können.

---

22 LUHMANN, NIKLAS (1996): *Die Realität der Massenmedien*. 2., erweiterte Aufl. Opladen: West-deutscher Verlag. S. 9.

Sie treten natürlich immer noch als Enthüllungsmedien in Erscheinung, werden aber gleichzeitig unvermeidlich auch zu *Chronisten, Analytikern* und *Verstärkern* des Skandals, den womöglich längst andere initiieren. Sie liefern Einordnung, Orientierung, Hintergrund. Sie durchdringen das Geschehen; sie recherchieren es aus. Sie erzeugen breit akzeptierte Aufmerksamkeit und verleihen den skandalträchtigen Themen und Empörungsangeboten öffentliche Legitimation. Aber ihre nach wie vor gegebene Bedeutung kann die entscheidende Veränderung nicht kaschieren – die neue Macht des Individuums, die neue Stärke des reizbaren Amateurs, des wütenden Laien, der das journalistisch-publizistische Handlungsfeld betreten hat. Faktisch verwandelt sich das einzelne Individuum in einen Gatekeeper eigenen Rechts und tritt in sehr unterschiedlichen, mitunter rasch wechselnden Rollen in Erscheinung: als Informant und Skandalisierer, als Publizist und Medienunternehmer, als Zwischenhändler für brisante Informationen. Diese Gatekeeper eigenen Rechts suchen sich bei Bedarf ihre eigenen Kanäle und Plattformen. Sie setzen neue Medien ein und mithilfe eines interessierten Publikums die eigenen Themen durch und veröffentlichen in Eigenregie – ohne Rücksicht auf die Standards des journalistischen Establishments, oft rasend schnell, manchmal mit weltweiter Wirkung.

1. MATT DRUDGE UND DAS EXPERIMENT MIT DER WAHRHEIT

DIE IDEOLOGIE EINER SCHLAGZEILE

Am späten Abend des 17. Januar 1998 schaltet Matt Drudge, den man als Journalistendarsteller und »Schandfleck des Internets« (*Baltimore Sun*) verhöhnt hat, auf seiner Website einen Bericht frei – einen Bericht, der ihn endgültig in die Symbolfigur des unseriösen Enthüllers und den Taktgeber des ersten globalen Netzskandals verwandeln wird. Hier heißt es: »In allerletzter Minute, um 18:00 Uhr am Samstagabend, hat das Magazin *Newsweek* eine Geschichte gestoppt, die geeignet war, das politische Washington bis in seine Grundfesten zu erschüttern: Praktikantin im Weißen Haus in Sex-Affäre mit dem Präsidenten der Vereinigten Staaten verwickelt! Der *Drudge Report* hat in Erfahrung gebracht, dass der Reporter Michael Isikoff diese Geschichte ausfindig gemacht hat, ein Glanzstück seines professionellen Lebens, und dass er gezwungen war zuzusehen, wie sein Coup von den Spitzenleuten des Magazins *Newsweek* Stunden vor der Veröffentlichung vereitelt wurde. Eine junge Frau, 23 Jahre alt, pflegt ein sexuelles Verhältnis mit der Liebe ihres Lebens, dem Präsidenten der Vereinigten Staaten, seitdem sie mit 21 Jahren Praktikantin im Weißen Haus war.« Nur acht Stunden später hat er 15.000 E-Mails mit Kommentaren auf seinem Rechner, klicken zahllose Besucher seiner Website die Geschichte an, kursiert sein Affärenbericht für einige Tage im digitalen Universum, um dann in der ersten Welt der etablierten Massenmedien zu explodieren. Er selbst hat über die Stunden und Minuten, bevor die Geschichte online geht, die seitdem als Zäsur der Medien- und Skandalgeschichte gehandelt wird, eine Art Protokoll angefertigt, nachzulesen in seinem Buch *Drudge Manifesto* – einem Sammelsurium aus präziser chronologischer Beschreibung, Klatsch und Tratsch, den E-Mails von Fans und selbst verfassten, eigenwillig gelayouteten Gedichten über den Zustand und die Zukunft des Journalismus.[23]

---

23 Zum Prozess der ›Recherche‹ und den einzelnen Stadien des Aufmachers siehe insbesondere: DRUDGE, MATT (2000): *Drudge Manifesto*. New York: New American Library. S. 55ff.

Abb. 2: Der Mann mit dem Modem: das Manifest des Matt Drudge.

Drudge hat, wenn man seiner Darstellung glaubt, einigermaßen diffuse Hinweise bekommen, dass der *Newsweek*-Reporter Michael Isikoff nach monatelangen Recherchen eine große Geschichte über die Sexaffäre des Präsidenten mit einer Praktikantin und eine mögliche Anstiftung zum Meineid publizieren wird. Darauf möchte er auf seiner Website, die Mitte der 1990er-Jahre als ein einfacher E-Mail-Newsletter begann, möglichst exklusiv vorab hinweisen und versucht, Isikoff am frühen Abend anzurufen, wird aber von dessen Ehefrau abgewimmelt. Nun ist er unsicher, ob er seinen reißerischen, eigentlich fest eingeplanten Aufmacher, den er bereits formuliert hat, veröffentlichen soll, sucht hektisch nach einer weiteren Bestätigung. Der Titel lautet: »Newsweek-Sensation: Tonbänder enthüllen schockierende Sex-Affäre um Praktikantin im Weißen Haus.« Hier zeigt sich ein erstes Mal ein aufschlussreiches Muster: *Die Schlagzeile, die er zu publizieren gedenkt, ist bereits vor dem Abschluss der Recherche da; die Recherche selbst dient allein der möglichst raschen Verifikation einer bereits als Gewissheit gehandelten Sensation.* Matt Drudge kontaktiert nun, nachdem er zuerst die Telefonnummer von Michael Isikoff herausgefunden hat, dann aber von der geistesgegenwärtigen

Gattin nicht durchgestellt wurde, eine weitere Informantin. Sie heißt Lucianne Goldberg und ist Literaturagentin in New York, hat Kontakt zum Umfeld von Monica Lewinsky und beschreibt sich selbst als einen Menschen, der Bill Clinton hasst. Von ihr, die man kaum als unabhängige oder neutrale Quelle einstufen kann, erfährt er, dass man in der Redaktion von *Newsweek* die Geschichte gestoppt habe; die Gründe sind ihr unklar, aber sie sei vollkommen deprimiert und am Boden zerstört. Klar ist nur: Isikoffs Story wird vorerst nicht publiziert. Matt Drudge bekommt keine weiteren Informationen, schreibt aber bereits kurze Zeit später auf dieser Grundlage und des Telefongesprächs mit Lucianne Goldberg eine neue Schlagzeile, die da heißt: »Newsweek stoppt Geschichte über Praktikantin im Weißen Haus! Sensationsmeldung: 23-jährige frühere Praktikantin im Weißen Haus, sexuelles Verhältnis mit dem Präsidenten!!!« Nun wird ihm selbst erneut blümerant, er zögert, fragt sich, ob ihn diese Geschichte, sollte sie sich als falsch erweisen, ruinieren könnte. Und er kontaktiert seine Informantin erneut, die ihn zu diesem Zeitpunkt mit einigen biografischen Details über Monica Lewinsky versorgt. Das scheint zu reichen. Denn nun verfasst er den schließlich publizierten Aufmacher und verweist darauf, er habe Isikoff und auch *Newsweek* telefonisch nicht befragen können. Dann bringt er, so heißt es in seiner eigenen Rekonstruktion, diesem irrwitzigen Dokument einer Selbstentlarvung, die Computermaus in Position, drückt schließlich die Enter-Taste – und setzt damit die Geschichte von der Praktikantin und dem Präsidenten in die Welt. *Eine solche äußerst eilig betriebene Recherche offenbart ein charakteristisches Missverhältnis zwischen der aufgewendeten Energie des Rechercheurs und dem möglichen Effekt für andere, womöglich Unschuldige, Unbeteiligte, die nicht direkt befragt werden. Es ist ein asymmetrischer, kaum von professionellen Standards gebremster Journalismus, den der Begründer des* Drudge Report *geprägt hat.* Man könnte sagen: Matt Drudge experimentiert mit wahren und falschen Hypothesen im Medium der Öffentlichkeit. Er testet mögliche Versionen eines Geschehens eben durch den Akt der Publikation und delegiert die Arbeit der endgültigen Verifikation von Behauptungen an die von ihm verachteten, aber letztlich eben doch dringend benötigten Mainstream-Medien.

PUBLIZITÄT ALS NACHRICHTENFAKTOR

Der Umgang mit Informantin Lucianne Goldberg ist, so zeigen seine Gesprächsnotizen, kumpelhaft, die Informationsbasis schmal, ein umfassender Gegencheck bleibt aus. Glaubt man seinen eigenen Schilderungen, so hat er wenige Stunden gebraucht, um auf der Basis einer einzigen zentralen Quelle eine Story anzurecherchieren und zu veröffentlichen, die weltweit für Aufsehen sorgt. Zunächst reagiert die *Washington Post* am 21. Januar 1998. Der Aufhänger der Geschichte vier Tage nach der Netzveröffentlichung: Bill Clinton habe seine Ex-Gespielin zur Lüge gedrängt. Dann publiziert *Newsweek* das »Tagebuch eines Skandals« auf der eigenen Website und zitiert Monica Lewinsky, analysiert Details und Hintergründe, versucht den eigenen Scoop, den eben ein anderer zuerst gebracht hat, durch die eigene Ad-hoc-Berichterstattung doch noch für sich zu reklamieren. Allmählich gewinnt die Berichterstattung deutlich an Fahrt.[24] Zahlreiche Medien steigen nun in die Berichterstattung ein und orchestrieren ein globales Medienecho. Derweil liefert Matt Drudge – erneut weltexklusiv – die nächste Sensation und geht mit der Meldung online, Monica Lewinsky besitze ein noch ungewaschenes, schwarzes Cocktailkleid mit dem getrockneten Sperma des Präsidenten.[25] Nun wird er zum gefragten Experten in den Nachrichtensendungen nationaler Fernsehsender – ein Experte, der allerdings zu diesem Zeitpunkt keinen Beweis für seine Geschichte vorlegen kann und der trotzdem als opportuner Zeuge eingesetzt wird. Er habe von dem Samenkleid gehört, so gibt er auf Nachfrage bekannt. Nun setzt eine Phase der detaillierten Unterhosenberichterstattung auch in der seriösen Presse ein. *Newsweek* und *Time* berichten in ihren folgenden Ausgaben, dass Lewinsky gesagt haben soll, sie werde das besagte Kleid nie mehr waschen. Das hier regierende Prinzip der thematischen Le-

---

24 Zum Ausmaß der Berichterstattung siehe: WILLIAMS, BRUCE A./MICHAEL X. DELLI CARPINI (2004): Monica and Bill All the Time and Everywhere. The Collapse of Gatekeeping and Agenda Setting in the New Media Environment. In: *American Behavioral Scientist*. 47. Jg. H. 9. S. 1208-1230.

25 Zur Rolle von Matt Drudge in der öffentlichen Debatte um das Kleid von Monica Lewinsky siehe: COHEN, ADAM (1998): The Press and the Dress. In: TIME *on Politics* vom 16.02.1998. http://www.cnn.com/ALLPOLITICS/1998/02/09/time/cohen.html [25.04.2011].

gitimation lässt sich – unabhängig von der sehr konkreten Frage nach dem Wahrheitsgehalt und der Existenz dieses Kleides – zu folgender Formel verdichten: *Das Faktum der Veröffentlichung im Netz führt zur Veröffentlichung der vermeintlichen Fakten in den Mainstream-Medien; schlichte Publizität wird – abgekoppelt von der Seriosität der Quellen – zum komplementären Nachrichtenfaktor, zum ergänzenden Zusatzkriterium und Anlass einer Berichterstattung.* Im Extremfall ersetzt damit, dies ist zumindest die Gefahr, der Verweis auf die Berichte anderer die Suche nach dem Beweis und die Anstrengungen einer eigenen Recherche.

PARADOXIEN DES JOURNALISMUS

An dieser Stelle ist es lohnend, die Hintergründe des Skandals auszuleuchten – auch um das Zögern der professionellen Gatekeeper in der Redaktion der Zeitschrift *Newsweek* und die Rolle des investigativ arbeitenden Reporters Michael Isikoff im Kontrast verständlich zu machen.[26] Zunächst gilt es, sich in Erinnerung zu rufen: Die Affären des amerikanischen Präsidenten erscheinen zum damaligen Zeitpunkt auch deshalb so brisant, weil seit Längerem aus verschiedenen Gründen gegen Bill Clinton ermittelt wird und man versucht, sein Privatleben auszuforschen, um ihn auf diese Weise zu Fall zu bringen. Zum einen geht es ab dem Jahre 1994 in immer neuen Anläufen um die sogenannte ›Whitewater-Affäre‹ (umstrittene Immobiliengeschäfte des Ehepaars Clinton). Zum anderen hat ihn Paula Jones, eine Staatsangestellte aus Arkansas, verklagt. Ihr Vorwurf lautet: sexuelle Belästigung in einem Hotelzimmer in Little Rock. Ihre Anwälte recherchieren im Umfeld des Präsidenten, um womöglich weitere Leidensgenossinnen zu entdecken, ein charakteristisches, gerichtlich verwertbares Verhaltensmuster ausfindig zu machen – und stoßen auf Monica Lewinsky. Auch der vom amerikanischen Kongress eingesetzte Sonderermittler Kenneth Starr ist an

---

26 Eine ausführliche Rekonstruktion findet sich in folgendem Dokument: HUMMEL, HARTWIG (1999): *Monicagate. Die Clinton-Lewinsky-Affäre und das politische System der USA*. Vortrag an der Universität Trier vom 07.01.1999. http://www.phil-fak.uni-duesseldorf.de/politik/Mitarbeiter/Hummel/monicagate.pdf [29.03.2011].

der jungen Frau, einer ehemaligen Praktikantin im Weißen Haus, äußerst interessiert, will er doch nicht nur – dies war seine ursprüngliche Aufgabe – im Falle der Immobiliengeschäfte ermitteln, sondern auch andere mögliche Verfehlungen des Präsidenten enthüllen. Schließlich bekommt er einen entscheidenden Tipp: Monica Lewinsky sagt im Paula-Jones-Verfahren unter Eid aus, sie habe kein sexuelles Verhältnis zu Bill Clinton gehabt, berichtet aber einer Freundin am Telefon ausführlich von eben dieser intimen Beziehung und deutet überdies an, man habe abgesprochen, die Affäre zu leugnen. Was sie nicht weiß: Ihre Freundin Linda Tripp schneidet die insgesamt gut 20 Stunden andauernden Telefongespräche mit – und informiert den Sonderermittler Kenneth Starr über das brisante Material, der seinerseits die Ermittlungen gegen den ihm verhassten Präsidenten ausweitet, mehrere Treffen zwischen Tripp und Monica Lewinsky arrangiert, die mithilfe einer Wanze abgehört werden.[27] Erneut sprechen die Freundinnen, dieses Mal direkt von Agenten des FBI belauscht, über die Affäre und den »Widerling« – ihre Bezeichnung für Bill Clinton. Schließlich tauchen die Agenten bei einem Treffen in der Bar eines Hotels auf; sie drängen eine verzweifelte Monica Lewinsky in ein Zimmer, setzen sie unter Druck, zeigen ihr Fotos und Bänder und verweisen auf die Abhörprotokolle, in deren Besitz sie mithilfe von Linda Tripp gelangt sind. Nun lautet der Vorwurf in Richtung des Präsidenten: Anstiftung zum Meineid.

Der Journalist Michael Isikoff, ein für seine Unabhängigkeit und seinen investigativen Schneid bekannter Reporter, weiß von den Abhörprotokollen und ihren brisanten Inhalten. Und die entscheidenden Beteiligten bis hin zum Präsidenten der USA wissen längst, dass er etwas weiß.[28] Aus dem Umfeld der Verfolger um Kenneth Starr bietet man ihm schließlich einen Deal an. Er möge mit seinen Veröffent-

---

27 Zu den Details des Geschehens siehe auch: o. A. (1998): Im Theater des Absurden. In: *Der Spiegel* vom 02.02.1998. Nr. 6. S. 128-133.

28 Isikoff reflektiert seine Rolle in einem eigenen Buch zum Thema. Siehe: ISIKOFF, MICHAEL (1999): *Uncovering Clinton. A Reporter's Story*. New York: Crown Publishers. Ausführlich wird sein Vorgehen und sein Umgang mit den verschiedenen Instrumentalisierungsversuchen auch in der *New York Times* beschrieben. Siehe: GOLDSTEIN, TOM (1999): All the President's Women. In: *The New York Times* vom 04.04.1999. http://www.nytimes.com/1999/04/04/books/all-the-president-s-women.html?src=pm [25.04.2011].

lichungen über die laufenden Ermittlungen in der Causa Lewinsky noch etwas warten; außerdem müsse man in Erfahrung bringen, was er bereits recherchiert habe – man würde ihn im Gegenzug zu einem späteren Zeitpunkt mit einer exklusiven Geschichte versorgen. Isikoff lehnt ab und bemüht sich, in dieser Situation möglichst unauffällig in einem Feld der Einflüsse und Abhängigkeiten zu bewegen, das sich doch längst durch seine Präsenz verändert hat. Mit der Abhörspezialistin und selbst ernannten Freundin von Monica Lewinsky ist er in Kontakt, weigert sich aber, die Bänder abzuhören, während ihre Lauschaktionen und die nächtlichen Telefon- und Beichtgespräche noch laufen. Das hätte, so wird er später sagen, sein eigenes journalistisches Ethos verletzt: Er wäre vom Rechercheur und Reporter zum Akteur geworden und wollte sich nicht von einer Informantin instrumentalisieren lassen, die doch so deutlich erkennbar einfach nur auf den Sturz des Präsidenten zielte. Das Dilemma einer schwierigen Balance zwischen allzu großer Nähe und einer allzu großen Distanz, das hier deutlich wird, ist grundsätzlicher Natur. Wer zu sehr auf Distanz bedacht ist, der wird nicht ausreichend mit Hintergrundinformationen versorgt; wer dagegen allzu sehr in das zu beschreibende Milieu eintaucht, gefährdet seine Unvoreingenommenheit, er wird u. U. selbst zum Akteur des Geschehens, über das er dann berichten soll. Die eigene Unabhängigkeit zu wahren und doch an relevante Informationen zu gelangen, heißt somit, das Verhältnis von Nähe und Distanz, von Teilnahme und neutraler Beobachtung immer neu auszuloten. Für Michael Isikoff bedeutet dies, dass er zunächst abwartet, in der ›heißen‹ Abhörphase Distanz zu seiner zentralen Informantin Linda Tripp hält. Schließlich gelangt jedoch auch er in den Besitz einer 90 Minuten umfassenden Gesprächssequenz, beschließt nach fast einem Jahr der Arbeit und Recherchen die Ausweitung der Ermittlungen zum Thema zu machen – und die Skandalgeschichte in dem Nachrichtenmagazin *Newsweek* zu platzieren, bei dem er seit 1994 angestellt ist. In der Redaktion hört man gemeinsam die verfügbaren Bänder ab. Dem Chefredakteur Richard M. Smith kommen Zweifel, er fragt nach, meldet Bedenken an, lehnt die Veröffentlichung letztlich ab. Im Februar 1998 veröffentlicht das Magazin folgende Erklärung. Hier heißt es: »Warum also hat *Newsweek* die Geschichte nicht gedruckt? Das Magazin war durchaus bereit, sie zu veröffentlichen und alle Einwände in den Wind zu schlagen. Zwei Aspekte der Geschichte beunruhigten jedoch den Chefredakteur und Präsidenten, Richard M. Smith, ebenso aber auch andere Redakteure. Entgegen ihren Erwartungen konnte die 90-minütige Tonbandaufnahme die brisanteste juristische Anschuldigung weder bestätigen noch ausräumen – eine Behinderung der Justiz. Außer den von Tripp vorgebrachten Vorwürfen besaß das Magazin keine unabhängigen Erkenntnisse über die rechtlichen Grundlagen, auf denen Starr die Angelegenheit untersuchen sollte. Des Weiteren bereitete den Redakteuren Sorge, dass Reporter des Magazins zwar von Tripp eine ganze Menge über Monica Lewinsky gehört, sie jedoch nie gesehen, nie mit ihr gesprochen oder genügend unabhängige Berichte gesichtet hatten, um die Glaubwürdigkeit der jungen Frau einschätzen zu können. Die Redakteure kamen daher zu der Ansicht, dass sie mehr über sie und besonders auch mehr über die Motive der anderen Mitspieler wissen mussten, bevor ihr Name zum ersten Mal gedruckt erscheinen und bevor eine Geschichte veröffentlicht werden konnte, die ihr Leben unvermeidlich für immer verändern würde. Schließlich wurde die Zeit knapp. Nach einer lang andauernden Diskussion, in der die Redakteure ihre Vorbehalte darlegten und in der Isikoff ruhig und nachdrücklich für die Veröffentlichung plädierte, entschied Smith, die Produktion der Geschichte anzuhalten bzw. aufzuschieben und mit der üblichen Berichterstattung fortzufahren.«[29] Die hier gelieferte Begründung (Zweifel an der Glaubwürdigkeit der zentralen Informanten, verbleibende Unklarheiten, Zeitnot, der Schutz einer jungen Frau, die Produktionstermine eines Magazins) offenbart erneut einen zentralen Zielkonflikt, eine fundamentale Paradoxie des seriösen, des rechercheintensiven Journalismus: Einerseits hat man womöglich noch nicht ausreichend recherchiert; andererseits will man die eigene Geschichte unbedingt gedruckt sehen, sodass sie noch die erhoffte Wirkung entfalten kann. Einerseits kann man gerade durch

---

29 Die gesamte Erklärung findet sich hier: o.A. (1998): Newsweek's Decision. In: *Newsweek* vom 01.02.1998. http://www.newsweek.com/1998/02/02/newsweek-s-decision.html [21.03.2011].

eine schnelle Veröffentlichung Aufsehen erregen und der Konkurrenz zuvorkommen; andererseits bedroht eine vorschnelle, sich dann als fehlerhaft erweisende Publikation die eigene Glaubwürdigkeit und vermag das Image des Mediums, für das man tätig ist, zu beschädigen.[30]

DIE NEO-FORM DES GERÜCHTS

Für Matt Drudge existiert der hier beschriebene Zielkonflikt zwischen Geschwindigkeit und Genauigkeit allenfalls in äußerst rudimentärer Form. Er agiert als ein Agenda-Setter ohne vergleichbare Glaubwürdigkeitsverpflichtung, der das Netz für seine eigenen Experimente mit Fakten und Fiktionen benutzt – und dies gilt nicht nur für den Skandal um den amerikanischen Präsidenten. Eine ältere Untersuchung, die in dem Medienmagazin *Brill's Content* veröffentlicht wurde, basiert auf einer Analyse von insgesamt 51 Berichten zwischen Januar und September 1998, die Matt Drudge seiner Leserschaft als exklusiv angepriesen hat.[31] Hier zeigte sich, dass tatsächlich nur 31 Geschichten als exklusive Nachrichten durchgehen konnten. Von diesen waren zehn falsch oder hatten niemals stattgefunden. Elf Geschichten erwiesen sich als korrekt. Die Korrektheit der anderen, der verbleibenden Veröffentlichungen war fraglich oder ließ sich nicht definitiv klären. Mit anderen Worten: Der Wahrheitsgehalt seiner Veröffentlichungen ist mehr als fragil. Mal stimmt es, was Matt Drudge schreibt, mal stimmt es eben nicht. Mal ist es banal, was er verbreitet; mal lässt sich eine gewisse Relevanz erkennen, mal lenkt er den Blick auf entlegene Veröffentlichungen und dient als ›driver of traffic‹, den auch Journalisten mit ihren eigenen Geschichten gerne für sich einspannen und die ihn deshalb durch ano-

---

30 Zu derartigen Aporien, Paradoxien und Dilemmata des Journalismus siehe: KRAINER, LARISSA (2001): *Medien und Ethik. Zur Organisation medienethischer Entscheidungsprozesse.* München: KoPaed.

31 MCCLINTICK, DAVID (1998): Town Crier for the New Age. In: *Brill's Content* vom November 1998. http://web.archive.org/web/20000819015036/http://www.brillscontent.com/features/cryer_1198.html [25.04.2011].

nymisierte Mails vorab informieren.[32] Dann wieder lassen sich, wenn
man einzelne Beiträge analysiert, Motive eines extrem konservativen,
der politischen Rechten zugehörenden Publizisten vermuten – ein Interesse an der Kampagne, ein Testlauf für Gerüchte, die die zeitliche
Abfolge einer klassischen Recherche konterkariert, sie tendenziell um-
kehrt: *Was sich nicht rasch endgültig verifizieren lässt, wird eben gerade nicht
langwierig und skrupulös ausrecherchiert, sondern blitzschnell publiziert.* Die
Veröffentlichung bildet eben gerade *nicht* den natürlichen Endpunkt
und Abschluss einer gelungenen Verifikation zunächst noch diffuser,
ungeklärter Hinweise und Vorannahmen, sondern sie steht – im Kontrast zu einem seriös arbeitenden Journalismus – sehr viel näher am
Beginn einer Auseinandersetzung; sie stellt im Extremfall den Auftakt
dar. Manchmal folgt, wenn Matt Drudge die eigenen Hypothesen und
Durchstechereien der Informanten im öffentlichen Raum auf diese Weise
ausprobiert, ganz unmittelbar das Dementi. Eher selten versucht sich
der Beschädigte mithilfe von Anwälten und hohen Schadensersatzfor-
derungen zu wehren; auch um der Geschichte nicht weiter Auftrieb zu
verleihen, weicht man der gerichtlichen Auseinandersetzung offenkundig eher aus. Gelegentlich entschuldigt sich Matt Drudge und zieht
seinen exklusiven, aber eben leider ganz und gar falschen Bericht mit
einigen knapp bemessenen Zeilen des Bedauerns offiziell zurück. Und
doch bleibt unvermeidlich etwas hängen, hat man doch ein Gerücht
lanciert, ein Thema, eine Perspektive, eine Denkmöglichkeit gesetzt,
die erst einmal in der Welt ist.

Einige Beispiele mögen die Formen und Folgen der Gerüchtebericht-
erstattung demonstrieren: Einen Berater des Präsidenten Bill Clinton,
den politischen Journalisten Sidney Blumenthal, attackierte er am Tag
vor seinem Amtsantritt im August 1997 in massiver Weise und verbreitete (gestützt auf die Berichte eines »einflussreichen Republikaners«,
der allerdings anonym blieb) die Meldung, dieser sei durch Gewalt in
der Ehe auffällig geworden; das Ganze sei inzwischen aktenkundig.

---

32 SAPPELL, JOEL (2007): Hot Links Served Up Daily. In: *Los Angeles Times* vom 04.08.2007. http://
    www.latimes.com/business/la-fi-drudge4aug04,0,4136919,full.story?coll=la-home-center
    [25.04.2011].

Prozessberichte oder andere Belege vermochte er jedoch nicht beizu-
bringen. Und der entsetzte Journalist erfuhr von der Veröffentlichung
nicht durch eine Anfrage des *Drudge Report* oder eine Bitte um Stellungnahme, sondern durch puren Zufall: als ein Leser, der am Vorabend
seines Dienstantritts die Website aufgerufen hatte.[33] Des Weiteren:
Dem Demokraten und Präsidentschaftskandidaten John Kerry dichtete
Matt Drudge im Februar 2004 eine langjährige Affäre mit der Journalistin Alexandra Polier an. Man habe die Frau – angeblich auf Wunsch
Kerrys – inzwischen außer Landes gebracht, so hieß es. Ein ehemaliger
Konkurrent um die Präsidentschaftskandidatur, Wesley Clark, wurde
mit den Worten zitiert:»Kerry wird von einem Praktikantinnen-Pro-
blem zertrümmert.« Als die Veröffentlichung sich als falsch erwies,
entschuldigte sich Drudge bei Polier. Bei anderen Geschichten blieb
ein Wort des Bedauerns aus. Zum Beispiel in Falle von Michael Ware,
einem CNN-Journalisten und Kriegsberichterstatter. Mithilfe eines anonym bleibenden Zeugen verunglimpfte Matt Drudge den in rechten
Kreisen unbeliebten amerikanischen Kriegsreporter. Der Vorwurf: Michael Ware habe bei einer Pressekonferenz den republikanischen Präsidentschaftskandidaten John McCain absolut respektlos behandelt,
ihn unterbrochen, verspottet, ausgelacht. Auf den Videoclips von eben
diesem Auftritt ließen sich keine Belege finden, Michael Ware betonte
überdies, er habe überhaupt keine einzige Frage gestellt, an der Geschichte sei nichts dran. Und doch war die Meldung in der Welt. Ein
letztes Beispiel: Aufsehen erregte im Jahre 2008 ein älteres Foto auf den
Seiten des *Drudge Report*, das den Präsidentschaftskandidaten Barack
Obama bei einem Besuch in Kenia zeigte. Obama trug zu dieser Gelegenheit einen Turban und traditionelle afrikanische Kleidung.[34] Die
Botschaft des Bildes, das – so Drudge – aus dem Umfeld der damaligen
Konkurrentin Hillary Clinton geschickt worden war, schien eindeutig:

---

33 Zu diesem Fall siehe im Detail: MCCLINTICK, DAVID (1998): Town Crier for the New Age. In:
    Brill's Content vom November 1998. http://web.archive.org/web/20000819015036/http://
    www.brillscontent.com/features/cryer_1198.html [25.04.2011].
34 Zur Debatte um die Herkunft und die Wirkung des Bildes siehe: ALLEN, MIKE (2008): Obama
    Slams Smear Photo. In: *Politico* vom 25.02.2008. http://www.politico.com/news/stories/0208/8667.
    html [25.04.2011].

Hier greift ein Fremder nach dem Amt des Präsidenten, ein Mann mit einem Turban, kein echter Amerikaner.

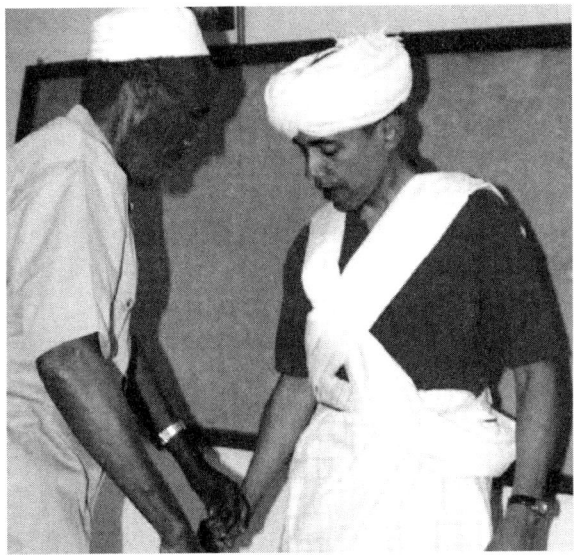

Abb. 3: Ein Foto des amerikanischen Präsidentschaftskandidaten Barack Obama mit Turban auf den Seiten des
Drudge Reports.

All diese Beispiele zeigen, dass sich die Macht zur Diffamierung von anderen und anders Denkenden erst aus der akkumulierten Aufmerksamkeit des Publikums und der massiven Beachtung durch etablierte Massenmedien ergibt. Die verschiedenen Medien putschen sich wechselseitig auf, sie verlinken Schlagzeilen, machen die Exklusivgeschichten über angebliche Affären weithin bekannt – und lassen die Inhalte des *Drudge Reports* immer bedeutender erscheinen.[35] *Beachtung – ganz gleich, ob positiver oder negativer Natur – ist das zentrale Kapital der Website; die einmal entstandene Aufmerksamkeit erzeugt in einem zirkulären Prozess*

---

35 Aufbau und Aufmachung des *Drudge Reports* werden in folgendem Aufsatz beschrieben: MCCLINTICK, DAVID (1998): Town Crier for the New Age. In: *Brill's Content* vom November 1998. http://web.archive.org/web/20000819015036/http://www.brillscontent.com/features/cryer_1198.html [25.04.2011].

der Selbstreproduktion immer neue Schübe der Aufmerksamkeit.[36] Die enorme
Wucht der Themensetzung verdankt Matt Drudge zum einen gewiss
der ängstlich-nervösen Szene des politischen Washington, die – gerade
in Zeiten des Wahlkampfes – seinen Report konstant beobachtet und
nichts so sehr fürchtet wie eine unkontrollierbare Schmutzkampagne
der jeweils anderen Seite.[37] Er verdankt seinen Einfluss zum anderen
den Fernseh- und Radiosendern, die ihn einladen, die ihn zum Experten und zum großen Angstgegner des Establishments stilisieren, ihn
mit den Würden des seriösen Kommentators versehen. Und er verdankt
ihn schließlich den Lesern und den Bloggern, die ihn verlinken, den
Zeitungen, die ihn zitieren, den Kritikern, die sich über ihn erregen
und empören. Bis zu 650 Millionen Mal wird sein äußerst schlicht ge-
stalteter *Drudge Report* (bestehend aus einigen Zeilen bzw. Hyperlinks
in schwarzer oder roter Schrift, einigen Fotos, einer Sammlung von
Standard-Links) im Monat angeklickt, so gibt die Agentur bekannt,
die für ihn Werbung vermittelt. 1,9 Millionen Besucher zählt man im
Durchschnitt an einem einzigen Wochentag. Matt Drudge, den das
Time Magazine schon 2006 (sinnigerweise in der Kategorie ›Artists and
Entertainers‹) zu den 100 einflussreichsten Menschen der Welt zählte,
hat sich längst als ein höchst empfindlicher, nach eigenen, mitunter
äußerst subjektiven Standards agierender *Gatekeeper zweiter Ordnung*
etabliert, der effektiv und manchmal exklusiv auf bereits Vorhande-
nes, bereits Berichtetes verweist und das bereits Geordnete (eben die
bereits in den Medien präsentierten Informationen und Inhalte) für
ein anderes Publikum noch einmal ordnet. Er agiert als ein menschli-

36 FRANCK, GEORG (1998): *Ökonomie der Aufmerksamkeit. Ein Entwurf.* München/Wien: Carl Han-
    ser Verlag.
37 »Drudges bedeutender Einfluss beruht auf der Auswahl der Links, die er auf seine Webseite
    stellt«, so schreiben die politischen Journalisten Mark Halperin und John F. Harris, »obwohl
    sicherlich auch seine eigenen exklusiven Geschichten (so unpräzise sie auch manchmal sein
    mögen) das Gespräch anheizen. Wenn einem politischen Thema im *Drudge Report* ein wichtiger
    Platz eingeräumt wird, ist sichergestellt, dass Menschen, die in heutigen Kampagnen eine
    Rolle spielen, darüber sprechen werden. Der Artikel wird die Wahrnehmung von Journalis-
    ten und Wahlkampfstrategen und sogar Kandidaten beeinflussen. Er wird bei Pressekon-
    ferenzen und White House Briefings Fragen provozieren. All dies sickert zu den Wählern
    durch, von denen viele ohnehin Drudge-Report-Leser sind.« HALPERIN, MARK/JOHN F. HARRIS
    (2006): *The Way to Win. Taking the White House in 2008.* New York: Random House. S. 53.

cher Aggregator – und manchmal auch, selten genug, als ein mehr oder minder seriöser Enthüller exklusiver Nachrichten, die tatsächlich auf seiner eigenen Rechercheleistung beruhen. Was immer er schreibt, vermag, so das Magazin der *New York Times*, einen »Tsunami öffentlicher Erwähnungen« auszulösen, auch wenn die verhandelten Geschichten und Geschichtchen aus der Perspektive des klassischen Nachrichtenjournalismus als gänzlich unbedeutend erscheinen mögen.[38] »Mit einem Modem«, so heißt es in einer der spärlichen programmatischen Äußerungen von Matt Drudge, »kann nun jedermann das Weltgeschehen verfolgen und über die ganze Welt berichten. Keine Mittelsperson, kein Großer Bruder. Und ich meine, dass sich damit alles ändert.«[39] Das fundamentale Prinzip, das der Mann mit dem Modem, der Protagonist eines fiebrig-aggressiven Sensationalismus, in immer neuen Anläufen und grellen Schlagzeilen illustriert, lässt sich zu der Formel verdichten: *Masse schlägt Inhalt; der schlichte Aufmerksamkeitsexzess des Großpublikums marginalisiert die Relevanzfrage.* Wichtig wird, was als wichtig erscheint.

38 WEISS, PHILIP (2007): Watching Matt Drudge. In: *Nymag.com* vom 24.08.2007. http://nymag.com/news/media/36617/index5.html [25.04.2011].
39 Siehe: JONWAY2FAST (2010): Matt Drudge at the National Press Club. In: YouTube vom 12.03.2010. http://www.youtube.com/watch?v=tkk7vUMsulo&NR=1 [21.04.2011].

2. JESSICA CUTLER UND DIE ILLUSION DER INTIMITÄT

MECHANISMEN DER SELBSTENTHÜLLUNG

Eigentlich hat Jessica Cutler nie wirklich an das große Publikum gedacht. Lediglich ein paar Freunde sollten ihren Blog aus Washington lesen – De Luca aus San Diego, Rachel Robertson aus New York und ein oder zwei weitere Freundinnen, deren Namen nicht bekannt geworden sind. Ihr Blog, da war sie sich sicher, sei eine unbedeutende, kaum aufzufindende Nadel im Heuhaufen der digitalen Daten.[40] Kein Fremder würde das Geschriebene entdecken, kein womöglich unbefugt Stöbernder auch nur das geringste Interesse zeigen. Ein Passwort für das ausgewählte Publikum des eigenen Freundeskreises sei daher nicht nötig, da war sich Jessica Cutler sicher. Ihr eigenes kleines Leben, die Geschichten über gelegentliche Alkoholexzesse und Partys, Sex und teure Klamotten und die sie zutiefst anödende Arbeit des Postsortierens und -verteilens im Büro des republikanischen Senators Mike DeWine in Washington wären doch für Außenstehende einfach nur langweilig, uninteressant. Schon ein Passwort immer eintippen zu müssen – das wollte sie ihren Freundinnen nun wirklich nicht zumuten. Allerdings legte sie, aller Entspanntheit im Umgang mit den neuen Öffentlichkeiten zum Trotz, beim Einrichten ihres Online-Tagebuches fest, dass man ihren Blog nicht über Google finden konnte. Sie probierte dies verschiedentlich aus und sorgte darüber hinaus gezielt für eine gewisse Anonymität aller Beteiligten – ein Minimum an Privatheit in der Sphäre des Öffentlichen, das ihr ausreichend schien. Sich selbst gab sie den Namen *Washingtonienne* und versah ihre Freunde und Ex-Freunde, ihre Arbeitskollegen und

---

40 Diesem Kapitel liegen Zeitungsartikel, Buchveröffentlichungen und eigene Interviews mit Jessica Cutler zugrunde, die per E-Mail geführt wurden. Zur Rekonstruktion des Falles siehe insbesondere:
WITT, APRIL (2004): Blog Interrupted. When Jessica Cutler Put Her Dirty Secrets on the Web, She Lost Her Job, Signed a Book Deal, Posed for Playboy – and Raised a Ton of Questions about Where America Is Headed. In: *The Washington Post Magazine* vom 15.08.2004. S. 12.
SOLOVE, DANIEL J. (2007): *The Future of Reputation. Gossip, Rumor, and Privacy on the Internet.* New Haven/London: Yale University Press. S. 50ff.

Sexpartner mit den Initialen ihres jeweiligen Vor- oder Nachnamens. Am 5. Mai 2004 ging sie mit ihrem Blog für gerade einmal 13 Tage online. Am 18. Mai 2004 versuchte sie panisch all ihre Postings zu löschen und das Geschriebene einem plötzlich entstandenen Großpublikum wieder zu entreißen, die plötzlich bekannt gewordene Selbstoffenbarung wieder rückgängig zu machen und ihre Intimsphäre und die ihrer Sexpartner zu restaurieren. Ohne Erfolg. *Ihr Fall zeigt die Mechanismen der Selbstenthüllung aufgrund fehlender Medienkompetenz.*

In einem ersten Posting am 5. Mai 2004 um 17:48 Uhr stellt sich Jessica Cutler alias *Washingtonienne* einer gezielt informierten Mikro-Öffentlichkeit mit einigen wenigen Sätzen vor. »Ich habe einen echt glamourösen Job auf dem Capitol Hill«, so bekommt man zu lesen. »Regierung oder Politik sind mir zwar herzlich egal, aber für einen Senator zu arbeiten macht sich gut in meinem Lebenslauf. Und diese mit Marmor ausgekleideten Korridore sind einfach fantastische Orte, um Männer zu treffen und meine Outfits zu präsentieren.« In den folgenden Tagen berichtet sie von Partys, amerikanischen Fernsehserien, ihren Schwierigkeiten, von einem schmalen Bürogehalt zu leben. Sie erzählt beiläufig, mit wem sie beim Mittagessen war, wie lange man vor einem In-Lokal habe warten müssen und was im Büro so geredet werde. Hauptthema ihrer Tagebucheinträge, die sie stets an ihrem Schreibtisch des Senatoren-Büros verfasst, sind jedoch die Sex-Eskapaden mit diversen Männern. Es sind verheiratete Männer und einige »großzügige ältere Herren« darunter, die ihr Geschenke machen und sie mitunter bezahlen – ein Faktum, das sie umtreibt, ihr Schuldgefühle macht; sie achtet daher peinlich genau darauf, dass das Geld eher beiläufig übergeben wird. Es sind Freunde und Ex-Freunde, die sie für ein paar Stunden und ein erotisches Abenteuer besuchen. Irgendwann verliert eine der Leserinnen den Überblick über die verschiedenen Initialen und Sexgeschichten – und fordert Aufklärung von der Freundin, eine Art Übersichtstabelle. Am 11. Mai 2004 kommt Jessica Cutler dieser Bitte nach und schreibt: »Ich habe es auf allgemeinen Wunsch endlich geschafft, mein Sexleben aufzuschlüsseln und übersichtlich zu machen. In alphabetischer Reihenfolge: AJ = der Praktikant in meinem Büro, den ich ficken will. F = verheirateter Mann, der für Sex mit mir bezahlt.

Stabschef in einer Regierungsdienststelle, ernannt von Bush. J = habe
bei ihm meine Jungfräulichkeit verloren und mich verliebt. Ein Kerl, der
mich seit 1999 verrückt gemacht hat. Lebt in Springfield, Illinois. Fliegt
durch das halbe Land, um mich zu ficken, höre dann wieder wochenlang
nichts von ihm. MD = Typ aus dem Senatsbüro, wo ich Januar-Februar
Praktikantin war. Hat mich als Praktikantin eingestellt. Beendete die
Beziehung mit MK. MK = echter Langzeitfreund, mit dem ich seit 2001
zusammen war. Furchtbare Trennung im März, sehen uns aber immer
noch. R = aka ›Threesome Dude‹. Einer, den ich am liebsten vergessen
möchte. RS = Mein neuer Bürofreund, mit dem ich in einen Bürosexskan-
dal verwickelt bin. Mein gegenwärtiger Liebling. W = ein Sugar Daddy,
der nichts außer anal will. Versuche immer wieder, ihn loszuwerden,
aber das Geld ist einfach zu gut. Shit. Ich ficke mit sechs Kerlen.«

VORDERBÜHNE UND HINTERBÜHNE

Besonders hat es ihr ein Mann aus dem Büro des Senators angetan, den
sie mit dem Kürzel ›RS‹ – seinen tatsächlichen Initialen – versieht. Der
Beginn ihres Verhältnisses, das ist sein Pech, fällt genau in die entscheidende Phase des Bloggens. Jessica Cutler lernt ihn am 6. Mai kennen,
und womöglich beginnt sie, sich in ihn zu verlieben, denkt schon bald
über eine Hochzeit nach und hat ein schlechtes Gewissen, weil sie gegenüber ihren Kolleginnen im Büro manche Intimität über ihn ausge-
plaudert hat. Schließlich stellt sie ›RS‹ immer detaillierter vor, kreiert
ein Informationsmosaik, das die Identifizierung erleichtert und die Privatsphäre des Unwissenden schrittweise demontiert. Er sei jüdisch und
habe einen Zwillingsbruder. Man arbeite zusammen, und er wohne im
Nordwesten Washingtons. Weiter schreibt sie, er genieße es, beim Sex
geschlagen zu werden oder selbst zu schlagen, habe Schwierigkeiten
mit Kondomen und es fänden sich Handschellen in seinem Haus, die
er ihr gerne bald einmal anlegen würde. Auch das Gespräch über einen
Aids-Test, die Zahl der Ejakulationen und die Ursachen von Erektions-
schwierigkeiten werden in einzelnen Passagen des Blogs notiert. Dann
wieder heißt es: »Gestern Abend machte es jedoch Spaß. Er ist sehr di-

rekt, was Sex betrifft. Er redet gerne schmutziges Zeug und so, und er sagte mir, dass er unterwürfige Frauen gut findet. Prima, ich kann es mir jetzt also im Bett bequem machen, mich einfach zurücklegen und ihm zuschauen, wenn er abartige Scheiße treibt.« Die Vorstellung einer Ehe, so Jessica Cutler, würde sie allerdings doch etwas irritieren. Schließlich praktiziere man Sex nicht wie Mann und Frau, sondern hässlich und roh. Kurzum: *Die Bloggerin nutzt das Hybridmedium Internet ganz so, als könne sie den gewünschten Kommunikationsmodus allein durch ihr eigenes Wollen fixieren, als seien ihre Intentionalität und ein paar kümmerliche Anonymisierungsversuche letztlich entscheidend.*

An dieser Stelle ist ein Schlüsselkonzept des Soziologen Erving Goffman hilfreich, um die Analyse voranzutreiben. Es ist die Unterscheidung von Hinterbühne und Vorderbühne, die Goffman in seinem Buch *Wir alle spielen Theater* entfaltet.[41] Die Hinterbühne markiert im Sinne von Erving Goffman und seiner Theorie der Situation und der Interaktion das für Außenstehende unsichtbare Kommunikationsgeschehen. Es handelt sich, um ein klassisches Beispiel aufzugreifen, etwa um die Küche eines Restaurants. Der Kellner ist die Person, die die Schwelle zwischen Hinter- und Vorderbühne beständig kreuzt – und die plötzlich, kaum taucht sie im Restaurant auf, das eigene Verhalten situationsgerecht anpassen muss, also Haltung annimmt, eine andere Sprache spricht und sich den allgemeinen Konventionen des Bedienens unterwirft. Vor den Gästen zeigt sich dieser Kellner womöglich servil. In der Abgeschiedenheit der Hinterbühne wird hingegen gelästert, gespottet, geklagt. Auf der Hinterbühne geschehen Dinge, die auf der Vorderbühne nicht zu sehen sein sollen. Hier werden Sätze gesagt, die nicht für eine größere Öffentlichkeit bestimmt sind. Allerdings stellt die Hinterbühne (auch wenn dies die Theater- und Raummetaphorik Erving Goffmans und auch die Wahl des Kellner- und Küchen-Beispiels womöglich irrtümlich nahe legt) keinen physisch-materiell fassbaren Ort dar, sondern sie steht für eine von strikter Publikumsbegrenzung charakterisierte, nicht notwendig lokalisierbare Sphäre. Es ist eine andere, eine eigene Infor-

---

41 GOFFMAN, ERVING (2008): *Wir alle spielen Theater. Selbstdarstellung im Alltag.* Vorwort von Lord Ralf Dahrendorf. 6. Aufl. München: Piper.

mations- und Kommunikationswelt, die zwischen einer ausgesuchten Zahl von Menschen besteht.[42] Die Gäste des Restaurants tauchen eben nicht in der Küche auf, sie sind auf der Vorderbühne platziert; hier handelt es sich um jenen Ort, an dem gezeigt wird, was wahrgenommen wird und was wahrgenommen werden soll. Es ist die Sphäre des sozial akzeptablen Auftritts. Auf der Vorderbühne greifen Normen und Konventionen. Hier werden Rollenkonzepte zum Korsett, denen man sich, möchte man dazugehören, fügen muss. Und hier empört man sich, wenn die Hinterbühnenkommunikation und ein mehr oder minder geschickt verborgenes Verhalten plötzlich offenbart werden. Es sind diese Unterscheidungen und Überlegungen, die es erlauben, das kommunikative Drama der Jessica Cutler präziser zu fassen – ein Drama, das sich im digitalen Zeitalter permanent ereignet, weil die Hinterbühne zur prinzipiell bedrohten Sphäre geworden ist und sich scheinbar stabile Kommunikations- und Wahrnehmungsschranken als äußerst fragil erweisen. Wer den Fall mithilfe der Leitunterscheidungen des Soziologen Erving Goffman analysiert, der erkennt: *Jessica Cutler betreibt Hinterbühnenkommunikation ohne Vorderbühnenbewusstsein, ohne ein Gespür für die Möglichkeit des raschen Publikumswechsels, für die blitzschnelle Transformation der Hinterbühne in eine grell ausgeleuchtete Vorderbühne.*

ENTLARVUNG IN ECHTZEIT

Am 18. Mai 2004, ihrem Geburtstag, trifft Jessica Cutler jenen verheirateten Mann, den sie als ›F‹ bezeichnet – und kehrt am Nachmittag in ihr Büro zurück.[43] »Ich habe gerade lange mit F zu Mittag gegessen und

---

42 Zu diesem Verständnis des ›Ortes‹ und einer medienanalytisch orientierten Neufassung der Interaktions- und Situationssoziologie von Erving Goffman siehe: MEYROWITZ, JOSHUA (1990): Redefining the Situation. Extending Dramaturgy into a Theory of Social Change and Media Effects. In: STEPHEN HAROLD RIGGINS (Hrsg.): *Beyond Goffman. Studies on Communication, Institution, and Social Interaction.* Berlin/New York: Mouton de Gruyter. Insbesondere S. 87ff.

43 Die folgenden Zitate stammen aus *Wonkette,* der späteren Klageschrift eines Ex-Liebhabers von Jessica Cutler und verschiedenen ausführlich dokumentierten Fassungen ihres Blogs, die sich erhalten haben und nach wie vor im Netz kursieren. Um das Literatur- und Quellenverzeichnis nicht zu überlasten, verzichten wir auf detaillierte Einzelnachweise. Erneut

auf die Schnelle 400 Dollar verdient«, heißt es um 14:10 Uhr. »Als ich in das Büro zurückkam, hörte ich, dass mein Chef sich erkundigt habe, wo ich denn sei. So ein Penner.« Wenig später findet sie zwei Nachrichten auf ihrem Rechner. Die erste lautet:»Mein Gott, du bist berühmt.« Die zweite liefert eine Art Erklärung:»Dein Blog ist auf Wonkette.« Gemeint ist eine in Washington viel gelesene Website von Ana Marie Cox; eine Mischung aus Tratsch, Satire und politischen Nachrichten, kombiniert mit Sexgeschichten. Vermutlich hat eine von Jessica Cutlers Freundinnen der Klatschjournalistin Cox den entscheidenden Tipp gegeben, ihr den Link geschickt, der *Wonkette* allein im Mai 2004 anderthalb Millionen Besucher und Washington einen landesweit kommentierten Sexskandal beschert. *Es ist dieser Link, der die Hinterbühne des bisherigen Kommunikationsgeschehens sichtbar macht und das private Universum der Freundinnen gleichsam aufsprengt. Die persönliche Öffentlichkeit, zunächst für eine eng umgrenzte, scheinbar klar definierte Zielgruppe gemeint, lässt sich in ihrer Reichweite, dies zeigt der Fall, prinzipiell nicht festlegen; das Publikum scheint nicht mehr skalierbar.*[44] *Und ein einziger Mausklick erlaubt es, die gerade noch getrennten Kommunikationssphären und die Sinnenklaven zu verschmelzen, die intime Information öffentlich werden zu lassen.* Am frühen Nachmittag des 18. Mai bekommt man auf *Wonkette* folgenden Kurztext zu lesen:»Ein Mädchen so recht nach unserem Geschmack (und damit winkt ihr wohl ein Buchvertrag). Es ist uns klar, dass einige von Euch, die diesem Link folgen, nie zurückkommen werden: verglichen mit unserem bescheidenen Blog bietet *Washingtonienne* die Hälfte der Politik und doppelt so viel Arschficken. Und sie wird augenscheinlich dafür bezahlt. Für das Arschficken, meinen wir. (Schade, dass uns das nicht eingefallen ist.) Aber wie konnten wir denn anders, als sie Euch vorzustellen? Sie ist wie eine Belle de Jour auf Capitol Hill und bietet so viele, na ja, gute Ratschläge.«

sei an dieser Stelle auf die präzise Rekonstruktion des Falles durch Daniel J. Solove und April Witt verwiesen.

44 Zur fehlenden Skalierbarkeit des Publikums und anderen Merkmalen persönlicher Öffentlichkeiten siehe: SCHMIDT, JAN (2009): *Das neue Netz. Merkmale, Praktiken und Folgen des Web 2.0.* Konstanz: UVK Verlagsgesellschaft. S. 107f.

Es entspinnt sich in den folgenden Stunden ein bizarrer Kampf zwischen den beiden Frauen, der sich als Widerstreit zweier Prinzipien verstehen lässt: Auf der einen Seite steht die vergleichsweise ohnmächtige Jessica Cutler, die zunächst verzweifelt ihre Privatsphäre verteidigt, dann aber sehr rasch aufgibt – und sich bemüht, die entstandene Beachtung in einen persönlichen Vorteil umzumünzen. Auf der anderen Seite findet sich Ana Marie Cox. Sie agiert in einer Mischung aus spielerischer Heiterkeit und Brutalität. Sie zeigt sich als Protagonistin einer aggressiven Enthüllungsarbeit, die letztlich die Dramaturgie des Geschehens bestimmt, den Takt vorgibt. Zunächst versucht Jessica Cutler, die eigenen Spuren zu beseitigen, loggt sich bei blogger.com ein, löscht in aller Eile ihren Blog und testet den Link auf *Wonkette,* der das gewünschte Ergebnis bringt: »Seite nicht gefunden.« Allerdings ist ihr Online-Tagebuch zu diesem Zeitpunkt bereits zum zentralen Gesprächsthema geworden. Es kursieren erste Ausdrucke, blitzschnell verbreitet sich die Nachricht, wandert der entscheidende Link von Rechner zu Rechner. Der Liebhaber ›RS‹ kommt – einen Ausdruck in der Hand – in ihr Büro und signalisiert ihr, dass die Beziehung zu Ende sei. Eine Kollegin, die sie online als »Zuhälterin« charakterisiert hat, schreit sie an. Jessica Cutler verlässt geschockt ihren Arbeitsplatz. Kaum ist *Washingtonienne* gelöscht, erscheint auf *Wonkette* die entsprechende Mitteilung, die mit einer Suchmeldung kombiniert wird: »Der Blog Washingtonienne scheint verschwunden, gelöscht und nur mehr ein bloßes Hirngespinst zu sein. Bitte um Mitteilung, ob seine Weiterexistenz bestätigt werden kann.« Bereits um 16:07 Uhr wird sie faktisch zur Fahndung ausgeschrieben. »Wir fühlen uns langsam etwas herzlos gegenüber Washingtonienne«, so heißt es in gespielter Anteilnahme. »Wir hoffen jedenfalls, dass Washingtonienne nicht für immer verschwunden ist. Und wir hoffen auch, dass sie immer noch Arbeit hat. Richtige Arbeit. Nicht bloß Arschficken. (Das ist ja eigentlich eher ein gewinnbringendes Hobby.) Wenn Du heute deine Entlassungspapiere bekommen hast, Süße, schick uns eine kurze Nachricht. Wir werden gerne sehen, was wir tun können. (Und auch, na ja, wenn irgendjemand sonst zufällig etwas gehört hat von einer plötzlichen Entlassung einer weiblichen Angestellten an diesem Nachmittag... Wir werden uns Gedanken machen, ob wir etwas als Ersatz anbieten können).«

Eine gute Stunde später wird gemeldet, Washingtonienne sei gefeuert worden. Und bereits um 18.32 Uhr bekommt man den gerade erst gelöschten Blog erneut zu lesen. Offensichtlich hat ihn ein aufmerksamer Leser vorsorglich gespeichert, dann an Ana Marie Cox geschickt, die ihn gleich wieder online verfügbar macht. Nun springt die Geschichte auf die klassischen Massenmedien über und Jessica Cutler verwandelt sich in eine Medienprominente, die man im Tausch für die Skandalproduktion mit Aufmerksamkeit bedenkt. Es wird nicht nur in der Polit-Szene von Washington berichtet, sondern auch in zahlreichen überregionalen Zeitungen, Fernsehsendern, Magazinen. Artikel finden sich beispielsweise in der *Washington Post*, der *New York Times*, im *Guardian* und im *National Enquirer*, dem *Scotsman*, dem *Star* und der *New York Post*. Selbst die *Times of India* greift den Fall auf und etikettiert Jessica Cutler als »New-insky«, eine Anspielung auf Monica Lewinsky und den Sexskandal um Bill Clinton. Washingtonienne ist zu diesem Zeitpunkt längst als Jessica Cutler enttarnt. Boulevardjournalisten des *National Enquirer* bieten ihr 10.000 Dollar, um sie zur Nennung von Namen zu bewegen, ist es doch immerhin möglich, dass der eine oder andere einflussreiche und mächtige Politiker aus Washington zu ihren Sexpartnern gehört haben mag.

SUCHSPIEL FÜR DENUNZIANTEN

Im Netz wird heftig über die Identität ihrer diversen Liebhaber spekuliert, und es beginnt eine fast spielerisch anmutende Suche eines diffusen Kollektivs, das die Enthüllung will und sich einen Spaß daraus macht, dem anonymen anderen seine Maske zu entreißen. Auch Ana Marie Cox forciert diese Suche. *Die klassische Recherche eines Einzelnen wird hier – auch dies ein gängiges Muster – durch die öffentlich betriebene Entlarvung ersetzt, an der sich ein diffuses, Informationsbruchstücke kombinierendes Publikum unbekümmert beteiligt.*[45] Das Vorgehen sieht in diesem Fall folgendermaßen aus: Cox stellt

---

45 Ein analoger, in Deutschland intensiv diskutierter Fall stellt die blitzschnelle Enttarnung von mutmaßlich pädokriminellen Männern dar, die in der RTL2-Sendung *Tatort Internet*

die Fotos potenziell verdächtiger Kandidaten online, auf die die Beschreibung im Blog in irgendeiner, allerdings nicht näher erläuterten Art und Weise zu passen scheinen. Am 20. Mai 2004 bekommt man (im Verbund mit 13 Fotos der angeblich Verdächtigen und der Schlagzeile »Würden Sie diesem Mann Sex verkaufen?«) folgenden Text zu lesen: »Wir haben die Bilder aller männlichen Stabschefs zusammengestellt, die wir finden konnten. Es ist jetzt nur noch herauszufinden, welcher dieser Kerle so aussieht, als würde er für Sex bezahlen müssen.«

Das Suchspiel für Denunzianten bringt jedoch keine belastbaren Erkenntnisse und Ergebnisse, über die sich auf *Wonkette* weiter berichten ließe. Die Animation zu einer kollektiven Jagd und das publizistische Experiment mit dem diffusen Verdacht bleiben erfolglos. Gleichwohl ist all dies aufschlussreich, offenbart sich hier doch die Lust an einer gemeinsam durchgeführten Puzzlearbeit, die einzelne Informationsbruchstücke zu einer wirklichen, einer im *Real Life* fassbaren Identität zusammensetzt – mit allen Folgen und Nebenwirkungen für die Betroffenen, die durch Zufall in das Fadenkreuz einer selbst ernannten Fahndertruppe geraten sind. Für kurze Zeit steht beispielsweise ein gewisser Frank Jimenez im Verdacht, er gehöre zum Kreis der Liebhaber von Jessica Cutler, er verberge sich hinter ›F‹. Freunde fragen sich besorgt, als die Falschmeldung auftaucht, ob seine Karriere nun zu Ende sei. Er gerät massiv unter Druck. Seine Rettung besteht schließlich darin, dass die Informationsbruchstücke sich nicht bruchlos fügen: Jimenez lebt als Single; der Liebhaber, um den es geht, ist jedoch verheiratet. Er wird daraufhin öffentlich von Ana Marie Cox entlastet und schickt selbst, um auch den letzten Zweifel zu beseitigen, ein vorsichtig-ängstliches Schreiben an sie, das auch publiziert wird. Er sei, so Jimenez, noch nie in seinem Leben so glücklich gewesen, allein zu leben. Und für Sex und die Zuwendungen einer Frau habe er noch nie bezahlt. Den kurzzeitig drohenden Reputationsverlust kommentiert er mit genauen Worten in der *New York Times*: »Ich würde mir wünschen, dass Blogger vorsichtiger und rücksichts-

---

in nachlässig anonymisierter Form gezeigt wurden, dann aber – mitunter schon während der Ausstrahlung – von findigen Zuschauern durch Netz-Recherchen identifiziert werden konnten.

voller wären, wenn sie etwas im Web veröffentlichen: Es handelt sich dabei ja um nichts anderes als den althergebrachten Klatsch, wie er mündlich verbreitet wird. Die moderne Technik verstärkt jedoch seine Auswirkungen millionenfach, und so ist er möglicherweise schädlicher, weil er länger erhalten bleibt.[46]

DIE KAPITALISIERUNG VON AUFMERKSAMKEIT

Ein Grund für den Misserfolg der Amateur-Fahnder ist auch, dass sich Jessica Cutler weigert, Namen zu nennen, Vermutungen zu verifizieren. Aber sie beginnt, Interviews zu geben und absolviert – gemeinsam mit Ana Marie Cox – einen Fernsehauftritt, der noch heute im Netz abrufbar ist. Sie ändert, so scheint es, fast intuitiv ihre Strategie. Aus dem Bemühen, das eigene Geheimnis zu schützen, wird der Versuch, den zunächst als belastend erlebten Beachtungsexzess möglichst rasch in Bargeld zu verwandeln. Ihr Vorgehen könnte man (in Analogie zum *Agenda-Surfing*, dem Versuch, von einer plötzlichen Themenkarriere individuell zu profitieren) als *Scandal-Surfing* bezeichnen, geht es ihr doch darum, die öffentliche Empörung über ihr Gebaren für die eigene Person zu nutzen und die erreichte Aufmerksamkeit zu kapitalisieren, also den Nachteil der öffentlichen Skandalisierung zumindest in einen materiellen Vorteil zu transformieren.[47]

SCANDAL-SURFING

Scandal-Surfing ist eine besondere Strategie des Themenmanagements. Man versucht, weil sich die Berichterstattung nicht unterbinden, zurückdrängen oder direkt kontrollieren lässt, von der nun einmal entstandenen Beachtung zu profitieren. Der eher seltene Fall: Der Skandalisierte bemüht sich selbst und in Eigenregie – hier funktioniert Jessica Cutler als Paradebeispiel –, aus

---

46 ROSEN, JEFFREY (2004): Your Blog or Mine? In: *The New York Times* vom 19.12.2004. http://www.nytimes.com/2004/12/19/magazine/19PHENOM.html [25.04.2011].
47 Zu den unterschiedlichen Strategien des Themenmanagements (Agenda-Setting, Agenda-Cutting, Agenda-Surfing) siehe BRETTSCHNEIDER, FRANK (2002): Die Medienwahl 2002. Themenmanagement und Berichterstattung. In: *Aus Politik und Zeitgeschichte* vom 09.12.2001. H. 49-50. S. 38.

der negativen Aufmerksamkeit Kapital zu schlagen. Häufiger melden sich jedoch vergleichsweise eher unbeteiligte Kommentatoren zu Wort, die das Geschehen einordnen und die Welle der Empörung für die jeweils eigene Seite, die eigene Partei, das eigene politische Lager etc. nutzen möchten. Der Skandal ist ihnen lediglich ein Vorwand, um eigene Ideen und Geschichten in den Medien zu platzieren.

Jessica Cutlers nun präsentiertes Rollenspiel ist nicht ohne Geschick und ein Gespür für Provokation inszeniert. Sie zelebriert ihren neuen Status als eine Skandalbloggerin, die gut aussieht und ohne Scheu und ein Zeichen von Reue auftritt. »Ich nenne keine Namen«, so sagt sie in einem Interview. »Ich schäme mich für nichts, was ich in dem Blog geschrieben habe. Und Menschen sind armselig, wenn sie einen so banalen Sexskandal interessant finden. Ich habe diesen Blog nicht geschrieben, um das Leben der Menschen zu verderben. Es ging nur um den Spaß für mich und meine Freunde.« Sie zieht sich für den *Playboy* aus. Sie erhält 300.000 Dollar Vorschuss für einen Buchvertrag und folgt den Anweisungen ihres Agenten, der ihr bis zur Veröffentlichung des Buches weitere Interviews untersagt. Ein Jahr nach dem Skandal publiziert sie einen hastig formulierten Schlüsselroman mit dem Titel *The Washingtonienne* – eine kaum verhüllte Rekonstruktion ihrer Büro- und Sexerfahrungen, die auch in der amerikanischen Filmindustrie Interesse weckt.[48] (Der schließlich von Sarah Jessica Parker produzierte Pilotfilm nach dem Muster von *Sex in the City* erweist sich jedoch als erfolglos). Auch amerikanische Intellektuelle und Kulturtheoretiker sind erkennbar von der jungen Frau und ihrem eigenen normativen Paralleluniversum fasziniert. Ihnen erscheint Jessica Cutler als Ikone einer postfeministischen Generation, die einen ironisch-aggressiven Individualismus und eine radikal entsakralisierte Sexualität lebt.[49]

---

48 CUTLER, JESSICA (2005): *The Washingtonienne*. New York: Hyperion.
49 WITT, APRIL (2004): Blog Interrupted. When Jessica Cutler Put Her Dirty Secrets on the Web, She Lost Her Job, Signed a Book Deal, Posed for Playboy – and Raised a Ton of Questions About Where America Is Headed. In: *The Washington Post Magazine* vom 15.08.2004. S. 12.

Abb. 4: Vermarktung eines Skandals: Jessica Cutler im Fernsehen

Allerdings ist die Ad-hoc-Prominenz der Jessica Cutler nicht von Dauer, und auch der Versuch, sie als Leitfigur zu präsentieren, gelingt nicht wirklich. *Der Skandal um ihre Person verliert sein Erregungs- und Faszinationspotenzial paradoxerweise durch den Akt der Veröffentlichung und die massive Dramatisierung. Allgemeiner formuliert bedeutet dies: Skandale produzieren und sie kannibalisieren Empörung; sie putschen sie auf und erzeugen so gleichzeitig die Bedingung für ihr allmähliches Abklingen.* Die eigene Logik der Skandalisierung zwingt das Kerngeschehen in einen allgemein menschlichen Aufmerksamkeits- und Beachtungszyklus hinein, das unterschiedliche Phasen und einen klar fixierbaren Höhepunkt kennt. Niemand kann sich dauerhaft und über Wochen und Monate hinweg über ein und dieselbe Geschichte empören. Wenn es nicht immer wieder gelingt, so die Konsequenz, einen neuen Dreh und ein neues Drama zu entdecken, verliert das Geschehen bald an medialer Attraktivität – auch dies lässt sich am Beispiel der Jessica Cutler zeigen. Als ›RS‹ sie auf eine Summe von 20 Millionen Dollar und dann später auch ihren Verlag verklagt, berichten in der Folge die Medien nur noch vereinzelt von dem sich über mehrere Jahre hinziehenden Prozess, der dazu führt, dass Jessica

Cutler Privatinsolvenz anmelden muss. In der Klageschrift von ›RS‹, später als Jurist an einer Universität beschäftigt, heißt es: »Kein vernünftiger Mensch möchte doch die intimsten körperlichen, verbalen, emotionalen und psychologischen Details seines Sexuallebens und seiner Liebesverhältnisse gegen seinen Willen im Internet veröffentlicht sehen, sodass die ganze Welt davon erfährt. Es ist eine Sache, von einer oder einem Geliebten manipuliert und ausgenutzt zu werden, es ist etwas ganz anderes, auf brutale Weise vor der ganzen Welt bloßgestellt zu werden.«

Allerdings taugt die Konfrontation vor Gericht nicht mehr wirklich als Sensation, denn sie fügt dem eigentlichen Geschehen nichts Wesentliches mehr hinzu. Allmählich ebbt daher die Berichterstattung ab. Als Jessica Cutler im Oktober 2008 einen jungen Anwalt aus New York heiratet, mag kaum eine Zeitung diese Meldung drucken. Die *New York Times* lehnt ein entsprechendes Artikelangebot eines freien Mitarbeiters ab. Nur auf der Website *The Daily Beast* erscheint ein ausführlicher Bericht, der noch einmal gut vier Jahre nach dem eigentlichen Skandal alle entscheidenden Links versammelt und der Frage nachgeht, wie die »Sexbloggerin« sich von »einer Schlampe in eine Hausfrau« verwandelt habe. Man erfährt hier den Namen und den Beruf des neuen Mannes und entdeckt eine Art Beziehungsprotokoll, das kaum ein entscheidendes Detail ausspart. Das erste Kennenlernen in einer Bar in New York, die erste gemeinsame Nacht, der Tag der Hochzeit. Auch ein Bild des frisch vermählten Hochzeitspaares fehlt nicht. Stilistisch erinnert der Artikel an einen Blog. Die Autorin scheint erstklassig informiert und ganz nah dran. Es ist Jessica Cutler.

3. WIKILEAKS UND DIE UNBEHERRSCHBARKEIT DER DATEN

DOKUMENT EINER MENSCHENJAGD

Nach allem, was man weiß, erkennt Bradley Manning, der damals 22-jäh-
rige amerikanische Soldat, die Brisanz des Videos, das er an WikiLeaks
schicken wird, nicht unmittelbar.[50] Zunächst weiß er nicht, so gibt er später zu Protokoll, wie er das Geschehen einordnen und interpretieren soll.
Was bedeuten die Schüsse, das Lachen, die Toten? Wieso ist ein Minivan
zu sehen und warum werden Kinder verletzt? Wird hier einfach nur die
schmutzige, blutige Realität des Krieges gezeigt oder handelt es sich um
ein Verbrechen? Es geht um eine knapp 40 Minuten dauernde Aufnahme,
aufgezeichnet von der Kamera eines Apache-Hubschraubers. Sie wird
unter dem Titel *Collateral Murder* einen Skandal auslösen und weltweit
für Empörung sorgen, WikiLeaks in eine global bekannte Marke verwandeln und den Australier Julian Assange, den Mann hinter WikiLeaks,
in einen Medienstar, einen Informationsaktivisten neuen Typs. Gegen
Bradley Manning, seit dem Frühsommer 2010 in den USA im Gefängnis,
wird man Anklage erheben. Ihm drohen endlose Jahre der Haft; manche amerikanischen Politiker verlangen alternativ die Todesstrafe. Es

---

50 Dieses Kapitel geht auf eine Fülle von Quellen zurück, dazu gehören die Selbstdarstellungen
von WikiLeaks, Chat-Protokolle, Filme, Netzdebatten. Die wichtigsten Artikel und Bücher
seien an dieser Stelle in einer alphabetischen Zusammenschau genannt:
DOMSCHEIT-BERG, DANIEL (2011): *Inside WikiLeaks. Meine Zeit bei der gefährlichsten Website der
Welt*. Aufgeschrieben von Tina Klopp. Berlin: Econ.
FLADE, FLORIAN (2010): US-Soldaten töten Reuters-Journalisten in Irak. In: *Welt Online* vom
06.04.2010. http://www.welt.de/politik/ausland/article7069862/US-Soldaten-toeten-Reuters-
Journalisten-in-Irak.html [23.03.2011].
GÖRIG, CARSTEN/KATHRIN NORD (2011): *Julian Assange. Der Mann, der die Welt verändert*. Berlin/
München: Scorpio.
KHATCHADOURIAN, RAFFI (2010): A Reporter at Large. No Secrets. Julian Assange's Mission
For Total Transparency. In: *The New Yorker* vom 07.06.2010. http://www.newyorker.com/
reporting/2010/06/07/100607fa_fact_khatchadourian#ixzz1HRLail8k [23.03.2011].
KNOBBE, MARTIN (2010): Dieses Milchgesicht blamiert die USA. In: *Stern* vom 02.12.2010. Nr. 49.
S. 30-42.
ROSENBACH, MARCEL/HOLGER STARK (2011): *Staatsfeind WikiLeaks. Wie eine Gruppe von Netzak-
tivisten die mächtigsten Nationen der Welt herausfordert*. München: Deutsche Verlags-Anstalt.
SIFRY, MICAH L. (2011): *WikiLeaks and the Age of Transparency*. New Haven/London: Yale Uni-
versity Press.

ist, so wird deutlich, nicht die Normalität des Krieges, die dieses Video zeigt. Es ist das Dokument einer Menschenjagd, das Bradley Manning mithilfe der Enthüllungsplattform WikiLeaks einer Weltöffentlichkeit bekannt gemacht hat. Zunächst sieht man aus der Vogelperspektive der Hubschrauber-Kamera bzw. des Schützen ein Dutzend Menschen über die Straße schlendern; einer telefoniert mit einem Handy, ein anderer trägt eine Kamera. Nicht alle können identifiziert werden. Aber man weiß heute, dass es der Reuters-Journalist Namir Noor-Elden gewesen sein muss, der die Kamera trug, und dass es sein irakischer Fahrer Said Chmagh war, der mit dem Handy telefonierte.

Man hört den ritualisierten Funkverkehr amerikanischer Soldaten und gleich darauf hämmernde Schüsse. Einer meldet, er erkenne etwa sechs Menschen, bewaffnet mit einem Sturmgewehr und einer Panzerabwehrrakete. Er behauptet, jemand habe geschossen – auch dies eine fatale, eine für die am Boden befindlichen Menschen tödliche Information.[51] Zu hören sind etwa folgende Satzfetzen: »Alles klar, schieß. – Sag Bescheid, wenn du sie erwischt hast. – Fackel sie alle ab. – Komm schon, schieß. – Weiterschießen, weiterschießen, weiterschießen. – Alles klar, wir haben gerade auf acht Individuen geschossen… – Alles klar, hahaha, ich habe sie erwischt. – Oh ja, schau dir diese toten Bastarde an. – Hübsch. – Guter Schuss. – Danke.« Allerdings hat der Fahrer des Reuters-Journalisten, der vierfache Vater Said Chmagh, den Angriff zunächst überlebt. Er kriecht blutend über den Boden, versucht sich in den Schutz einer Häuserwand zu retten. Hoch oben in dem kreisenden Hubschrauber wird diskutiert, ob man den Mann endgültig erledigen, wie man den Todesschuss begründen soll. »Alles, was du tun musst«, so sagt einer der Soldaten im Scherz, »ist eine Waffe zu packen.« Schließlich fährt ein Minivan heran, zwei Männer springen heraus und versuchen, den Verletzten zu bergen, ihn in den Wagen zu schleppen. Hier handelt es sich um Zivilisten. Das Auto ist auf dem Weg zur Schule, ein Junge und ein Mädchen sind im Wagen. Es erinnert an die Sequenzen eines Videospiels, was man nun zu sehen bekommt – nur eben mit echten Verwundeten und mit echten Toten: Der

---

51 Die Einschätzung der Geschehnisse ist, dies soll nicht verhehlt werden, auch unter Journalisten kontrovers diskutiert worden. Sie lassen sich nicht mit letzter Sicherheit verifizieren.

Hubschrauber nimmt die Helfer und das Fahrzeug ins Visier, schießt mit panzerbrechender Munition. »Schau dir das an«, so ruft einer der Soldaten, »direkt durch die Frontscheibe.« Es sind amerikanische Bodentruppen, die die verstreut auf dem Boden liegenden Verletzten und Toten schließlich finden. Die noch lebenden, schwer verletzten Kinder werden in ein irakisches Krankenhaus gebracht. Der Vater der Kinder ist tot.

Abb. 5: Auszüge aus dem WikiLeaks-Video *Collateral Murder*. Es zeigt, wie amerikanische Soldaten im Osten Bagdads Menschen erschießen.

Man hört wieder eine Stimme aus dem Hubschrauber: Vermutlich sei eines der Fahrzeuge gerade über eine Leiche gefahren, so heißt es. Das sei allerdings nicht weiter tragisch, denn die Leute seien ja ohnehin tot. Und die Kinder? »Naja, ist deren Schuld«, meint einer, »wenn sie Kinder mit in die Schlacht bringen.« »Das ist richtig«, bestätigt ein anderer. Die Soldaten fliegen schließlich – auch das zeigt das Video in seiner nicht editierten Langfassung – weiter zu einem anderen Einsatzort. Sie beschießen ein Gebäude, in dem sich bewaffnete Aufständische aufhalten sollen; es gehört, so haben die Recherchen von WikiLeaks ergeben, einem Englischlehrer, der sagt, bei der Attacke seien seine Frau und Tochter ermordet worden. Auch hier ist für den Betrachter die verbrecherische Aggressivität der über die Stadt fliegenden Soldaten leicht erkennbar. *Die Bilder der Kamera, die schließlich um die Welt gehen, sind unerbittlich in ihrer dokumentarischen Kraft. Sie machen den Verdacht des Einzelnen zum Schuldbeweis für das große Publikum.* Man sieht in der Langfassung des Videos einen unbeteiligten Passanten, der kurz vor dem Bombardement mit Hellfire-Raketen an dem Eingang des Gebäudes vorbeischlendert – unbewaffnet, ohne erkennbare Verbindung zu den angeblichen oder tatsächlichen Feinden im Haus. Die zwei, drei Minuten, bis er die Gefahrenzone verlassen hat, mögen die Soldaten in ihrem Apache-Hubschrauber nicht mehr warten. Er wird ohne ein Zögern, ohne ein Minimum der Reflexion oder einen einzigen Augenblick des Zweifelns in die Luft gesprengt und getötet.

TECHNISCHE KOMPETENZ UND SOZIALES BEDÜRFNIS

Entdeckt hat Bradley Manning dieses Dokument einer Menschenjagd Ende 2009 in den Datenbeständen eines Armeejuristen, auf die er, wie viele andere amerikanische Beamte und Soldaten, Zugriff hat. Die genaueren Umstände lassen sich nicht letztgültig klären und detailliert verifizieren, die wesentlichen Hinweise stammen aus einem ausführlichen Chat-Protokoll zwischen Bradley Manning und dem bekannten amerikanischen Ex-Hacker Adrian Lamo, das das Technologie-Magazin *Wired* veröffentlicht hat.[52] Nach allem, was man weiß, suchte Bradley Manning einen Gleichgesinnten, kontaktierte (vermutlich aufmerksam geworden durch ein *Wired*-Porträt über Lamo, das am 20. Mai 2010 erschien) den Hacker, begann mit ihm Stunde um Stunde zu chatten – und verriet

---

52 Die Protokolle können unter folgender Netzadresse eingesehen werden: http://www.wired. com/threatlevel/2010/06/wikileaks-chat/ [28.04.2011].
Eine detaillierte Auswertung und prägnante Übersetzung einzelner Passagen findet sich in folgendem Buch: ROSENBACH, MARCEL/HOLGER STARK (2011): *Staatsfeind WikiLeaks. Wie eine Gruppe von Netzaktivisten die mächtigsten Nationen der Welt herausfordert.* München: Deutsche Verlags-Anstalt.

schließlich die Hintergründe seiner spektakulären Enthüllungsaktion. Manning und Lamo chatten an mehreren Tagen, oft viele Stunden lang, der Soldat und Geheimnisverräter versucht im Dialog zu verstehen, was er eigentlich getan hat, wie sein Scoop einzuschätzen ist, wenn sich doch die Effekte dieses Handelns nicht mit letzter Gewissheit bestimmen lassen. Der Chat oszilliert zwischen einem Selbstgespräch und einer Beichte. Man bemerkt den Jargon der Hacker und den um Coolness bemühten Slang; es gibt Phasen der Plauderei, aber auch das Ringen um einen moralischen Standpunkt, der das eigene Vorgehen legitim bzw. durch eine höhere Moral und ein öffentliches Interesse gerechtfertigt erscheinen lässt. »Ich war so lange isoliert«, so schreibt Manning an einer Stelle, »ich wollte einfach nur nett sein und ein normales Leben leben, schlau genug, um mitzubekommen was läuft, aber hilflos, etwas dagegen zu tun.« Zunächst meldet er sich noch am Tag, an dem das *Wired*-Porträt online verfügbar ist, in Form verschlüsselter E-Mails, die Lamo jedoch, wie er behauptet, aufgrund eines veralteten PGB-Schlüssels nicht öffnen kann. Die eigentliche Unterhaltung setzt daher – einem Vorschlag Lamos folgend – auf dem AOL Instant-Messenger-Nachrichtendienst AIM ein. Manning gibt sich das unschwer dechiffrierbare Kürzel ›bradass87‹. Es steht für *Brad* bzw. Bradley und die gekürzte Variante des Geburtsjahres 1987. Diese gravierende Sorglosigkeit der Gespräche zeigt ein allgemeines, menschlich gewiss verständliches Aktionsmuster, das das Schicksal von Bradley Manning besiegeln wird: Die eigene, oft enorme technische Kompetenz (eben diese erlaubt die Abschottung und ein unentdecktes Agieren) wird von psychischen und sozialen Bedürfnissen konterkariert (eben diese ermöglichen letztlich die Enthüllung, die öffentliche Demontage und die strafrechtliche Verfolgung). *Die Sehnsucht nach Austausch und das Gefühl, mit Gleichgesinnten zu reden, provozieren den Kontrollverlust. Sie machen unvorsichtig, vertrauensselig und erzeugen die Bedingungen für den Verrat des Verräters, der die entscheidenden Spuren selbst produziert.*

Die zwischen Bradley Manning und Adrian Lamo stattfindenden Informations- und Kommunikationsflüsse werden sehr bald öffentlich. Schon zwei Tage nach dem Beginn der Gespräche spricht Lamo zunächst vermutlich mit seinem Vater, kontaktiert Bekannte mit der Bitte um Rat, trifft sich bereits am 25. Mai in einem kalifornischen

Coffee-Shop mit Agenten des FBI und Mitarbeitern der Army Counter-intelligence. Schließlich übergibt er ihnen das gesamte Material – die Chat-Protokolle, die ersten Kontakt-E-Mails des Soldaten. Er habe, so wird er später auf einer Hackerkonferenz sagen, Angst davor bekommen, dass Mannings Datenmengen »amerikanische Leben« gefährden würden. Die Folge seiner Enthüllung über den Enthüller: Kurze Zeit später wird der Soldat Bradley Manning verhaftet und in ein Militärgefängnis gebracht; auch in diesem Moment macht er einen folgenschweren, ihn zusätzlich belastenden Fehler, vermutlich aus dem Bemühen, sich zu erklären, in hilfloser Weise ein Minimum an Kontrolle über die Deutung seines eigenen Handelns zu gewinnen. Er bittet seine Tante, für ihn eine Status-Nachricht auf Facebook einzustellen, gibt sein Passwort an sie weiter. Auf seiner Facebook-Seite heißt es dann: »Einige von euch haben vielleicht gehört, dass ich wegen der Herausgabe geheim eingestufter Informationen an Unbefugte verhaftet worden bin. Schaut euch collateralmurder.com an.«

SCANDALS AT YOUR FINGERTIPS

Aber zurück zur Chronologie der Ereignisse, den entscheidenden Wendungen und Inhalten des Gesprächs: Lamo animiert Manning, wie *Spiegel*-Journalisten herausgefunden haben, durchaus geschickt zu immer umfassenderen Bekenntnissen (die entsprechenden Passagen finden sich zunächst nicht in den veröffentlichten Chat-Protokollen). Er sei Journalist, so sagt er; deshalb sei ihre Unterhaltung durch das kalifornische Presserecht geschützt; überdies sei er als Prediger ordiniert – und alles Gesagte unterliege damit zusätzlich ohnehin dem Beichtgeheimnis.[53] Es ist offensichtlich, dass Manning ihm vertraut, ihm gar seinen ungefähren Aufenthaltsort (»östlich von Bagdad«) nennt, seinen Job in groben Zügen beschreibt. An mehreren Stellen des Gesprächs scheint er darüber selbst etwas verwundert, was er einem Unbekannten, den er noch nie

---

53 ROSENBACH, MARCEL/HOLGER STARK (2011): *Staatsfeind WikiLeaks. Wie eine Gruppe von Netzaktivisten die mächtigsten Nationen der Welt herausfordert.* München: Deutsche Verlags-Anstalt. S. 145.

persönlich getroffen hat, alles erzählt: »Ich kann«, so schreibt er etwa, »gar nicht glauben, was ich dir alles beichte.« Sein persönlich-privates Schlüsselerlebnis, so berichtet er, sei die Verhaftung von 15 Männern gewesen, die zu Unrecht von der irakischen Polizei inhaftiert worden seien – Gelehrte, die sich eigentlich gegen die Korruption der politischen Elite im Umfeld des Premierministers Nuri al-Maliki engagierten. Manning sollte, dies war sein Auftrag, den Vorfall untersuchen; er tat dies mithilfe eines Übersetzers, stellte fest, dass es sich nicht um Kriminelle, sondern um kritische Intellektuelle handelte. Er habe seinen Vorgesetzten über das Ergebnis seiner Untersuchungen unmittelbar informiert, dieser habe jedoch nichts davon hören wollen, ihn lediglich aufgefordert, der irakischen Polizei dabei zu helfen, noch mehr Gefangene zu machen, Kriminelle zu fassen. Diese Erfahrung hätte seine ohnehin vorhandenen Zweifel verstärkt und ihm klar gemacht, dass er »aktiver Teil von etwas geworden« sei, was er selbst »komplett ablehne.« Manning: »Danach habe ich begonnen, die Dinge anders zu sehen.«

Im Chat berichtet der amerikanische Soldat mit seiner riskanten Sehnsucht nach Austausch und Klärung, er habe zum Beispiel 260.000 Dokumente, die aus US-Botschaften stammen und die Hintergründe der amerikanischen Diplomatie in ein grelles Licht tauchen, an WikiLeaks geschickt. Des Weiteren habe er Guantanamo-Akten dem weißhaarigen »Aussie« (gemeint ist der Australier Julian Assange) und seiner Organisation zur Verfügung gestellt; dies seien neben dem »Video vom Luftangriff auf Gharani« und dem »Kriegstagebuch aus dem Irak«, den Guantanamo-Akten und eben jener »Datenbank voller Drahtberichte aus dem Außenministerium« die entscheidenden Highlights. Sie gehörten nicht in einen »dunklen Server-Raum in Washington«, es seien »öffentliche Daten«, deren Kenntnis für die Menschen nötig sei. Bradley Manning schreibt: »Hillary Clinton und ein paar Tausend Diplomaten werden einen Herzinfarkt bekommen, wenn sie eines Morgens aufwachen und ein ganzes Archiv ihrer geheimen Außenpolitik öffentlich zugänglich ist, in einem für jeden durchsuchbaren Format.« Diese Blamage und Demontage erscheine ihm als eine »weltweite Anarchie« und als ein »globales Klimagate – es ist herrlich, es ist erschreckend.« In dem gesamten Material würden sich Hunderte von Skandalen verbergen. Und er sei selbst erstaunt, wie leicht es ihm gefallen sei, an das Material heranzukommen und es aus dem Büro herauszuschaffen. Allerdings war die Netzwerkumgebung, die er in seinem irakischen Stützpunkt »Hammer« vorfand, eben doch, wenn auch nur rudimentär gesichert. So waren die Rechner, mit deren Hilfe sich auf die als geheim eingestuften Informationen zugreifen ließ, nicht mit dem allgemein zugänglichen Internet verbunden. Und so konnten die Soldaten beispielsweise keine USB-Sticks an ihre Rechner anschließen – sie wären womöglich allzu leicht als kaum kontrollierbare Schmuggelware mit brisanten Daten bepackt nach draußen gelangt.

Abb. 6: Bradley Manning, der mutmaßliche WikiLeaks-Informant, in Uniform.

Die entscheidende Sicherheitslücke: Es gab CD- und DVD-Laufwerke, mit deren Hilfe sich nicht nur Musik und Filme abspielen, sondern auch Materialien speichern ließen. Und daher verwendete Manning eine wieder beschreibbare Musik-CD, auf die er »Lady Gaga« geschrieben hatte. Er habe sie gelöscht – und die Daten des Netzwerks auf die CD kopiert. Es sei ganz leicht gewesen, kein Mensch habe Verdacht geschöpft. »Ich habe zu Lady Gagas Song ›Telephone‹ die Lippen bewegt, während ich den wahrscheinlich größten Datendiebstahl in der amerikanischen Geschichte begangen habe«, erklärte er freimütig. Dies illustriert – trotz aller Brisanz der Situation – in einer fast kurios-anekdotischen Art und

Weise: *Im digitalen Zeitalter sind Datenmengen ohne Qualitätsverlust und ohne dass dies bemerkt werden muss, sehr schnell kopierbar und ohne größeren Aufwand transportierbar geworden. Man braucht keine Aktenschränke zur Lagerung dieser Informationskonvolute, keine Lastwagen, die mit einigem Aufsehen Tonnen von Papier abholen – man benötigt im Zweifel eine einzige* CD, *um mit dem hier gespeicherten Material eine Weltmacht in Bedrängnis zu bringen.*[54] Nur zum Vergleich: Im Jahre 1971 brachte Daniel Ellsberg, ein hochrangiger Mitarbeiter im amerikanischen Verteidigungsministerium, die sogenannten *Pentagon Papers* in Umlauf – geheime Dokumente, die die skandalösen Propagandatricks seiner Regierung im Vietnamkrieg enthüllten. Der Whistleblower Ellsberg, heute ein Verteidiger von WikiLeaks, brauchte mehrere Monate, um ein paar Tausend Seiten zu kopieren.[55] Etliche weitere Monate dauerte es dann, bis Auszüge aus den *Pentagon Papers* in großen amerikanischen Zeitungen wie der *New York Times* und der *Washington Post* erschienen.[56] Bradley Manning, der Whistleblower des digitalen Zeitalters, wird verdächtigt, insgesamt fast eine halbe Million Dokumente aus dem Afghanistan- und Irak-Krieg an WikiLeaks geliefert zu haben; hinzu kommen die 260.000 Berichte von amerikanischen Diplomaten. »Das ist ein neues Phänomen an einer neuen Front, eine neue asymmetrische Bedrohung, auf die die US-Regierung unvorbereitet war«, so schreiben Marcel Rosenbach und Holger Stark in ihrem Buch *Staatsfeind WikiLeaks*. »Das Gegenüber, das für mehr Transparenz sorgen will, braucht nicht mehr als einen USB-Stick oder eine wiederbeschreibbare CD und einen Zugang zum Internet. Aus Sicht von Militärs und Geheimdienstlern ist das ein Albtraumszenario.«[57] Fakt ist jedenfalls:

54 Siehe hierzu den klugen Essay über den Kontrollverlust im digitalen Zeitalter, den Michael Seemann am 06.04.2011 unter dem Titel *Vom Kontrollverlust zur Filtersouveränität* veröffentlicht hat: http://carta.info/39625/vom-kontrollverlust-zur-filtersouveranitat/ [25.04.2011].
55 GELLMAN, BARTON (2010): Person of the Year 2010. Runners-Up. Julian Assange. In: *Time.com* vom 15.12.2010. http://www.time.com/time/specials/packages/article/0,28804,2036683_2037118_2037146,00.html [25.04.2011].
56 Ein Reporter der *New York Times* hat Daniel Ellsberg kürzlich die Frage vorgelegt, was er unter den gegenwärtigen Medienbedingungen mit den Pentagon Papers angefangen hätte. Die Antwort von Ellsberg: »Ich hätte nicht so lange gewartet. Ich hätte mir einen Scanner besorgt und sie ins Internet gestellt.« Zitiert nach: SIFRY, MICAH L. (2011): *WikiLeaks and the Age of Transparency*. New Haven/London: Yale University Press. S. 26.
57 ROSENBACH, MARCEL/HOLGER STARK (2011): *Staatsfeind WikiLeaks. Wie eine Gruppe von Netzaktivisten die mächtigsten Nationen der Welt herausfordert*. München: Deutsche Verlags-Anstalt. S. 17.

Der eigentliche Akt des Diebstahls lässt sich vergleichsweise schnell über die Bühne bringen; der Transfer der gewaltigen Datenmengen kostet kaum Zeit. Und die schlichte Quantität erzeugt eine andere Qualität der Enthüllung, weil nun einem nicht mehr eingrenzbaren Publikum der Zugriff möglich wird. *Der Skandal neuen Typs entfaltet seine Wucht auch durch die schlichte Masse der Daten, die Veröffentlichung ganzer Archive, die dem Einzelnen die Überprüfbarkeit der Ereignisse suggerieren.*

DIE RASCHE AUFFINDBARKEIT VON WIDERSPRÜCHEN

Im Übrigen: Auch die Entdeckung des Helikopter-Videos ist ausführlich Thema der bisher nur in Auszügen publizierten Chat-Protokolle. Auf den ersten Blick, so schreibt Manning in dem Chat, habe es einfach danach ausgesehen, als würden hier ein »paar Typen von einem Helikopter aus erschossen... keine große Sache.« Aber es sei ihm merkwürdig vorgekommen, dass auch ein Minivan in diesem Video auftaucht – offenkundig nicht gerade ein Kriegsgerät, eher ein Familienauto. Und natürlich sei es zumindest seltsam gewesen, dieses Material bei einem Armeejuristen zu finden. Also schaut er genauer hin, sieht sich das Video ein paar Mal an; also rekonstruiert er das Datum und den Ort des Geschehens. Es ist der 12. Juli 2007. Die Schüsse, so stellt sich heraus, fallen im Osten Bagdads. Bradley Manning gibt die Koordinaten in die Suchmaske von Google ein – und stößt auf einen Artikel der *New York Times,* der die offizielle, die Armee-Version des Geschehens beschreibt. Der Titel des Artikels: »Zwei irakische Journalisten in Kämpfen zwischen US-Streitkräften und Milizen getötet.« Hier heißt es: »Das amerikanische Militär teilte letzten Donnerstag mit, dass elf Menschen getötet worden seien: neun Aufständische und zwei Zivilisten. Gemäß dieser Mitteilung führten amerikanische Truppen ein Kommandounternehmen durch, als sie mit Handfeuerwaffen und Panzerabwehrraketen unter Feuer genommen wurden. Die amerikanischen Truppen forderten Verstärkung und Kampfhubschrauber an. In den anschließenden Gefechten, so die Mitteilung, wurden zwei Angestellte der Agentur Reuters und neun Aufständische getötet. ›Es steht außer Frage, dass

Koalitionstruppen in Kampfhandlungen gegen feindliche Kräfte verwickelt wurden‹, sagte Oberstleutnant Scott Bleichwehl, ein Sprecher
der multinationalen Streitkräfte in Bagdad.«[58]

Wenn man diese Erkenntnissituation etwas grundsätzlicher betrachtet, so begreift man, welche Wahrnehmungseffekte eine rasche Netzre-
cherche und die Entdeckung immer weiterer Hinweise haben können.
Denn Manning ist in diesem Moment mit zwei unterschiedlichen Darstellungen eines Ereignisses konfrontiert, die sich widersprechen. Das
Gesehene entspricht, ganz simpel formuliert, nicht dem Gelesenen.
Und diese Widersprüche sind für ihn, eben das ist eine neuartige Möglichkeit des Mediums, unmittelbar auffindbar; die Merkwürdigkeiten,
die ihn umtreiben werden, lassen sich rasch diagnostizieren. Dies ist
bedeutsam, weil damit deutlich wird: *Der Skandal gewinnt an unmittelbar
erfahrbarer Beweiskraft durch die rasch manifestierbare Diskrepanz, den Ad-hoc-
Effekt offensichtlicher Widersprüchlichkeit, der sich aus dem Vergleich und dem
Kontrast unterschiedlicher Realitätsversionen ergibt.* Solche auseinanderwei-
senden Realitätsversionen sind, so gilt es sich zu vergegenwärtigen, in
der analogen und in der digitalen Welt fundamentale Elemente einer
effektiven Enthüllung; sie versorgen das ganze Geschäft mit der nötigen Energie, die den Prozess der Entlarvung begleitet, ihn vorantreibt;
und sie sind, ganz unabhängig von den verwendeten Medien, das basale
Material der Skandalisierung. Es gibt Indizien einer öffentlich relevanten Normverletzung, hier: mögliche Hinweise auf ein Kriegsverbrechen.
Nun existieren zwei verschiedene Deutungen des Geschehens – und nur
eine kann stimmen; entweder haben die Soldaten Aufständische und An-
greifer und versehentlich auch zwei Mitarbeiter der Nachrichtenagentur
Reuters erschossen, oder es sind Menschen willkürlich und ohne Not
ermordet worden. Derartige Realitätsversionen und radikal divergie-
rende Interpretationen lassen sich – aufgrund der Zugänglichkeit des
Materials im Netz (die Eingabe der Koordinaten in die Suchmaske, der
Klick bei Google, der zum *New-York-Times*-Artikel führt) – leicht kon-

---

58 RUBIN, ALISSA J. (2007): 2 Iraqi Journalists Killed as U. S. Forces Clash With Militias. In: *The
New York Times* vom 13.07.2007. http://www.nytimes.com/2007/07/13/world/middleeast/13iraq.
html [26.11.2011].

trastieren. Man kann also, wie in diesem Fall geschehen, den eigenen Verdacht schnell mit der nötigen Begründungstiefe versorgen, um dann weiter zu recherchieren, auf die eigentliche Enthüllung zuzusteuern, die die individuelle Empörung kollektiv wirksam werden lässt.

DIE KONTROLLE DER KONTROLLEURE

Manning reagiert jedoch, so zeigen die Protokolle, auf diese Erfahrung der Diskrepanz nicht sofort, als er das Video entdeckt; noch ist er sich nicht sicher, wie er sich verhalten soll. Zunächst schickt er im Januar 2010 ein vergleichsweise unverfängliches Dokument zur Bankenkrise in Island an WikiLeaks, in dessen Besitz er gelangt ist. Es wird am 18. Februar 2010 veröffentlicht – als eine Art Testlauf, als ein erster, noch vorsichtiger Versuch im Umgang mit der Enthüllungsplattform und einer Form des Whistleblowing, die blitzartig Weltwirkung erlangen kann. Noch im Februar erreicht dann das Helikopter-Video, getarnt mithilfe eines Anonymisierungsnetzwerks, WikiLeaks – und wird in einer gekürzten, bearbeiteten Version am 5. April 2010 publiziert. Bereits nach zwei Wochen haben sechs Millionen Menschen auf YouTube die Verbrechen der amerikanischen Soldaten gesehen, die eine Gruppe von Wehrlosen zusammenschießen. Julian Assange fliegt von Reykjavik nach Washington und präsentiert das Skandaldokument auf einer Konferenz des Nationalen Presseclubs. Er spricht von »Kriegsverbrechen«. Ein weltweites Presseecho setzt ein. Der Skandal provoziert global Empörung. Bereits am 7. April 2010 liefert der Blogger und Medientheoretiker Michael Seemann eine bestechend klare Ad-hoc-Analyse, die die Ontologie des digitalen Zeitalters erfahrbar macht: die Möglichkeit zur radikalen Transformation, die Möglichkeit, die Daten in immer andere, in immer neue Zusammenhänge zu überführen, die dann den Zwecken ihrer ursprünglichen Benutzung entgegenstehen, diese geradezu konterkarieren können. *Kontexttreue lässt sich im digitalen Zeitalter blitzschnell aufkündigen.* »Die Ironie an der Geschichte ist«, so schreibt Michael Seemann, »dass die Kameras, die in den Helikoptern installiert sind und alle Missionen genauestens protokollieren, eigentlich Teil eines riesigen Kontrollapparates sind. [...] Dank neuester Technologie fliegt das Oberkommando heute bei jedem Einsatz mit. Und jetzt sind auch wir dabei. Denn der Kontrollapparat wird zum Kontrollverlust. Sobald Daten existieren, ist ihre Reichweite nicht mehr sicher eingrenzbar. Der Kontrollverlust weitet sich aus, je mehr Medien zum Einsatz kommen. Von den Journalisten, über die Soldaten, über die Opfer bis hin zu jenen stummen Zeugen des Oberkommandos, die kalt und unbewegt alles aufzeichnen, werden sich die Medien multiplizieren. Und das einzige, was es dann noch braucht, ist ein klitzekleines Leck. Der Kontrollverlust hat einen Kulminationspunkt gefunden: WikiLeaks.«[59]

DIE BUMERANG-EFFEKTE DER ENTHÜLLUNG

Diese so rasch produzierte Diagnose und Deutung ist stimmig, sie überzeugt. Aber sie verweist doch bei genauerer Betrachtung noch auf ein anderes Phänomen, das ebenso von Interesse ist. Zu beobachten ist eine letztlich scheiternde Kommunikations- und Kontrollanstrengung, die auch die verschiedenen Informanten und Enthüller selbst betrifft: Sie erscheinen plötzlich gegen ihren Willen und entgegen ihrer eigentlichen Intention selbst als transparent; sie berühren Machtsphären – und provozieren eigene Enthüllungsrecherchen, die von ihren Motiven, ihrer Herkunft und ihrer Ideologie handeln. *Auch den Enthüller und die Person des Informanten beraubt man, so zeigt sich, in solchen Prozessen eines immer weiter ausgreifenden Kontrollverlustes seiner Geheimnisse; er wird vom Subjekt zum Objekt, vom Beobachter zum Beobachteten, unfähig, die Informationsflüsse noch in seinem Sinne zu steuern.* Die (kurze) Geschichte von WikiLeaks entfaltet sich genau in diesem Spannungsverhältnis von Kontrollversuch und plötzlichem Kontrollverlust. Zunächst möchten die Macher von WikiLeaks den Kontrollverlust für die anderen, die Mächtigen, die Attackierten und Blamierten, immer perfekter gestalten. Man bietet eine stabile Gesinnung, maximale Sicherheit für Informanten, das Versprechen womöglich

59 SEEMANN, MICHAEL (2010): Wikileaks und eine postbaudrillardsche Frage der Informationsethik. In: *ctrl+verlust* vom 07.04.2010. http://www.ctrl-verlust.net/wikileaks-und-eine-postbaudrillardsche-frage-der-informationsethik/ [24.04.2011].

weltweiter Aufmerksamkeit in Kooperation mit klassischen Leitmedien. Schließlich aber wirken die *Bumerang-Effekte der Enthüllung* – und die Gewalt einer unerwünschten, einer nicht mehr domestizierbaren Publizität beginnt auch die Informanten und Informationskontrolleure zu kontrollieren. Schließlich wird auch das Innenleben der Organisation von WikiLeaks bekannt. Aussteiger wenden sich an Medien, Chat-Protokolle tauchen auf, diskreditierende Dokumente finden sich im Netz. Zunehmend wird der entscheidende Akteur, der WikiLeaks-Gründer Julian Assange, selbst zum Objekt unerwünschter Aufmerksamkeit und erleidet eben jenen *informationellen Kontrollverlust,* den er eigentlich nur den anderen, der Gegenseite (den USA, Scientology, Sarah Palin, den Mitgliedern einer faschistischen Partei in Großbritannien usw.) bescheren wollte. Angebliche sexuelle Vorlieben und sein Intimleben werden im Zuge einer Anklage wegen Vergewaltigung öffentlich.

Die wichtigsten Daten und Veröffentlichungen im Sinne eines Überblicks, einer Spuren- und Mustersuche: Im Oktober 2006 wird die Domain wikileaks.org registriert. Als Vorbild taugt vermutlich die Website cryptome.org des New Yorkers John Young, der seit dem Jahre 1996 vor allem geheime Dokumente veröffentlicht, für ein radikales Konzept von Informationsfreiheit und Transparenz eintritt und zunächst auch mit Julian Assange kooperiert. Im November des Jahres 2007 dann ein entscheidender Scoop: WikiLeaks veröffentlicht die internen Anweisungen, wie mit den Gefangenen in Guantanamo umzugehen sei. (Die hier dokumentierten Praktiken widersprechen teilweise dem Völkerrecht und der Genfer Konvention und belegen, dass dem Roten Kreuz gezielt der Zugang zu einzelnen Gefangenen unmöglich gemacht wurde). Im Jahre 2008 folgen dann bizarre Interna aus der Welt der Scientology-Sekte und ihres Gründers, des Science-Fiction-Autors L. Ron Hubbard. Man attackiert im September desselben Jahres die republikanische Vizepräsidentschaftskandidatin Sarah Palin, die offenkundig ihren privaten E-Mail-Account für Dienstgeschäfte nutzt, um diese nicht, wie für Amtsträger üblich, dokumentieren zu müssen. Ebenso wird die Mitgliederliste der Britischen Nationalpartei (BNP) publiziert, einer faschistischen Partei, die auch, wie sich zeigt, manchen Polizisten zu ihren Mitgliedern zählen kann. Im November 2009 macht WikiLeaks die Korrespondenz führender Klimaforscher bekannt, der sich entnehmen lässt: Im Streit um die Dimensionen und die Folgen der Erderwärmung wird durchaus mit unlauteren Mitteln und Methoden gekämpft. Bei dem ebenso in diesem Jahr veröffentlichten *Minton-Report* handelt es sich um eine interne Studie des Unternehmens Trafigura. Sie enthüllt die gefährliche, extrem gesundheitsschädliche Müllentsorgung in Afrika, die Trafigura zu verantworten hat und die etliche Menschen das Leben kostete. (Das Unternehmen hatte es noch erfolgreich vermocht, den *Guardian* an der Veröffentlichung zu hindern. WikiLeaks hingegen war für die Anwälte des Unternehmens kein greifbarer und daher ein umso gefährlicherer Gegner).[60] Nach einigen weiteren, ›kleineren‹ Skandalen publiziert man am 5. April 2010 schließlich den entscheidenden Scoop, das Video *Collateral Murder*. Es folgen weitere Konvolute mit Dokumenten, die synchron und in Kooperation mit renommierten Qualitätsmedien (*Der Spiegel*, *The New York Times*, *The Guardian*) an die Öffentlichkeit gebracht werden. Sie machen eine neue Form des Agenda-Settings möglich. Sie erlauben es, die Empörung in einem globalen Maßstab zu wecken und weltweit für Aufsehen und Entsetzen zu sorgen.

DAS SPIEGELN VON SEITEN – WARUM ZENSUR SCHEITERN MUSS

Nachdem das US-Internetunternehmen Amazon die Seiten von WikiLeaks Anfang Dezember von seinen Webservern verbannte, rief man dazu auf, die Seiten der Enthüllungsplattform zu spiegeln, also eine exakte Kopie der Webseite anzufertigen und diese auf den Servern von Unterstützern bereitzuhalten. Innerhalb kürzester Zeit kamen so 1500 sogenannte ›Mirrors‹ zusammen. Zensur und Informationskontrolle wurden damit unmöglich, hätte man doch das gesamte Internet abschalten müssen, um die unerwünschte Information dem allgemeinen Zugriff zu entreißen. WikiLeaks machte es dabei seinen Helfern einfach: Wer Bereitschaft signalisierte, seinen Server zur Verfügung zu stellen, wurde gebeten, einen Zugang auf Server und Datenbank einzurichten. Das WikiLeaks-Team übernahm dann selbst das Spiegeln der Seiten und aktualisierte den Mirror, sobald auf dem eigentlichen, von WikiLeaks betriebenen Server neue Inhalte geladen wurden. Aber auch ohne fremde Hilfe war und ist

---

60 WikiLeaks lässt sich nicht mehr aus dem Netz verdrängen; die Materialien liegen als Kopie auf zahlreichen Servern.

es leicht möglich, Seiten zu kopieren. Mit einem speziellen Suchprogramm, einem Crawler, kann im Grunde genommen jede Webseite im World Wide Web durchsucht und Seite für Seite abgespeichert werden. Der Crawler folgt dabei allen Links, die auf andere Unterseiten der Website verweisen und speichert den Quelltext aller Seiten. Expertenwissen ist für diese Kopierprozesse nicht nötig, denn entsprechende Programme gibt es im Netz kostenlos zum Download. Um die gespiegelten Inhalte verfügbar zu machen, benötigt man dann noch etwas Webspace auf einem Server. Einziges Manko: Die Kopien sind nicht unbedingt aktuell, zeigen sie doch immer nur eine Momentaufnahme.

DETERRITORIALISIERTE SIMULTANEITÄT

Spätestens in dieser Phase einer höchst effektiven Skandalisierung zeigt sich ein allgemein geltendes, aber eben doch spezifisch wirksames Merkmal moderner Kommunikationsmedien, die der Soziologe und Skandalforscher John B. Thompson als *deterritorialisierte Simultaneität* bezeichnet hat.[61] Am Beispiel der WikiLeaks-Website und der neuen Skandalöffentlichkeiten: *Eine große Zahl von Menschen kann sich, obgleich über den gesamten Globus verstreut, mit ein und demselben Thema befassen, ein Millionenpublikum vermag ohne größeren Aufwand gleichzeitig ein und dasselbe Skandal-Geschehen wahrzunehmen.* Benötigt wird für die simultane Rezeption lediglich ein funktionierender Netzzugang.

Einige weitere Beispiele für aufsehenerregende Veröffentlichungen, die weltweit ihr Publikum finden, seien an dieser Stelle genannt: Am 25. Juli 2010 geht das afghanische Kriegstagebuch (»Afghan War Diary«) online. Hier handelt es sich um 76.911 Dokumente, die die verborgene, die dunkle Seite des Krieges in Afghanistan zeigen. Misslungene, für Kinder und Unschuldige tödliche Einsätze, geheime Kommando- und Todesmissionen von US-Spezialeinheiten sind es, die man enthüllt. Die *New York Times*, der *Guardian* und der *Spiegel* berichten auf etlichen Seiten – und katapultieren die Dokumente von WikiLeaks erneut auf die Spitzenpositionen einer global wirksamen Agenda. Die schließlich am 22. Oktober 2010 publik werdenden Kriegstagebücher (»Iraq War Logs«)

---

61 THOMPSON, JOHN B. (2005): The New Visibility. In: *Theory, Culture & Society*. 22. Jg. H. 6. S. 37.

umfassen 391.832 Berichte und dokumentieren den Tod tausender Zivilisten. Es handelt sich um die umfassendste Veröffentlichung von militärischen Dokumenten in der Geschichte der US-Diplomatie (»Cablegate«) – interne Beurteilungen und persönlich-private Einschätzungen, die US-Botschaften über einzelne Politikerinnen und Politiker an das Außenministerium schickten.

In diesen Monaten einer rasenden Enthüllungsaktivität gerät Julian Assange immer stärker unter Druck, es werden die Details eines Verdachts bekannt. Zwei Schwedinnen werfen ihm vor, er habe sie sexuell bedrängt, sie zu ungeschütztem Sex gezwungen. Ein erster Haftbefehl wird bereits im August 2010 ausgestellt, jedoch kurze Zeit später wieder »wegen Unvollständigkeit« kassiert und im November erneut aktualisiert. Verschwörungstheorien und kryptische Hinweise auf die »dirty tricks« von Geheimdiensten kursieren. Man habe ihm eine Falle gestellt, so heißt es; die beiden Frauen geraten in den Verdacht, Teil eines Komplotts zu sein. Schwedische Blogger und WikiLeaks-Sympathisanten publizieren den Namen von einer der Anklägerinnen, machen ihr Foto, eine Kopie ihrer Visitenkarte bekannt. Gleichwohl: Interpol schreibt Julian Assange nach einigem Hin und Her zur Fahndung aus. Am 7. Dezember 2010 wird er in London verhaftet und kommt kurze Zeit später gegen eine hohe Kaution frei, muss seitdem eine elektronische Fußfessel tragen und befindet sich damit faktisch in einer Art Gefangenschaft auf Verdacht. Der *Guardian* zitiert ausführlich aus den Ermittlungsakten.[62] Man erfährt von den (angeblichen) Details der sexuellen Begegnung mit den beiden Frauen, den Gesprächen über Verhütung und mögliche Krankheiten, einem geplatzten Kondom, dessen Bild sich noch heute im Netz finden lässt. Das Magazin *Wired* berichtet, die Ermittlungsakten seien auf einer Seite zum Datenaustausch gepos-

---

62 Zu der Ermittlungsakte und der Berichterstattung von *Guardian* und *Wired* siehe: DAVIES, NICK (2010): 10 Days in Sweden. The Full Allegations against Julian Assange. In: *Guardian.co.uk* vom 17.12.2010. http://www.guardian.co.uk/media/2010/dec/17/julian-assange-sweden [25.04.2011]; SAARINEN, JUHA (2011): Documents in Julian Assange Rape Investigation Leak onto Web. In: *Wired* vom 02.02.2011. http://www.wired.com/threatlevel/2011/02/wikileaks-sweden/ [25.04.2011].

tet worden – die Akte bestehe aus Verhörprotokollen, Fotos, Notizen der Ermittler, umfasse etwa 100 Seiten. Spätestens in diesem Moment zeigen sich die Bumerang-Effekte der Transparenz. *Der Enthüllungsaktivist wird vom Jäger zum Gejagten, vom Apologeten der Geheimnislosigkeit zu einer bis in die Intimsphäre hinein durchleuchteten Existenz.* In diesen Monaten einer dramatischen Demontage und Kontroverse wenden sich einzelne WikiLeaks-Aktivisten mit internen Informationen an die Medien. Die ehemalige Mitarbeiterin Birgitta Jonsdottir äußert sich gegenüber der amerikanischen Nachrichten-Website *The Daily Beast* und fordert Assange auf, sich als Sprecher von WikiLeaks zurückzuziehen, bis die Untersuchung der Vorwürfe abgeschlossen sei. Der deutsche Sprecher der Organisation, der sich als Daniel Schmitt vorstellt (es handelt sich um Daniel Domscheit-Berg), äußert seine Kritik im *Spiegel* und veröffentlicht nach seinem Ausstieg gemeinsam mit der Journalistin Tina Klopp einen Enthüllungsbericht mit dem Titel *Inside WikiLeaks*, der zum Bestseller wird. Er gründet die Konkurrenzorganisation OpenLeaks und lanciert über eine Wochenzeitung, dass die Diplomaten-Depeschen des amerikanischen Außenministeriums aufgrund einer Verkettung von Missgeschicken und Unvorsichtigkeiten gänzlich unbearbeitet im Netz kursieren; überdies liefert sein Umfeld erste Hinweise, wo sich das Passwort finden lässt – auch dies ein Kontrollverlust und eine Total-Blamage für WikiLeaks mit potenziell lebensgefährlichen Konsequenzen für die Informanten, die nun mit einem Mal für alle Welt identifizierbar sind. Und es tauchen gleich zu Beginn der stetig eskalierenden Streitigkeiten Chat-Protokolle auf, die zeigen, wie zerrüttet das Verhältnis von Julian Assange und seinem ehemals wichtigsten Mitarbeiter und Freund Daniel Domscheit-Berg schon lange gewesen sein muss, welches Ausmaß an Verdächtigung, Misstrauen und schlichter Angst vor dem Verrat hier längst regiert. Julian Assange habe ihm, so Domscheit-Berg, in einer Extremsituation mit dem Tode gedroht, sollte er Quellen gefährden. Wörtlich: »Wenn du Scheiße baust, werde ich dich gnadenlos verfolgen und töten.«[63] Noch immer ist unklar, wer die Chat-Protokolle veröf-

63 Zitiert nach: DOMSCHEIT-BERG, DANIEL (2011): *Inside WikiLeaks. Meine Zeit bei der gefährlichsten Website der Welt.* Aufgeschrieben von Tina Klopp. Berlin: Econ. S. 201.

fentlicht hat. Noch immer weiß man nicht, was man von dem Vorwurf der Vergewaltigung und der sexuellen Nötigung zu halten hat und wie die Gerichtsprozesse ausgehen werden. Noch immer lässt sich nicht abschätzen, welche Zukunft die gesamte Organisation und ihr Gründer haben werden. Aber darauf kommt es hier nicht wirklich an. Vielmehr illustrieren die großen Skandale, aber eben auch die höchst privaten Episoden, die möglichen Delikte und Durchstechereien, dass sich im digitalen Zeitalter die Chancen, ein kollektiv geteiltes Geheimnis mit einiger Sicherheit zu bewahren, deutlich verringern. »Wikileaks hat uns allen bewusst gemacht«, so der Netz- und Journalismusbeobachter Jeff Jarvis, »dass kein Geheimnis sicher ist. Wenn ein Mensch etwas weiß, kann es die ganze Welt wissen.«[64] Die Schwelle des effektiven, des tatsächlich folgenreichen Verrats durch die globale Publikationsmöglichkeit wird radikal gesenkt; dem Geheimnisträger wird die Veröffentlichung unendlich leicht gemacht. *Das Geheimnis verwandelt sich in eine Information, die nur darauf wartet, verraten zu werden.*

MODELLE DER GEHEIMNISVERMARKTUNG

Allerdings kann man sich – unabhängig von den konkreten Ereignissen um Julian Assange und den grundsätzlichen Überlegungen zur neuen Leichtigkeit des Verrats – die Frage stellen, wie die organisationsinterne Geheimnisvermarktung funktioniert hat. Wie ist man vorgegangen? Welche Prinzipien zeigen sich zumindest in der Rückschau? Und in welcher Art und Weise hat man (zunehmend um globale Wirkung bemüht) das Material präsentiert? Der Autor und Blogger Micah L. Sifry unterscheidet in seinem Buch *WikiLeaks and the Age of Transparency* drei Modelle der Materialverarbeitung und Geheimnisvermarktung, denen man in den Jahren zwischen der Gründung und der Etablierung folgt. Zunächst regiert zwischen 2006 und 2009 das Prinzip der weitgehend *unbearbeiteten*

---

64 JAVIS, JEFF (2010): Nur Transparenz hilft sicher gegen Enthüllungen. In: *Welt Online* vom 04.12.2010. http://www.welt.de/debatte/kommentare/article11389330/Nur-Transparenz-hilft-sicher-gegen-Enthuellungen.html [25.04.2011].

Dokumentation von Informationen, das Bemühen um maximale Neutralität. Die offensichtliche Schwäche dieses Prinzips: Es erzeugt die Gefahr der womöglich allzu sorglosen Publikation eventuell irrelevanter, ehrverletzender oder schlicht falscher Daten – mit allen Folgen und Nebenwirkungen für Unschuldige und Wehrlose, die mit einem Mal am Pranger stehen. Es folgt die Zwitter-Phase einer publizistisch-journalistischen Selbstermächtigung, in der WikiLeaks selbst redaktionell agiert. Das Video mit dem Titel *Collateral Murder* ist hier ein Paradebeispiel. Die bearbeitete Version von gut 17 Minuten stammt von Julian Assange und seinen Mitarbeitern selbst; die zusätzlichen Recherchen, die Vor-Ort-Besuche, die Auswertung von Zeugenaussagen und Krankenhausakten hat man in Eigenregie durchgeführt bzw. in Auftrag gegeben, um die Umstände des Geschehens zu verifizieren. Dieses Vorgehen ist nicht grundsätzlich ohne Probleme. Hier stellt sich – auch aus der Sicht eines Informanten – die Frage, ob die Mitarbeiter der Enthüllungsplattform tatsächlich über die nötige journalistische Kompetenz verfügen, ob sie wissen, wie man Quellen einordnet, eine Recherche möglichst vorurteilsfrei anlegt, das Material mediengerecht aufbereitet.

Schließlich entwickelt man – vermutlich auch, um der Materialfülle überhaupt gerecht werden zu können, die Gefährdung Unschuldiger zu vermeiden, die eigene Überforderung zu minimieren – das *Modell der Kooperation mit Qualitätsmedien*, das deutlich macht: Guter Journalismus, der professionell recherchiert, Informationen auf ihre Faktizität hin verifiziert, Komplexität umsichtig reduziert und sich an einer nachvollziehbaren Hierarchie der Relevanzen orientiert, ist unverzichtbar. Die Geschichte von WikiLeaks zeigt eben auch, dass sich gesellschaftlich bedeutsame Wahrheiten nicht einfach so durchsetzen; sie brauchen massenmediale Verifikationsinstanzen und Reizverstärker, die in der Lage sind, Themen mit einiger Nachhaltigkeit zu setzen. »Die zunehmende Flut von Dokumenten«, so etwa Daniel Domscheit-Berg in einem Artikel über die Schwächen von WikiLeaks, »war nicht mehr abzuarbeiten [...].«[65] Nun werden Materialberge von etablierten Journalisten gesichtet

---

65 DOMSCHEIT-BERG, DANIEL (2010): Der gute Verrat. In: Freitag.de vom 14.10.2010. http://www.freitag.de/wochenthema/1041-im-prinzip-gut [29.03.2011].

und ausgewertet, redaktionelle Entscheidungen an Profis delegiert, die sich als unabhängig begreifen – und WikiLeaks in den Rang eines mächtigen Zulieferers und Zwischenhändlers von großen Materialmengen zurückstufen. Die Materialien erscheinen damit, so heißt es in einem Buch zweier Journalisten, als »ein wertvoller, in Teilen einzigartiger Steinbruch für journalistische Arbeit«[66], mehr nicht. Was man schließlich enthüllt und für relevant erachtet, dies gilt es – nach allen Regeln der Kunst – alleine herauszufinden, so betonen verschiedene Medienunternehmen, die mit Assange kooperieren und ihn lediglich als eine Quelle betrachtet wissen wollen.

Überdies greift man in dieser Phase der Interaktion auf eine klassische Technik effektiver Skandalisierung zurück: Sie besteht darin, das Material zu portionieren, eine eigene Dramaturgie der Enthüllung zu kreieren, die mit einer Mischung aus Wiederholung und der Offenbarung von mehr oder minder spektakulären Neuigkeiten und Details zum Thema operiert. Die Wirkung wird auf diese Weise maximiert. Allerdings hat auch dieses Modell seine Tücken, stellt sich doch unmittelbar das Problem, wem eigentlich aus welchen Gründen der exklusive Zugriff auf das Material gewährt wird, wem es letztlich gehört, wer die Entscheidungsautorität besitzt. *Denn die Vermarktung von Skandalen ist – ohne Frage – immer auch ein potenziell äußerst lukratives Geschäft in einem sich verschärfenden Kampf um Aufmerksamkeit.* So soll Julian Assange beispielsweise gedroht haben, den *Guardian* zu verklagen, weil sich die Zeitung die internen diplomatischen Depeschen über einen ehemaligen Mitarbeiter besorgte – und plante, diese ohne Rücksprache mit ihm zu veröffentlichen. Assange, so heißt es, soll gesagt haben, er besitze das Material, und es sei auch von ökonomischem Interesse, wann und in welcher Weise es publik werde. Das Verhältnis habe sich, so wird berichtet, auch deshalb verschlechtert, weil Assange eine Fernsehgesellschaft mit brisanten Dokumenten versorgte – ohne diese Entscheidung in irgendeiner Weise mit den anderen Medienpartnern abzustimmen. Überdies hat Assange vermutlich versucht, die *New York Times* nach einem

66 ROSENBACH, MARCEL/HOLGER STARK (2011): *Staatsfeind WikiLeaks. Wie eine Gruppe von Netzaktivisten die mächtigsten Nationen der Welt herausfordert.* München: Deutsche Verlags-Anstalt. S. 9.

kritischen Porträt seiner Person aus dem globalen Medienverbund der Skandalisierer zu entfernen, das Qualitätsblatt also durch Informationsverweigerung zu bestrafen. Kurzum: Besitz- und Exklusivitätsansprüche im Moment einer gewaltigen öffentlichen Resonanz konzentrieren publizistische Macht erneut auf eine einzelne, dann tatsächlich ganz außerordentlich mächtige Person – und sie konterkarieren das Plädoyer für Transparenz und Neutralität, für das WikiLeaks eintritt, für das man selbst wirbt. *Im Extremfall wird der Informant und Informationsrebell zu einem Zensor mit Eigeninteresse, der verfügt, was wann und in welchem Kontext erscheinen darf.* Er ist dann – paradox genug – ein Gatekeeper eigenen Rechts, der ganz nach seinem Gusto verfährt und als Kontrollfreak in eigener Sache agiert, der allen anderen das Ende der Kontrolle verordnen möchte, nur eben nicht sich selbst. Allerdings lassen sich derartige Selbstwidersprüche, auch das zeigt die von einem rasanten Aufstieg und dramatischen Abstürzen gezeichnete Geschichte von WikiLeaks und ihres Gründers, nicht verbergen und als Geheimnis bewahren. Sie werden, so scheint es, fast zwangsläufig offenbar.

4. KARL-THEODOR ZU GUTTENBERG UND DIE KRAFT EINES SCHWARMS

DIE GESETZE DER ALTEN WELT

Der Skandal beginnt, ganz klassisch, in den alten Medien.[67] Am 16. Februar 2011 wird der damalige Verteidigungsminister Karl-Theodor zu Guttenberg mit einem Befund des Juraprofessors Andreas Fischer-Lescano konfrontiert, er habe einzelne Passagen seiner Dissertation abgeschrieben. Der erste Bericht erscheint in der *Süddeutschen Zeitung*. Zunächst geht es lediglich um einige wenige Stellen. Zunächst scheinen die Gesetze der alten Welt zu gelten. Guttenberg streitet sofort alles ab, wählt die Strategie der offensiven Leugnung. Die Vorwürfe seien »abstrus«, seine Dissertation sei kein Plagiat, so heißt es in einer ersten schriftlichen Erklärung des Verteidigungsministers noch am gleichen Tag. Überdies betont er zunächst ohne erkennbare Not, er habe seine Arbeit ohne fremde Hilfe, ohne die Zulieferungen eines Ghostwriters angefertigt. Auch die Journalisten von People-Magazinen und insbesondere der *Bild*-Zeitung stehen bereit – und liefern durch eigene Artikel und Leserbefragungen Unterstützung. Die Ultrakurzfassung der Blattlinie offenbart schließlich der Autor Franz Josef Wagner am 17. Februar 2011 in einer seiner berüchtigten Kolumnen: »Ich habe keine Ahnung von Doktorarbeiten«, so schreibt er. »Ich flog durchs Abitur und habe nie eine Universität von innen gesehen. Also, ich kann von außen sagen: Macht keinen guten Mann kaputt. Scheiß auf den Doktor.« Im Amt gehalten werden soll ein außerordentlich beliebter Politiker und Verteidigungsminister, der durchaus für höhere Aufgaben (bayerischer Ministerpräsident, Kanzlerkandidat) gehandelt wird. Vielen gilt er als Ausnahmeexemplar des unabhängigen, kantigen Politikers, der nicht taktiert – und der, wenn ihm Entscheidungen nicht passen, im Notfall auch seine eigene Karriere aufs Spiel setzt, seinen Rücktritt anbietet.[68] Von manchen wird er als »Lichtgestalt« (*Bild*-Zeitung) verehrt.

---

67 Eine kürzere Fassung dieses Kapitels erschien zuerst in: LEPSIUS, OLIVER; REINHART MEYER-KALKUS (2011): *Inszenierung als Beruf. Der Fall Guttenberg*. Berlin: Suhrkamp Verlag, S. 56 - 70

68 Karl-Theodor zu Guttenberg wurde mit seiner Ablehnung der Staatshilfen für Opel 2009 zu einem der beliebtesten Politiker; er hatte in der entscheidenden Nacht mit der Idee eines Rück-

Weite Teile des Publikums sind der Auffassung, der Mann solle bleiben, er werde gebraucht. Allerdings: Bereits am 1. März 2011 erklärt der Verteidigungsminister seinen Rücktritt und formuliert in einer dramatischen Erklärung folgende Sätze: »Ich war immer bereit zu kämpfen. Aber ich habe die Grenzen meiner Kräfte erreicht.«

Was ist passiert? Eine erste Antwort lautet: Zwischen dem 16. Februar und dem 1. März überstürzen sich die Ereignisse, und die Gesetze der alten Welt geraten zunehmend außer Kraft. Es ist ein Lehrstück des riskanten, letztlich scheiternden Skandal- und Krisenmanagements, das sich am Beispiel dieser Affäre offenbart. Aufschlussreich ist: Die Handlungs- und Beschwichtigungsmuster des Beschuldigten stammen erkennbar aus einer anderen Zeit. Leitmedien haben hier eine enorme Macht. Sie können im Extremfall einen Politiker stürzen oder im Amt halten, sie besitzen die Deutungshoheit über die entscheidenden Dimensionen des Geschehens. Die Ereignisabläufe besitzen in dieser anderen Zeit eine gewisse Linearität und Langsamkeit und sie folgen eingespielten Routinen der Skandalisierung und festen Ritualen der öffentlichen Beschwichtigung. Am Anfang steht (so zumindest der idealtypische, natürlich immer ein wenig konstruierte Ablauf der Ratgeberliteratur des Recherchejournalismus) der Informant, der eine angebliche oder tatsächliche Normverletzung bemerkt, sie einem Medium bekannt macht. Diese wird dann auf ihre Faktizität hin überprüft. Auch der Informant selbst wird einem Glaubwürdigkeits-Check unterworfen. Man fragt nach seinen Motiven, seinen Quellen, seinem Umfeld. Wie belastbar sind seine Behauptungen? Gibt es weitere Indizien, die in dieselbe Richtung weisen? Welches Interesse hat er, wem möchte er aus welchen Gründen schaden? Das heißt: Professionell geschulte Journalisten betreiben ein rechercheintensives *Gatekeeping*. Sie praktizieren, so Axel Bruns mit leicht polemischem Unterton, »ein Regime der Kontrolle darüber, welche Inhalte aus den Produktionsprozessen in Druck- und Funkmedien an die Öffentlichkeit gelangen«.[69] Sie entscheiden, ob die Normverletzung ihrer Auffassung

tritts gespielt, sich dann aber nicht durchgesetzt – und war gleichwohl im Amt verblieben.

69 BRUNS, AXEL (2009): Vom Gatekeeping zum Gatewatching. Modelle der journalistischen Vermittlung im Internet. In: NEUBERGER, CHRISTOPH/CHRISTIAN NUERNBERGK/MELANIE RISCHKE (Hrsg.): *Journalismus im Internet.* Wiesbaden: vs Verlag für Sozialwissenschaften. S. 107.

nach den Tatsachen entspricht, ob sie für das eigene Medium und Publikum bedeutsam ist, ob sie also bekannt gemacht werden soll. Der Faktencheck hat *vor* der Veröffentlichung stattgefunden. In dieser Welt folgt auf Indizien und Gerüchte die Recherche, der erste Enthüllungsbericht, dann womöglich das zögerliche Dementi und das Teilgeständnis, schließlich die Debatte, wer denn nun in welchen Punkten Recht hat, wem man denn nun aus welchen Gründen glauben soll. In dieser Welt können Kampagnen funktionieren, weil hier womöglich einzelne Leitmedien gezielt die Initiative ergreifen, Deutungshoheit exekutieren, Interpretationen durchsetzen. Sie bestimmen, was die Menschen im Lande wissen sollen – und was nicht. Sie bahnen als Gatekeeper die Urteilsfindung an. In dieser Welt ist das Publikum unvermeidlich darauf angewiesen, den Informationen und Auffassungen einflussreicher Enthüller oder aber den Verteidigern des Beschuldigten zu vertrauen, weil es nie die ganze Wahrheit und niemals die Fülle der möglichen Beweise und Gegenbeweise kennen kann. Wer dies denn will, der muss sich portionsweise ein Bild machen, muss sich beim Zusammensuchen unterschiedlicher, womöglich widersprüchlicher Quellen Schritt für Schritt ein Urteil bilden – ohne Anspruch auf die besonders robuste, die besonders stabile Gewissheit, die sich erst aus eigener Anschauung ergibt. Eine solche von zeitintensiven Umwegen begleitete Urteilsfindung von Einzelnen hat, wenn sie denn überhaupt zustande kommt, etwas von einer langwierigen Puzzlearbeit. Sie bindet Kraft und Aufmerksamkeit. Und eben deshalb kann man, wenn man selbst plötzlich beschuldigt wird und um diese grundsätzlichen Schwierigkeiten der Einschätzung weiß, zunächst auf Zeit spielen und taktieren, die eigenen Parteifreunde zur öffentlichen Fürsprache mobilisieren, Fronten bilden, Moralfragen in Machtfragen verwandeln. Man kann mit immerhin vorhandenen Erfolgsaussichten leugnen und ablenken – immer in der Hoffnung, dass das Publikum den eigenen Interpretationen folgt, sich ohnehin nicht ganz sicher sein kann und irgendwann das Interesse verliert, weil andere, vermeintlich oder tatsächlich wichtigere Themen die Schlagzeilen beherrschen, sich neue Skandale nach vorne drängen. Allerdings gelten diese Gesetze der alten Welt im digitalen Zeitalter nicht mehr in unbedingt verlässlicher Form. Die neuen Akteure, einst zur Passivität verdammt und in ihrem

Wunsch nach Publizität auf die Gnade der Gatekeeper angewiesen, können sich selbst zuschalten – und zwar, wie zu zeigen sein wird, auf höchst effektive Art und Weise.

CROWDSOURCING UND DIE ORGANISATION DER SELBSTORGANISATION

Bereits am Abend des 16. Februar 2011 kursieren in diversen Blogs erste Hinweise auf weitere Plagiate. Einen Tag nach dem Ad-hoc-Dementi des Ministers betritt ein wütender Doktorand die Szene des Skandalgeschehens, der – gemeinsam mit vielen Helfern – einen Rollenwechsel unter den Augen eines erstaunten Publikums vollzieht: Er wird zum anonym agierenden, aber doch öffentlich praktizierenden Informanten, über dessen Identität bald alle möglichen Gerüchte kursieren. Sein Name: *PlagDoc*, aller Wahrscheinlichkeit nach ein Kunstwort aus den englischen Begriffen *Plagiarism* und *Documentation*. Mithilfe einer Gratis-Software (Google Docs) legt er zunächst ein Dokument an – und ruft in den frühen Morgenstunden über den Mikroblog-Dienst Twitter zur Mitarbeit auf, muss aber bereits nach sechs Stunden wegen Überlastung den Umzug auf eine andere Plattform annoncieren, die als *GuttenPlag* bezeichnet wird. Es handelt sich um ein *Wiki*, dessen Funktionsweise sich hier in Reinkultur studieren lässt: *Die Teilnahme steht prinzipiell allen offen, die Rollen changieren in immer anderen Mischungsverhältnissen zwischen Textproduzent und Textrezipient.* Man kann eigene Beiträge verfassen, die der anderen korrigieren, sie einfach nur studieren, die kollektiv erarbeiteten Ergebnisse zu leicht verdaulichen Schaubildern aggregieren. Es gibt in diesem Fall ein eindeutig bestimmbares gemeinsames Anliegen, nämlich die baldige, die umfassende Entlarvung des uneinsichtigen Plagiators – und ansonsten ein Maximum an individueller Recherche-Kreativität beim Aufspüren von Zeitungsartikeln, Aufsätzen, englischsprachigen Veröffentlichungen und irgendwelchen Haus- und Examensarbeiten, aus denen der Minister seine Doktorarbeit collagiert hat. Es zeigt sich, zu welchen Leistungen ein strikt auf Entlarvungskurs getrimmter Schwarm in der Lage ist: Es ist nicht einfach nur die frei im digitalen Universum flottierende Weisheit der Vielen, die sich hier beobachten lässt. Dies wäre zu pauschal, zu ungenau – eine modische Floskel ohne besondere analytische Kraft.[70] Vielmehr regiert eine besondere, erst die Leistungsfähigkeit sichernde *Kombination aus hierarchischen und heterarchischen Prinzipien* – ein Zwittermodell, das man als *organisierte Selbstorganisation* bezeichnen könnte, angestoßen und angeleitet durch den anonymen *PlagDoc* und den kleinen Kreis von unmittelbar Eingeweihten.[71] Administratoren sind es, die Einträge löschen, Nutzer sperren, Provokateure marginalisieren und die gewissenhafte Auseinandersetzung der Beteiligten absichern.[72] Es mischen sich in diesem Zwittermodell Fremd- und Eigensteuerung, Kontrolle und Vertrauen, konkrete Handlungsanleitung und der allgemeine, auf die Mobilmachung bzw. die Mitarbeit zielende Appell. Man entdeckt äußerst präzise Analysen und rasche Detailerfolge, bemerkt eine Kultur des Spiels und der dramatischen, fiebrigen Jagd, die eben gerade nicht mehr an ein kollektives, harmloses Rate- und Rätselspiel erinnert. Kontinuierlich melden sich fündig gewordene User und reihen sich ein in das Heer der Freiwilligen, sie liefern immer neue Belege, die kollektiv analysiert und verifiziert werden. Wer agitiert und diffamiert und sich als »Kasperl« (so *PlagDoc* über diesen Nutzertypus) erweist, wird ausgesondert. Denn schließlich tritt man in den offiziellen Verlautbarungen gleichsam mit wissenschaftlicher Kühle auf. Programmatisch heißt es in einer Erklärung gleich auf der ersten Seite des Wikis: »Wir möchten klarstellen, dass diese Aktion nichts mit politischer Ausrichtung, persönlicher Schmutzkampagne oder ähnlichem zu tun hat. Unser Ziel ist, die wissenschaftliche Integrität eines Doktortitels in Deutschland zu sichern, damit auch

---

70 Siehe exemplarisch: SUROWIECKI, JAMES (2005): *Die Weisheit der Vielen. Warum Gruppen klüger sind als Einzelne und wie wir das kollektive Wissen für unser wirtschaftliches, soziales und politisches Handeln nutzen können.* München: Bertelsmann.

71 Zur Organisation der Selbstorganisation siehe: FOERSTER, HEINZ VON/BERNHARD PÖRKSEN (1998): *Wahrheit ist die Erfindung eines Lügners. Gespräche für Skeptiker.* Heidelberg: Carl-Auer-Systeme. S. 83ff.

72 Detailliertere Informationen über *PlagDoc* und die von ihm initiierte Dynamik organisierter Selbstorganisation liefern: PREUSS, ROLAND/TANJEV SCHULTZ (2011): *Guttenbergs Fall. Der Skandal und seine Folgen für Politik und Gesellschaft.* München: Gütersloher Verlagshaus. S. 59ff.

weiterhin eine korrekte wissenschaftliche Arbeitsweise von Trägern eines solchen Titels erwartet werden kann. Durch Aufdecken der existierenden Plagiate in der vorliegenden Dissertation versuchen wir, der Bayreuther Prüfungskommission die Arbeit zu erleichtern. Sollten sich auch Dissertationen von Politikern am anderen Ende des Spektrums durch Plagiate ›auszeichnen‹, hätten wir keinerlei Probleme, genauso zu verfahren.«

Deutlich wird auch: Es existieren Zeit- und Arbeitspläne, eine geordnete Rundumbetreuung durch *PlagDoc* und einen Mitstreiter, der zeitweise – da offenbar gerade auf einer Tagung im Ausland – von den USA aus die Nachtschichten übernimmt. Tools zum Auffinden von Plagiaten (einzelne Suchmaschinen, spezielle Software, optimale Suchstrategien) werden vorgestellt. Die Enthüllungsinstrumente sollen möglichst vielen möglichst rasch zugänglich gemacht werden. Was sich hier zeigt, ist höchst effektives *Crowdsourcing*. Die Entlarvungsarbeit wird an den Schwarm delegiert, der die Leistungen einzelner, etablierter Medienhäuser zu übertrumpfen vermag.[73] Nur ein einziges, allerdings symbolträchtiges Detail: Die Mitarbeiter der *Spiegel*-Dokumentation (sie gehören zu den besten Rechercheuren der Republik) finden in den einzelnen Phasen nur einen Bruchteil der Belege und können, da durch den Redaktionsschluss und Drucktermine des aktuellen Heftes blockiert, natürlich keine unmittelbare Aktualisierung des Skandalgeschehens liefern. Demgegenüber erzeugt der organisierte Schwarm eine enorme Enthüllungsgeschwindigkeit, die auch das Ad-hoc-Dementi des Ministers unmittelbar wieder zu Staub zerfallen lässt. *Es wird sofort, gleichsam in Echtzeit, demontiert, was gerade noch als alternative Wirklichkeit kursiert.*

---

73 POHLMANN, SONJA (2011): Schwarm und Schwärmer. In: *Tagesspiegel.de* vom 22.02.2011. http://www.tagesspiegel.de/medien/schwarm-und-schwaermer/3872214.html [13.03.2011].

CROWDSOURCING

Crowdsourcing ist ein Beispiel für Schwarmintelligenz. Während beim *Outsourcing* einzelne Aufgaben (eines Unternehmens) an externe Dienstleister ausgelagert werden, ist es beim *Crowdsourcing* die Masse der Internetnutzer, die Aufgaben übernimmt. Gemeinschaftlich arbeiten sie zusammen, teilen ihr Wissen und erzeugen durch die Kooperation eine andere Qualität der Intelligenz, die weit über das Leistungsniveau von Einzelnen hinausgeht. Die Grundlage für das Crowdsourcing – gelegentlich auch mit dem sperrigen Begriff *Schwarmauslagerung* übersetzt – bilden das Web 2.0 und dessen Möglichkeiten der weltweiten Kollaboration. Einzug in die öffentliche Diskussion hielt der Begriff 2006 mit Jeff Howes *Wired*-Artikel *The Rise of Crowdsourcing*.

EVIDENZERFAHRUNGEN FÜR DAS GROSSE PUBLIKUM

Matthias Kremp, der wie viele Journalisten in diesen Tagen die Chronologie des Geschehens rekonstruiert, schreibt über die Jagderfolge der ersten Tage: »Noch am selben Abend konnte PlagDoc melden, dass Inhalte auf ›über zehn Prozent aller Seiten in zu Guttenbergs Doktorarbeit aus anderen Quellen kopiert sind‹. Einen Tag später waren es schon 29 Prozent und am Samstag schließlich lag der Wert bei fast zwei Drittel. Auch eine Übersicht der plagiierten Quellen haben die Aktivisten zusammengetragen.«[74] Die einzelnen Fundstellen werden immer wieder kategorisiert, in neuen Anläufen und Zwischenbilanzen quantifiziert (»944 Zeilen Übersetzungsplagiate«) und grafisch dokumentiert. Interessierte – in den ersten fünf Tagen wird *GuttenPlag* vier Millionen Mal aufgerufen – gelangen über einen Link zu einer leicht nachvollziehbaren, interaktiven Darstellung: Der Nutzer kann auswählen, welche Seiten der Doktorarbeit er betrachten möchte, inklusive der dazugehörigen Originale.

Der nahezu unbegrenzte Speicherplatz im Netz erlaubt es, gewaltige Beweiskonvolute aufzutürmen, die überdies äußerst leicht zugänglich sind, sich prinzipiell von jedem Ort der Welt mit einem Netzanschluss einsehen und bequem studieren lassen. Dokumentiert werden u. a. fol-

---

74 KREMP, MATTHIAS (2011): Im Netz der Plagiate-Jäger. In: *Spiegel Online* vom 19.02.2011. http://www.spiegel.de/netzwelt/web/0,1518,746582,00.html [13.03.2011].

gende Befunde: seitenlange Plagiate aus Zeitungsartikeln, Übernahmen aus der Hausarbeit eines Erstsemesters, achtlos übernommene Schreibfehler aus den Originaltexten, die Verwendung von Schlussfolgerungen prominenter Juristen, Versuche der gezielten Verschleierung von plagiierten Passagen, Beispiele für die mehr oder minder geschickte stilistische Anpassung von fremden Texten an den eigenen Duktus.

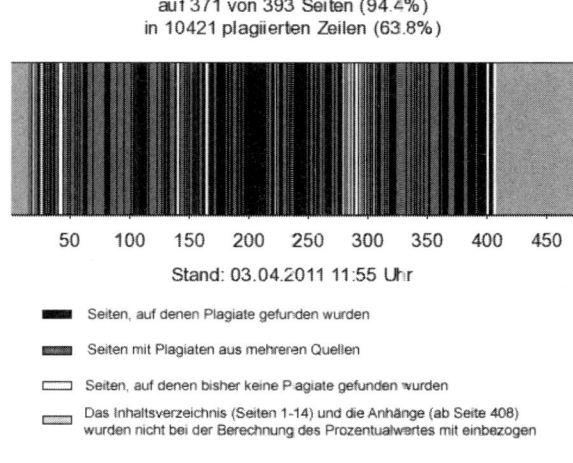

Abb. 7: Bilanz einer kollaborativ entlarvten Fälschung: die Startseite des Wikis *GuttenPlag*.

Es sind die *Betriebsgeheimnisse des Plagiators*, die für die Rezipienten in umfassender, äußerst detaillierter Weise einsichtig werden. Die Schlussfolgerung ist damit für jeden, der lesen kann, unausweichlich. Sie lautet in einer Formulierung des Journalisten Volker Zastrow: »Hier ist mit System und vollem Bewusstsein gefälscht worden, von allen bekannten Plagiats- und Tarnmethoden wurde nicht eine ausgelassen.«[75] Das

---

75 ZASTROW, VOLKER (2011): Guttenbergs verschleppter Rücktritt. In: *Faz.net* vom 07.03.2011. http://www.faz.net/aktuell/politik/inland/2.1673/wie-ken-den-kopf-verlor-guttenbergs-verschleppter-ruecktritt-14058.html [15.03.2011].

skandalöse Material wird allgemein zugänglich und erlaubt eine *Universalisierung der Evidenzerfahrung* – eine neue Dimension der Einsicht auf der Seite des Publikums, das nun selbst zur Überprüfung der Vorwürfe schreiten, sich ohne größere zeitliche, ökonomische oder intellektuelle Unkosten selbst ein Urteil aus eigener Anschauung bilden kann. Die einst klar getrennten Informations- und Wissenswelten zwischen Informant, Journalist und Gatekeeper beginnen zu changieren. Nicht mehr nur der Informant, der ein Plagiat entdeckt, ist es, dem der Schock dieser Entdeckung als ein Gefühlserlebnis möglich wird. Nicht mehr nur der Journalist ist es, der diese Erfahrung machen kann, wenn er die Quellen des Informanten prüft und eigene Recherchen anstellt. Auch das Publikum wird nun in die Lage versetzt, diese Evidenzerfahrung in allen möglichen Facetten zu durchleben – und vermag sich (dies ist ein immerhin möglicher Effekt) auch in seiner Urteilsfindung von den Vorgaben des Gatekeepers und einzelner Leitmedien zu lösen, die ein bzw. ihr Urteil, eine einzige Interpretation des Geschehens durchzudrücken gedenken. Das Medienpublikum kann sich *affektiv emanzipieren* und in Eigenregie entrüsten und empören, weil es die Dimension des skandalisierten Geschehens selbstständig geprüft hat bzw. zumindest in die Lage versetzt wurde, dies zu tun.

DIE PRINZIPIEN DES EFFEKTIVEN SKANDALMANAGEMENTS

Es ist, dies ist banal, gewiss ein Bündel von Ursachen, das den Rücktritt des Ministers beschleunigt. Erneut muss man konstatieren: Netzwerkeffekte im digitalen Zeitalter fügen sich nicht dem Schema trivial-linearer Kausalität. Allerdings lässt die massive Evidenz, die *GuttenPlag* bereitstellt, das Krisenmanagement des Ministers und der Bundesregierung als besonders hilflos, besonders ungeschickt erscheinen. *Denn der Gegenbeweis ist mit dem Dementi da.* Es zeigen sich daher, gleichsam indirekt, am Beispiel dieser Affäre Prinzipien des effektiven Skandalmanagements, die hier allesamt missachtet werden. Grundsätzlich gilt zuerst und vor allem: Man muss schnell reagieren, um wieder handlungsfähig zu werden (das *Prinzip der raschen Reaktion*). Des Weiteren: Man muss – unmittelbar – maximale Transparenz erzeugen, die Vorwürfe möglichst schonungslos selbst aufklären, die Fakten auf den Tisch legen – und dann mit einer ernsten, überzeugenden Geste um Verzeihung bitten (das *Prinzip der umfassenden Aufklärung und der glaubwürdigen Entschuldigung*). Und schließlich: Die gewählte Form des Skandal- und Krisenmanagements darf dem eigenen, eventuell über Jahre entstandenen Image nicht bzw. zumindest nicht fundamental widersprechen (das *Prinzip der Diskrepanz-Reduktion*). Auch der durch den Skandal verursachte Inszenierungsbruch, auch der Moment des eigenen Strauchelns benötigt paradoxerweise ein Minimum an Inszenierungs- und Imagetreue, ein Moment der inneren Stimmigkeit: Wer als Inkarnation des glaubwürdigen, des kantigen Anti-Politikers gilt, der muss auch entsprechend schnörkellos die eigenen Betrügereien offenbaren – und die Konsequenzen ziehen. Denn das eigene Image wirkt unvermeidlich nach und lässt sich nicht ignorieren. Es ist das Korsett für die Reaktionsbildung, funktioniert als eine Art *mediale Zwangsjacke*, die sich nicht nach Bedarf und nach Belieben abstreifen lässt. Guttenberg hat für sich als Person und für seine eigene Politik stets eine besondere Werteorientierung reklamiert – und die Affäre offenbart: Es sind eben diese ethisch-moralischen Prinzipien (Anstand, Aufrichtigkeit), die verletzt wurden. Offensichtlich und öffentlich geworden ist eine Diskrepanz, die auch durch sein eigenwilliges Krisen- und Skandalmanagement nicht gemildert wird. Im Gegenteil: Sie macht ihn angreifbar, sie forciert die Demontage, sie begünstigt kritische Berichte, die eben diesen Widerspruch zwischen den einmal proklamierten Werten und den nun beobachtbaren Verhaltensweisen sichtbar machen.[76]

---

[76] Derartige *Wasser-Wein-Entlarvungen* (man weist einem Menschen nach, dass er ›Wasser predigt und Wein trinkt‹ bzw. seinen eigenen moralischen Ansprüchen nicht genügt) gehören zu den Entlarvungsgesten, die insbesondere Boulevardmedien schätzen.

Abb. 8: Absturz einer Lichtgestalt – die einstige Selbstpräsentation von Karl-Theodor zu Guttenberg.

GRENZÜBERSCHREITUNGEN ZWEITER ORDNUNG

Doch zunächst zurück zur Chronologie und den Details des Geschehens: Kurz nach dem ersten grundsätzlichen Dementi (»kein Plagiat«, »abstrus«) folgt eine erste Relativierung. Guttenberg entschuldigt sich für nicht näher benannte »Fehler«, die seine Dissertation fraglos enthalte, und kündigt an, den Doktortitel »vorläufig« nicht mehr führen zu wollen – und »jede weitere Kommunikation über das Thema« von nun an »ausschließlich mit der Universität Bayreuth« bzw. der zuständigen Kommission zu führen, die mit der Prüfung der Vorwürfe beauftragt ist. Allerdings legt er sich erneut fest – und provoziert seine Kritiker, indem er jede Täuschungsabsicht von sich weist. Er sagt: »Es wurde allerdings zu keinem Zeitpunkt bewusst getäuscht oder bewusst die Urheberschaft nicht kenntlich gemacht.« Am 21. Februar bittet er schließlich in einem Brief an die Universität Bayreuth darum, man möge ihm seinen Doktortitel dauerhaft aberkennen, den ihm diese Universität einst mit der Bestnote (summa cum laude) verliehen hat. Überdies verschärft er die Tonlage der eigenen Selbstanklage, weil nun in diesem Schreiben konzediert wird, es handele sich um »gravierende handwerkliche Fehler«, die ihm unterlaufen seien. Gleichwohl: »Die Arbeit besitzt nach meiner Überzeugung dennoch ihren eigenen wissenschaftlichen Wert.« Dieses Muster aus Geständnis und Abwehr, diese *Kombination aus Schuldbekenntnis bei gleichzeitiger Schuldrelativierung*, zieht sich durch. Auch bei einem Valentinstreffen der hessischen CDU in Kelkheim am 21. Februar und in der Fragestunde des Bundestages, die am 23. Februar stattfindet, weist Guttenberg den Vorwurf zurück, bewusst plagiiert zu haben, gesteht jedoch weiterhin Fehler ein – und versucht, den sich verschärfenden Angriffen die Spitze zu nehmen, die Empörung der Opposition und einzelner Medien abzuschwächen. Er sei, so sagt er im Bundestag, dankbar für »Hinweise auf weitere Fehler«. Und womöglich könne sein offener Umgang mit eben diesen Fehlern, könne seine eigene Entschuldigung auch »ein Beispiel geben«, somit eben doch wieder als allgemeines Vorbild taugen; der sich hier nur andeutende, nicht weiter verfolgte Versuch der Schuldminimierung besteht nun darin, das eigene, hoch riskante Skandalmanagement zu einem moralischen Pluspunkt umzudeuten. Die Parteifreunde bemühen sich indes in diesen Tagen, den angeschlagenen, gleichwohl nach wie vor außerordentlich populären Minister nach Kräften zu stützen – auch hier mit dem Risiko, Widersprüche und Diskrepanzen zwischen den eigenen Werten und dem so sorglos gerechtfertigten Verhalten entstehen zu lassen. Zunächst wird der Überbringer der schlechten Nachricht, der Bremer Professor, unter Linksverdacht gestellt. Man stilisiert, auch dies eine klassische Technik, Guttenberg zunächst zum *Opfer einer Kampagne* und versucht so, die Vorhaltungen der Skandalisierer zu skandalisieren. Einzelne Parteifreunde bemühen sich, das Plagiat als Gerede über Fußnoten und allein für Akademiker bedeutsame Zitierkonventionen zu bagatellisieren, das im Angesicht sterbender Soldaten in Afghanistan und einer drängenden Bundeswehrreform pietätlos und unangebracht sei – die Strategie lautet hier: *Ablenkung durch gezieltes Agenda-Setting*. Man lanciert, allerdings weitgehend glücklos, mögliche neue Themen, die geeignet sein könnten, öffentliche Aufmerksamkeit zu reorientieren. Auf Facebook bilden sich Unterstützergruppen, deren Demonstrationsaufrufe im *Real Life* allerdings ohne besondere Effekte verpuffen.

Entscheidend ist schließlich: Die wissenschaftliche Elite des Landes fühlt sich zunehmend provoziert, sieht ihr Ansehen und ihre Standards bedroht – auch und gerade durch das Skandal- und Krisenmanagement des Ministers und der Regierungsspitze. Angela Merkel lässt erklären, sie habe keinen »Inhaber einer Doktorarbeit« berufen, sondern einen durchsetzungsstarken Politiker, sie plädiert also für eine Art *Persönlichkeitssplitting zum Zwecke der Beschwichtigung*. Es ist diese Trennung von ministerieller Kompetenz und wissenschaftlicher Moral bzw. Unmoral, die im akademisch-universitären Milieu massive Proteste hervorruft. Im Laufe der Affäre melden sich zahlreiche Wissenschaftler in Interviews und eigenen Artikeln und Protestschreiben zu Wort. Ein offener Brief von Professoren erreicht den bayerischen Wissenschaftsminister. Doktoranden sammeln Unterschriften für ein Protestschreiben an die Bundeskanzlerin. Der Doktorvater von Karl-Theodor zu Guttenberg, der hoch geachtete Jurist Peter Häberle, spricht in einer öffentlichen Erklärung von »unvorstellbaren Mängeln« der Dissertation. Sein nicht minder renommierter Kollege, Oliver Lepsius, gibt auch seiner eigenen Universität in Bayreuth die Linie vor und äußert sich in einem vielfach verlinkten, vielfach zitierten Fernsehinterview mit folgenden Worten: »Wir sind einem Betrüger aufgesessen. Niemand hätte sich vorstellen können, mit welcher Dreistigkeit hier ein Plagiat eingereicht wird. Es ist ein Ausmaß an Dreistigkeit, das wir bisher nicht gesehen haben.« Und weiter: »Er hat planmäßig plagiiert, er hat eine Collage von Plagiaten angefertigt, über Hunderte von Seiten, und er glaubt, er hat es nicht getan, er stellt eine Dissonanz fest zwischen dem, was er objektiv getan hat, und dem, was er subjektiv getan haben will. Das ist absurd.« Schließlich bröckelt die Front der Unterstützer. Die Wissenschaftsministerin Annette Schavan (die Frage einer möglichen Absprache mit der Bundeskanzlerin bleibt ungeklärt) lässt verlauten, sie schäme sich nicht nur heimlich für den Kollegen, auch andere Parteikollegen distanzieren sich. Der unmittelbar bevorstehende Rücktritt von Karl-Theodor zu Guttenberg am 1. März 2011 wird zunächst exklusiv in der Online-Ausgabe der *Bild*-Zeitung gemeldet – ein letzter Beleg für eine intensive Kooperation und eine strategische Partnerschaft, aber eben auch ein Indiz für die fehlende Durchsetzungsstärke eines Kampagnen- und Massenmediums in dieser Konstellation.[77]

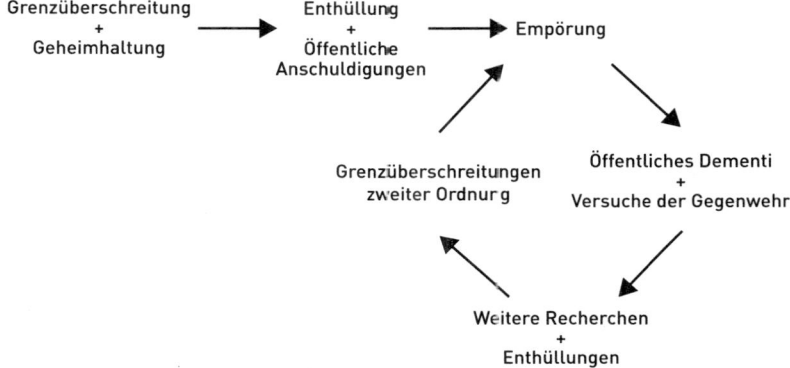

Abb. 9: Die Abbildung zeigt die zirkuläre Logik einer durch Grenzüberschreitungen zweiter Ordnung befeuerten Skandalisierung. Quelle: Thompson, John B. (2000): *Political Scandal. Power and Visibility in the Media Age*. Cambridge: Polity Press. S. 24.

Das heißt im Sinne einer verallgemeinernden Bilanz: Das Skandal- und Krisenmanagement des Ministers und der Bundesregierung hat (bei aller Unterschiedlichkeit in der Argumentation) kontraproduktiv gewirkt, die Empörung weiter angeheizt, immer neue, sozial oder medial durchaus einflussreiche Akteure zu Stellungnahmen animiert, die Wissenschaftselite verärgert, weil das Offensichtliche, die breit dokumentierte Normverletzung, derart offensichtlich bagatellisiert werden sollte. Skandalforscher sprechen in einem solchen Fall von einer *Grenzüberschreitung zweiter Ordnung*. Dies ist ein Begriff des Soziologen John B. Thompson, den er in seinem Buch *Political Scandal. Power and Visibility in the Media Age* erläutert.

---

77 Die Deutungshoheit von Leitmedien, so zeigt dieser Fall, wird im digitalen Zeitalter fragiler, weil immer auch alternative Wirklichkeiten in bislang unbekannter Vielfalt kursieren und sich empörungswillige Akteure zu Ad-hoc-Gemeinschaften verbinden können, um aus dem Material dieser Wirklichkeiten ganz eigene, äußerst stabile Interpretationsmuster zu gewinnen.

John B. Thompson zeigt, dass das Skandalmanagement sich im Extremfall zum eigentlichen Skandal wandeln kann, dass der Umgang mit der ursprünglichen Grenzüberschreitung – z. b. durch die Leugnung, die Bagatellisierung – womöglich als erneute bzw. gar die entscheidende Grenzüberschreitung interpretiert wird. So heißt es: »Individuen können die Anschuldigungen schlicht zurückweisen und bestreiten, dass Normverletzungen stattgefunden haben, oder auch einfach leugnen, dass sie überhaupt etwas damit zu tun hatten. Aber auch diese Strategie kann riskant sein, da sie den Fokus der Aufmerksamkeit auf die Möglichkeit von Grenzüberschreitungen zweiter Ordnung lenkt. Und diese können, wenn sie sich als zutreffend erweisen, für die Reputation eines Individuums noch weitaus schädlicher sein als die Aufdeckung des ursprünglichen Verstoßes.«[78] Ganz so ist es in diesem Fall nicht gewesen. Gleichwohl: Das Bemühen, die Tatsache des Plagiierens als Gerede über Fußnoten zu verniedlichen, der Versuch, den populären Verteidigungsminister vom betrügerischen Doktoranden zu trennen, also politische Kompetenz und politische Moral säuberlich zu splitten, hat die akademische Elite entrüstet und zu eigenen Stellungnahmen genötigt. Überdies hat die schlichte, in aller Entschiedenheit und bis zum heutigen Tage vertretene Auffassung des Ministers, die von ihm eingereichte Arbeit sei kein Plagiat, es habe keine Täuschungsabsicht gegeben, das moralische Verdikt verschärft und den eigentlichen Skandal befeuert, ihn immer wieder mit neuen Empörungsreizen versorgt.[79]

---

78 THOMPSON, JOHN B. (2000): *Political Scandal. Power and Visibility in the Media Age.* Cambridge: Polity Press. S. 22f.

79 Karl-Theodor zu Guttenberg hat – gemeinsam mit Giovanni di Lorenzo – Ende 2011 ein Interviewbuch veröffentlicht, das die einmal entworfene Strategie der Leugnung lediglich weiter nuanciert, ihr aber ansonsten treu bleibt. Es gab zu viele Dateien, so lässt er seinen Gesprächspartner wissen; er sei überlastet gewesen, er habe den Überblick verloren, die viele Arbeit, der Druck der Familie, die beständige Anspannung. Natürlich, so meint er, sei diese Arbeit ungeheuer schlecht. Aber sie sei eben kein Plagiat. Das heißt: Was dieses Buch illustriert, ist die erneut versuchte Umdeutung eines Skandals – und zwar im Augenblick des scheinbaren Eingeständnisses, im Moment der vermeintlich ernsthaften Entschuldigung. Aus einem gezielten Täuschungsmanöver soll ein Überlastungssymptom werden, aus dem Betrug die einfache Überforderung, aus dem bewussten Fake das hilflose Spiel mit irgendwie falsch einsortierten Disketten. Guttenberg möchte einfach nur furchtbar durcheinander geraten sein. Siehe: KARL-THEODOR ZU GUTTENBERG im Gespräch mit GIOVANNI DI LORENZO (2011): *Vorerst gescheitert. Wie Karl-Theodor zu Guttenberg seinen Fall und seine Zukunft sieht.* Freiburg im Breisgau: Herder. S. 11ff.

Man kann daraus schließen: Ein Dementi muss, ganz simpel formuliert, stimmen, um die Erosion eigener Glaubwürdigkeit nicht noch zu verschärfen, sie letztlich irreversibel zu beschädigen. Und wenn es denn *nicht* stimmt, so muss man zumindest zur effektiven Kommunikationskontrolle in der Lage sein, muss den Zugang zu den Beweismitteln und den entscheidenden Dokumenten regulieren oder doch zumindest erschweren und behindern können. Nur so kann die eigene Deutung als mehr oder minder alternativlose Wirklichkeit bewahrt werden. Dies alles konnte in diesem Fall nicht funktionieren. *PlagDoc*, der wütende Doktorand und Dirigent eines effektiven Schwarms, der Publizist einer neuen Zeit, hielt Beweise und Gegenbeweise stets für alle und jeden bereit. Sein Archiv und Fundstellenzentrum war und ist, auch heute noch, Tag und Nacht geöffnet, leicht zu erreichen, ganz nah.

III. DIE NEUEN OPFER UND DIE MACHT DES PUBLIKUMS

Eine klassische Definition charakterisiert den Skandal als ein Kommunikationsereignis, das eine »moralische Verfehlung von hochgestellten Personen und Institutionen«[80] enthüllt – und die kollektive Empörung eines Publikums auslöst, dessen Urteil ansonsten nicht weiter wichtig ist. Der Skandal, so die Annahme, braucht schon aus dramaturgischen Gründen eine gewisse Fallhöhe und verdankt seine Beachtung insbesondere dem Absturz einst gefeierter Helden, deren Ansehen mit einem Mal spektakulär implodiert. In diesem Konzept der alten, von Massenmedien beherrschten Welt sind die Journalisten die Skandalisierer, die Mächtigen und Einflussreichen gelten als bevorzugte Objekte und Opfer und die Mitglieder des Publikums bilden das Schlusslicht des Kommunikationsprozesses. Sie sind die Elemente einer weitgehend diffusen, eher passiven Masse, deren Einfluss sich darauf beschränkt, den Skandalisierungsvorschlag durch Medienkonsum und gelegentliche Kommentare zu quittieren.

»Gegen Ohnmächtige oder kleine Leute«, so heißt es ganz in diesem Sinne in einer frühen Veröffentlichung über die *Phänomenologie des Skandals*, »bricht kein Skandal aus.«[81] Diese Diagnose stimmt nicht mehr

---

80 HONDRICH, KARL OTTO (2002): *Enthüllung und Entrüstung. Eine Phänomenologie des politischen Skandals*. Frankfurt am Main: Suhrkamp. S. 40.
81 GROSS, JOHANNES (1965): Phänomenologie des Skandals. In: *Merkur*. 19. Jg. H. 205. S. 400.

und hat in dieser Absolutheit vermutlich noch nie gestimmt. Zumindest Boulevardmedien skandalisieren immer auch das Verhalten von Ohnmächtigen und sogenannten ›kleinen Leuten‹, attackieren angebliche oder tatsächliche Vergehen und produzieren durch die Verletzung der Privatsphäre (dies ist Teil ihres Geschäftsmodells) jede Menge Opfer.[82] Fakt ist jedoch: Enthüllungsgeschichten richten sich im digitalen Zeitalter in einem bislang unbekannten Ausmaß auch gegen Ohnmächtige und komplett Unschuldige. Ihre Geschichten und Schicksale verändern unsere Vorstellung von Proportion und Kausalität, weil sich hier häufig eine zunächst als eigentümlich erscheinende Asymmetrie von Ursache und Wirkung, Anlass und Effekt, Verfehlung und Strafe zeigt. Auch Nichtigkeiten lassen sich nun, unabhängig von der Emotionsindustrie der Boulevardpresse, skandalisieren; auch gänzlich Unbekannte können es zu zweifelhafter Ad-hoc-Berühmtheit bringen, wenn das Publikum reagiert, wenn es, unbeeindruckt vom Relevanzdiktat der Massenmedien, selbst und in Eigenregie Rechenschaft fordert und einen Missstand als solchen erst definiert – und damit vom Rezipienten zum Produzenten eines Skandals wird.

Wie sind die Geschichten einer plötzlichen Erregung einzuschätzen? Wird hier die Weisheit der Vielen erfahrbar, die James Surowiecki beschwört?[83] Oder verliert der Einzelne in der Masse seine moralische Urteilsfähigkeit, wie dies Gustave Le Bon in seiner kulturpessimistischen, das Kollektiv prinzipiell verachtenden Psychologie behauptet?[84] Wer hat recht? James Surowiecki oder Gustave Le Bon? Die Antwort lautet: Für beide Positionen finden sich Belege. Blitzschnell verlangt das Medienpublikum im digitalen Zeitalter Information und Aufklärung – und rasend schnell rotten sich Empörungswillige zusammen und erliegen

82 Medienopfer sind, so lautet eine erhellende Definition, diejenigen, die nicht in die Medien drängen und in selbstgewählter Anonymität leben – und dann doch gegen ihren Willen bloßgestellt werden. Siehe: SCHERTZ, CHRISTIAN/DOMINIK HÖCH (2011): *Privat war gestern. Wie Medien und Internet unsere Werte zerstören*. Berlin: Ullstein. S. 58f. Zum Geschäftsmodell der Boulevardmedien siehe S. 64ff.

83 SUROWIECKI, JAMES (2005): *Die Weisheit der Vielen. Warum Gruppen klüger sind als Einzelne und wie wir das kollektive Wissen für unser wirtschaftliches, soziales und politisches Handeln nutzen können*. München: Bertelsmann.

84 LE BON, GUSTAVE (2007): *Die Psychologie der Massen*. Neuenkirchen: RaBaKa Publishing. S. 36ff.

dem eigenen Rausch der Rachegelüste. Im Extremfall steigert sich das Bemühen um Normenkontrolle zur Selbstjustiz und zur anonym betriebenen Menschenjagd, gerät also die Kontrollanstrengung mit moralischen Absichten selbst außer Kontrolle. Dann entstehen – eventuell wiederum von einem wachsamen, moralisch sensiblen Publikum registrierte und kommentierte – *Skandale zweiter Ordnung*, die die Art und Weise der Skandalisierung zum eigentlichen Skandal erklären. Allerdings: Nicht immer nutzt dies den Angegriffenen, die nun plötzlich in Schutz genommen werden, in einer direkten, einer unmittelbaren Weise, bleibt doch das Stigma und die Verletzung, wenn auch unter anderen Vorzeichen, präsent, schaukeln sich Kommentar und Gegenkommentar zu immer neuen Empörungswellen auf. Bis irgendwann, dies muss als die eigentliche Rettung gelten, die Aufmerksamkeit erlahmt.

1. DIE JAGD AUF GAO QIANHUI UND DIE ENTSTEHUNG EINES CYBERMOBS

DIE ACHTLOSE SELBSTDEMONTAGE

Am 12. Mai des Jahres 2008 ereignet sich in der südwestchinesischen Provinz Sichuan eine dramatische Naturkatastrophe. Bei einem Erdbeben der Stärke 7,9 auf der Richterskala kommen mehr als 69.000 Menschen ums Leben, rund 375.000 werden verletzt. Die chinesische Nation ist schockiert von dem Ereignis und eine Woche später ordnet die Regierung Staatstrauer an. Drei Tage lang soll der Opfer des Erdbebens gedacht werden; drei Tage lang wehen im ganzen Land die Flaggen auf Halbmast; drei Tage lang schließt man Diskotheken und Karaoke-Bars, unterbricht selbst den olympischen Fackellauf. Auch große Webportale machen in den chinesischen Trauerfarben auf, Spiele- und andere Unterhaltungsseiten sind gesperrt.[85]

Es ist die staatliche Reaktion auf die Katastrophe, die dazu führt, dass ein Lieblings-Online-Spiel der 21 Jahre alten Chinesin Gao Qianhui aus Shenyang, Hauptstadt der Provinz Liaoning im Nordosten Chinas, nicht verfügbar ist. So sitzt sie denn in einem Computerraum – es könnte ein Internetcafé sein – und ist einfach nur wütend. Wütend nicht etwa auf die Regierung, die das Spielverbot verhängt hat, sondern auf die Opfer des Erdbebens, die ihrer Auffassung nach an der Netz-Sperre schuld sind. Um ihrem Ärger Luft zu machen, schaltet sie die Webcam ihres Computers an und filmt sich selbst – und leistet sich für ein paar Minuten einen gedankenlosen Ausbruch. Es ist ein sogenannter *Rant*, eine maßlose Wut- und Hassrede, die ihren Ruf dauerhaft zerstören und schon kurze Zeit später zu ihrer Festnahme durch die chinesische Polizei führen wird. In ihrem schließlich in Eigenregie veröffentlichten Monolog lässt sie wissen, was sie über das Erdbeben und dessen Opfer denkt. Mit verschränkten Armen sitzt sie da, spricht ungerührt in die

---

85 o. A. (2008): Drei Tage Staatstrauer in China. In: *NZZ Online* vom 28.05.2008. http://www.nzz. ch/nachrichten/international/drei_tage_staatstrauer_in_china__1.736979.html [24.01.2010].

Kamera: »Ich mache den Fernseher an, sehe verletzte Menschen, Leichen, verrottete Körper, all diese verrückten Dinge. Ich möchte all das nicht sehen, aber ich habe keine andere Wahl.« Unaufhaltsam redet sie mit monotoner Stimme weiter, flucht und schimpft. »Wie viele von euch sind tot?«, fragt sie. »Es sind nur wenige, oder? In China leben sowieso zu viele Menschen.« Und weiter: »Ihr macht alle verrückt... [...] Denkt ihr denn, ihr seht alle besonders gut aus?« Das Erdbeben sei ihr nicht stark genug gewesen, erklärt Qianhui. Gegen ein paar Opfer mehr, so wird deutlich, hätte sie nichts einzuwenden gehabt. Auch über die Spenden für die Menschen in der betroffenen Region beschwert sie sich: »Menschen geben euch Geld und Essen. Und ihr macht gar nichts.«

Etwa fünf Minuten lang dauert die Hasstirade der jungen Frau. Ab und an erscheinen andere Menschen im Hintergrund, die Qianhui zusehen, wie sie gegen die Erdbeben-Opfer wettert. Den Film, der dabei entsteht, lädt die 21-Jährige am 20. Mai 2008 auf der Videoplattform YouTube hoch[86] – und demonstriert schon durch den Akt der Veröffentlichung eine eigentümliche *Medialitäts- und Situationsvergessenheit*: *Die technischen Möglichkeiten, die sie besitzt, um Publizität herzustellen, stehen in keinem Verhältnis zu ihrer kommunikativen Kompetenz und der Befähigung, mögliche Effekte des eigenen Vorgehens zu antizipieren.* Offensichtlich ist sich Gao Qianhui nicht im Klaren darüber, dass die Aufnahme von nun an weltweit zu sehen ist. Offensichtlich fehlt ihr das Gespür, wie ihre Äußerungen gerade in diesem besonderen Moment des Gedenkens und der Staatstrauer wirken müssen, dass es also allein der diskreten Sphäre der Hinterbühne vorbehaltene Äußerungen gibt, die – sobald auf der Vorderbühne ausgesprochen – eine harsche Verurteilung provozieren werden. Ihre Geschichte steht für die große Zahl der selbst dokumentierten und dann auch noch selbst enthüllten Normverletzungen, die Skandalisierungsprozesse im Netz einleiten, die dem entfesselten Skandal vorausgehen und die Gemeinschaft der Empörungswilligen überhaupt erst mit dem nötigen Material versorgen.

---

86 Es ist unwahrscheinlich, dass das Original-Video noch online ist. Jedoch sind zahlreiche Kopien des Films zu finden. Siehe bspw. http://www.youtube.com/watch?v=bPDhzJmRB4A [27.11.2011]. Mit engl. Untertiteln: http://www.youtube.com/watch?v=IewRTcaxYnu [27.11.2011].

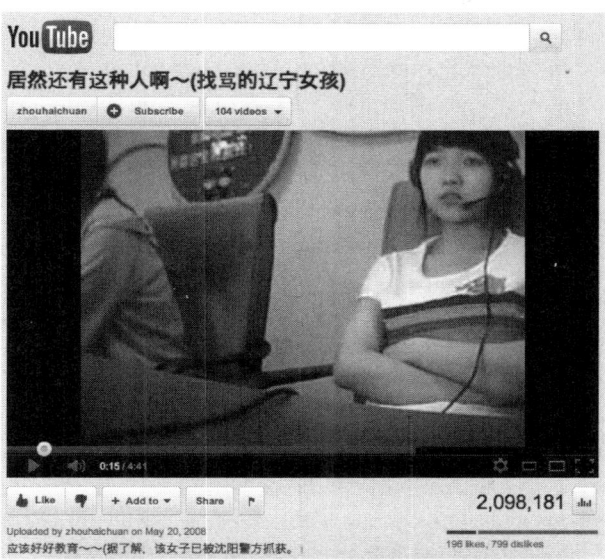

Abb. 10: Gao Qianhui während ihrer Hassrede gegen Erdbebenopfer.

DIE SUCHE NACH MENSCHENFLEISCH

Die in den Tagen nach dem 20. Mai über die junge Frau hereinbrechende Empörung sprengt jede Dimension und illustriert, unter welchen Bedingungen sich ein rachsüchtiger Cybermob bildet.[87] Voraussetzungen einer solchen Empörungs- und Wutgemeinschaft sind: der breite Konsens über die Tragweite der beobachteten Normverletzung, eine unbedingte, von moralischem Rigorismus zehrende Empörungsbereitschaft des Kollektivs, dessen Mitglieder – ohne sich selbst in Gefahr zu bringen – gerade im gemeinsamen Einsatz leicht zugänglicher Kommunikationsinstrumente dem großen gemeinsamen Ziel näher zu kommen meinen, nämlich die Beschuldigte zu beschädigen, ihr Vergehen durch einen gemeinsamen Akt der Selbstjustiz zu sühnen. Am Anfang der Treibjagd auf Gao Qi-

---

87 Zu den Prozessen der Mobbildung siehe grundlegend: RHEINGOLD, HOWARD (2002): *Smart Mobs. The Next Social Revolution*. Cambridge: Perseus Publishing.

anhui steht die epidemische Verbreitung des Videos. Es wird nicht nur innerhalb kürzester Zeit auf nahezu allen bedeutenden chinesischen Diskussionsforen gepostet und vielfach auf YouTube dupliziert, sondern es entstehen überdies verschiedene Varianten und Versionen mit englischen Untertiteln, die die Zugriffe auch international in die Höhe treiben. Die Chinesin wird in eigens produzierten Video-Antworten beschimpft; bereits in der ersten Nacht wird mindestens ein Dutzend solcher Filmchen bei YouTube hochgeladen.[88] Allein unter dem Online-Artikel der chinesischen Nachrichtenagentur Xinhua finden sich mehr als 29.000 Kommentare.[89] Es ist ein sogenannter *Shitstorm*, der sich hier Bahn bricht.

SHITSTORM

Der Begriff steht für einen online aufflackernden, sich rasend steigernden Sturm der Empörung, der sich gegen Einzelne, aber auch gegen Gruppen oder Unternehmen richten kann.

Allerdings bleibt es nicht bei der schlichten Artikulation von Abscheu und Empörung. »Jetzt demütigt sie«,[90] fordert ein erregter Internetnutzer – und dokumentiert mit diesem Appell die entscheidende Neuorientierung und Radikalisierung des Cybermobs und des wütend gestimmten Schwarms, der auf die Sühne im *Real Life* drängt, allerdings ohne ein wesentliches Merkmal von Strafprozessen in westlich-demokratischen Gesellschaften auch nur in Erwägung zu ziehen: Verbrechen und Strafe müssen in einem angemessenen Verhältnis stehen; das Urteil spricht ein die Verteidigung und die Anklage anhörender Richter nach einem formal geregelten Verfahren; Judikative und Exekutive agieren getrennt. *Spätestens in diesem Augenblick der sich beständig steigernden Erregung zeigt sich*

88 LIN, QIU (2008): Where Angels and Devils Meet. In: *Xinhua General News Service* vom 23.05.2008. http://news.xinhuanet.com/english/2008-05/23/content_8237906.htm [23.05.2010].
89 http://comment.news.163.com/news_shehui6_bbs/4CGS78P900011229.html [23.05.2010].
90 Zitiert nach: FLETCHER, HANNAH (2008): Human Flesh Search Engines. Chinese Vigilantes That Hunt Victims on the Web. In: *Times Online* vom 25.06.2008. http://technology.timesonline.co.uk/tol/news/tech_and_web/article4213681.ece [09.01.2010].

eine eigene Paradoxie, gerät doch der Versuch der Kontrolle unbotmäßigen Verhaltens in Form der Selbstjustiz selbst außer Kontrolle. Nun wird die Jagd nach der Skandalisierten selbst skandalös und das Ansinnen, eine wütend kommentierte Normverletzung zu ahnden, verwandelt sich selbst in eine Normverletzung eigener Art. »Warum mussten so viele nette und unschuldige Menschen sterben«, fragt ein Nutzer unter einer Kopie des YouTube-Videos, »und sie ist immer noch am Leben?« Ein anderer: »Du bist voller Scheiße! Jeder Chinese hasst dich jetzt! Du hast keinen Ort, wo du hin kannst!« »Falls sie es ernst meint, sollten wir ihr einfach in den Kopf schießen«, schreibt wieder ein anderer aus dem Dunkel der Anonymität; man wünscht ihr einen langsamen, qualvollen Tod. Auch gegen Qianhuis Familie richtet sich der Hass des Mobs. »Ich hoffe, ihre ganze Familie wird«, so bekommt man zu lesen, »von den verärgerten Verwandten der Opfer umgebracht.« Zahlreiche Gerüchte über Qianhui kursieren im Netz. Zunächst wird sie fälschlich als Zhang Ya identifiziert.[91] Überdies tauchen offensichtlich gefälschte Botschaften und Reuebekundungen ihrer Familie auf, in denen jedoch noch, eben dies macht den Fake auch aus der Distanz identifizierbar, der falsche, zunächst irrtümlich angenommene Name verwendet wird. So heißt es zum Beispiel: »Zhang Ya ist meine Tochter und als ihre Eltern haben wir bei ihrer Erziehung versagt. [...] Ich kann zu den Menschen von Sichuan und zu allen Chinesen nur sagen: Es tut mir leid.«[92] Weiter bittet die vermeintliche Mutter darum, ihrer Tochter nichts anzutun. In einer anderen Nachricht gibt sich ein Nutzer als Bruder der jungen Frau aus: »Hallo an alle Netzbürger, ich bin Zhang Yas Bruder. [...] Nachdem ich das Video gesehen habe, bin ich – um die Wahrheit zu sagen – angewidert.«[93] Aber diese Korrektur lässt nicht lange auf sich warten, denn die Fraktion der Empörten arbeitet eng zusammen, um jedes kleinste Detail aus dem Leben der 21-Jährigen zu-

91 LIN, QIU (2008): Where Angels and Devils Meet. In: *Xinhua General News Service* vom 23.05.2008. http://news.xinhuanet.com/english/2008-05/23/content_8237906.htm [23.05.2010].
92 Zitiert nach: TAN, KENNETH (2008): Online Lynch Mobs Find Second Post-Quake Target. Liaoning Girl Detained by the Police. In: *Shanghaiist* vom 22.05.2008. http://shanghaiist. com/2008/05/22/online_lynch_mo.php [24.01.2010].
93 Zitiert nach: TAN, KENNETH (2008): Online Lynch Mobs Find Second Post-Quake Target. Liaoning Girl Detained by the Police. In: *Shanghaiist* vom 22.05.2008. http://shanghaiist. com/2008/05/22/online_lynch_mo.php [24.01.2010].

sammenzutragen und in zahlreichen Chats und Foren zu verbreiten.[94] So sind alsbald ihre Privat- und Arbeitsadresse in Umlauf und es wird bekannt, ihre Eltern seien geschieden. Selbst ihre Ausweisnummer wird publik – und das alles nach nicht einmal einem Tag.[95] *Zu beobachten ist an ihrem Beispiel eine auf dem Prinzip des Crowdsourcing beruhende Detektivarbeit des Cybermobs, die im Chinesischen unter dem Begriff ›Menschenfleischsuche‹ (Renrou Sousuo) firmiert.*

DIE MENSCHENFLEISCHSUCHE

Ursprünglich bedeutete der – durchaus martialisch klingende – Begriff *Menschenfleischsuche* (chinesisch Renrou Sousuo) nichts Schlimmes, war doch damit nicht mehr gemeint, als eine von Menschen betriebene kollaborative Recherche. Erst allmählich wurde aus der *von* Menschen betriebenen Suche die Suche *nach* Menschen, die sich eines angeblichen oder tatsächlichen Vergehens schuldig gemacht haben. Heute steht der Begriff für eine aggressive Form der Selbstjustiz, eine Hexenjagd unter modernen Medienbedingungen. Ihr Ziel ist es, private Informationen und intime Details ausfindig und öffentlich zu machen, in einem Akt der rachsüchtigen Kooperation Beschuldigte zu identifizieren, um ihnen und eventuell auch den Angehörigen möglichst umfassend zu schaden. Inzwischen sind zahlreiche Fälle der chinesischen Menschenfleischsuche bekannt geworden. Und so ist die alte, harmlose Bedeutung des Begriffs *Renrou Sousuo* zunehmend in Vergessenheit geraten.

Es handelt sich nicht um eine gewöhnliche Suchanfrage, die eben nur von vielen mehr oder minder gleichzeitig ausgeführt wird, sondern es geht dem empörten Kollektiv darum, die Identität eines Menschen zu

---

94 Das französische Magazin *Le Tigre* führte Ende 2008 plakativ vor, wie viele Informationen sich heutzutage über eine beliebige Person im Netz auffinden und mithilfe von Suchmaschinen zu einem Bild zusammenfügen lassen.»Herzlichen Glückwunsch, Marc«, schrieb das Magazin in einem im Heft veröffentlichten Brief.»Am 5. Dezember 2008 wirst Du 29 Jahre.« Das Magazin zählte zahlreiche Details aus Marcs Leben auf – vom Namen der Ex-Affäre bis hin zu Informationen über den letzten Urlaub in Kanada mit Helena und Jose. Das Pikante dabei: Alle diese Informationen waren im Netz zu finden und damit frei zugänglich. Siehe: MELTZ, RAPHAËL (2008): Marc L***. In: *Le Tigre* vom November/Dezember 2008. Nr. 28. S. 36-37.

95 FENG, DAVID (2008): The Chinese Web in Action. Netizens of Infamy. In: *Shanghaiist* vom 28.05.2008. http://shanghaiist.com/2008/05/28/netizens-of-infamy.php [09.01.2010].

enthüllen, um ihn dadurch sehr viel direkter angreifbar zu machen. Es geht darum, die Online-Treibjagd ins wirkliche Leben zu transportieren; dies mit dem Ziel, der jeweils inkriminierten Person in jeder erdenklichen Hinsicht zu schaden: durch Drohanrufe bei der Familie, die Denunziation beim Arbeitgeber oder den Kollegen, die Bloßstellung und Erniedrigung in der eigenen Nahwelt.[96] Am 21. Mai 2008, also nur einen Tag, nachdem Gao Qianhui das Video online gestellt hat, wird sie schließlich in ihrer Heimatstadt Shengyang von der Polizei festgenommen[97] – angeblich in einem Internetcafé. Der Grund dafür bleibt unklar. Die Polizei habe nicht angegeben, welches Gesetz sie gebrochen hat, heißt es. In anderen Medien ist davon die Rede, die junge Frau sei wegen »übler Nachrede«[98] oder »Gefährdung der öffentlichen Ordnung und Sicherheit«[99] in Gewahrsam genommen worden. Drei Tage lang sei sie dann von der Polizei festgehalten worden. Was danach mit ihr passiert ist, bleibt unklar. Ihre mediale Spur verliert sich abrupt mit den Tagen nach ihrer Festnahme.

---

96   Zur *Menschenfleischsuche* siehe auch: SONDERMEYER, JULIANE (2011): *Clash of Cultures im Web 2.0. Der interkulturelle Skandal um Wang Qianyuan.* Unveröffentlichtes Manuskript. S. 18f.

97   BUREAU OF DEMOCRACY (2009): 2008 Human Rights Report: China. (includes Tibet, Hong Kong, and Macau). In: *U.S. Department of State* vom 25.02.2009. http://www.state.gov/g/drl/rls/hrrpt/2008/eap/119037.htm [24.01.2010].

98   DUHR, MICHAELA (2008): Chinesen auf Menschenjagd. In: *Netzeitung* vom 29.05.2008. http://www.netzeitung.de/politik/ausland/1033617.html [23.05.2010].

99   LIGHTMAN, ALEX/RACHEL COLEMAN (2009): Search (and Destroy) Engines. In: *H+ Magazine* vom 02.06.2009. http://www.hplusmagazine.com/articles/politics/search-and-destroy-engines [24.01.2010].

2. DAS SCHICKSAL DER STUDENTIN WANG QIANYUAN UND DER KAMPF DER KULTUREN

URSACHE UND WIRKUNG

Zu unseren Vorstellungen von einer berechenbaren, einer kontrollierbaren Welt gehört die Idee, dass sich eigene Absichten in Handlungen umsetzen lassen, die dann im Feld der menschlichen Beziehungen einigermaßen kalkulierbare Wirkungen erzeugen. Dem liegt die Annahme zugrunde, dass eine Ursache linear eine Wirkung hervorbringt, dass wir diese Wirkung auf eine ganz bestimmte Ursache zurückführen können und dass Ursache und Wirkung in einem irgendwie angemessen erscheinenden Verhältnis zueinander stehen – ganz nach dem Motto: schwache, auslösende Momente erzeugen für gewöhnlich auch nur marginale Effekte; starke, massive Ursachen erzeugen demgegenüber in der Regel starke Wirkungen.[100] In den Skandalisierungsprozessen des digitalen Zeitalters ist dieses Alltagskonzept der geordneten Kausalität, das auf gängigen Vorstellungen von einer klaren Schrittfolge, Proportionalität und einer Kräftehierarchie fußt, nicht mehr notwendig gültig, weil sich das Geschehen in zirkulär verschlungenen Wirkungsketten zeigt, sich gänzlich unerwartete Rückkopplungseffekte ergeben können. Und auch zunächst nur minimal erscheinende Anstöße (ein spontanes Verhalten, eine Ad-hoc-Äußerung, plötzliche, sich letztlich als verheerend erweisende Einfälle) können dann womöglich massive Folgen haben – und zwar ganz entgegen den ursprünglichen Absichten der Beteiligten und entgegen den Absichten eines Menschen, dessen Selbstwirksamkeit mit einem Mal gebrochen wird und dessen Ziele in eklatanter Weise durchkreuzt werden. Eben dies illustriert die Geschichte der 20-jährigen Chinesin Wang Qianyuan, Sprachstudentin an der amerikanischen Duke University, die am Abend des 9. April 2008 auf dem Weg in die Bibliothek

---

100 Zur triadischen Struktur der Kausalitätsidee (es gibt eine Ursache und eine Wirkung und eine Regel der Transformation, die die Ursache in die Wirkung bzw. den Input in den Output verwandelt) siehe FOERSTER, HEINZ VON/BERNHARD PÖRKSEN (1998): *Wahrheit ist die Erfindung eines Lügners. Gespräche für Skeptiker.* Heidelberg: Carl-Auer-Systeme. S. 46ff.

zwei Gruppen bzw. Grüppchen von Demonstranten trifft.[101] Auf der einen Seite stehen ein paar Dutzend Anhänger der Befreiung Tibets. Sie schwenken tibetische Gebetsfahnen, Transparente mit der Aufschrift »Befreit Tibet!«, sie verteilen Handzettel und machen auf die Zerstörung tibetischer Kultur und die massiven Menschenrechtsverletzungen aufmerksam. Auf der anderen Seite finden sich mehr als 100 chinesische Demonstranten, die sich über diesen Akt der vermeintlich antichinesischen Propaganda empören, Tibet als chinesisches Staatsgebiet begreifen und sich durch die Pro-Tibet-Demonstranten provoziert und gedemütigt sehen. Es seien, so brüllen sie, Lügen, die hier verbreitet würden. Beide Gruppen stehen einander zunehmend unversöhnlich gegenüber.[102] Parolen werden skandiert, die jeweils andere Seite wird beschimpft. Manchmal scheint die Auseinandersetzung kurz davor, in Gewalt umzuschlagen.

BALANCEAKT ZWISCHEN DEN FRONTEN

Die drohende Eskalation ist allerdings nicht allein Resultat eines seit Jahrzehnten schwelenden Konflikts zwischen dem tibetischen Volk, den Anhängern des 14. Dalai Lama und der chinesischen Nation. Sie ist auch das Ergebnis eines konkreten geschichtlichen Augenblicks, Manifestation einer extrem aufgeheizten Stimmung im Vorfeld der Olympischen Spiele in Peking, die einerseits von chinesischem Nationalismus und andererseits von vielfältigen Protestaktionen im nicht chinesischen Ausland geprägt ist.[103] Der Fackellauf mit dem Olympischen Feuer, der über verschiedene Kontinente führt, muss in den Tagen und Wochen zuvor mehrfach unterbrochen und verlegt werden: In

---

101 Die Autoren möchten Juliane Sondermeyer für vielfältige Anregungen zu diesem Kapitel und den Austausch über den hier verhandelten Fall danken.
102 Den ausführlichen Bericht über die Ereignisse hat Wang selbst verfasst: WANG, GRACE (2008): The Old Man Who Lost His Horse. In: *China Digital Times* vom 11.05.2008. http://chinadigital-times.net/2008/05/grace-wang-the-old-man-who-lost-his-horse-video-added/ [26.08.2011].
103 Zu den weltweiten Protesten gegen Chinas Tibet-Politik und den extrem nationalistischen Reaktionen der chinesischen Politik in dieser Zeit siehe: LORENZ, ANDREAS (2008): Engel im Rollstuhl. In: *Der Spiegel* vom 28.04.2008. Nr. 18. S. 122.

London halten Demonstranten die Fackelträger auf, in Paris wird der Fackellauf abgesagt, in San Francisco variiert man die Routen, in Neu Delhi hält man die Öffentlichkeit vorsichtshalber von der feierlichen Feuerübergabe fern, um Unruhen zu vermeiden. Wang Qianyuan, die Studentin und Ad-hoc-Protagonistin eines interkulturellen Konflikts und der letztlich dramatisch scheiternden Kommunikation, weiß nichts von den Demonstrationen auf dem Campus ihrer Universität am Abend des 9. April. Sie kommt rein zufällig vorbei und versucht, zu vermitteln, weil sie in beiden Gruppen bekannte Gesichter entdeckt und meint, ihre Sprachkenntnisse könnten helfen, Verständnis für das Anliegen der jeweils anderen Seite zu wecken. Sie wird gefilmt und fotografiert, wie sie zwischen den Gruppen hin und herläuft, wie sie aufgeregt gestikuliert, sich darum bemüht, einen Dialog zu initiieren. Ein Pro-Tibet-Demonstrant bittet sie schließlich, ihm mit einem Filzer die Parole »Free Tibet!« auf den Rücken zu schreiben; sie kommt dem nach, nicht ohne ihm vorher das Versprechen abzuringen, gleich im Anschluss mit den pro-chinesischen Studenten in Kontakt zu treten. Schließlich vermag aber auch sie nicht zu beschwichtigen; sie wird als »Verräterin« attackiert, weil sie Englisch spricht, sich also der Sprache der Widersacher anpasst und für eine Unterstützerin der Belange der tibetischen Exilregierung gehalten wird. Die Umstehenden fragen sie nach ihrem Namen und dem Ort ihrer Herkunft. Sie gibt, zunächst arglos, dann aber doch zunehmend verängstigt Auskunft, berichtet von ihrer Schule in Qingdao und muss, weil die Drohungen immer massiver werden (»Du musst vorsichtig sein! Man könnte dich umbringen!«) schließlich unter Polizeischutz in ihre Studentenwohnung eskortiert werden. In den frühen Morgenstunden macht sie einen folgenschweren Fehler, weil sie versucht, sich zu erklären, Missverständnisse zu beseitigen und die Gemüter zu beruhigen. Im Online-Forum chinesischer Studenten und Dozenten der Duke University schreibt sie einen offenen Brief an ihre »lieben Landsleute«.[104] Es ist ein kommu-

104 Diesen Brief kann man unter folgender Netzadresse nachlesen: QIANYUAN, WANG (2008): Wang Qianyuan's Open Letter. In: *China Digital Times* vom 10.04.2008. http://chinadigitaltimes. net/wp-content/uploads/2008/04/grace-wang-english-ver-3.pdf [25.08.2011].

nikativer Balanceakt zwischen den Fronten, ein Bemühen, Verständnis für beide Seiten zu wecken. Wang erklärt, dass sie keineswegs für eine Abspaltung Tibets sei; sie kritisiert die unausgewogene Berichterstattung westlicher Medien, zitiert taoistische und konfuzianische Ideen und erinnert an die mit der Kraft des Gegners arbeitenden Weisheitstraditionen, auf eine stille, behutsame Art und Weise das eigene Anliegen durchzusetzen, eben nicht mit Gebrüll, eben nicht mit den Mitteln der Aggression und Repression. Sie wirbt für Toleranz und darum, die tibetischen Landsleute freundlicher, gleichberechtigter zu behandeln, weil ihre Unterdrückung nur die Rebellion befördere und die reibungslose Integration behindere. Am nächsten Tag registriert sie, wie sie sagen wird, einen »online tobenden Sturm«.[105] Es finden sich vor allem diejenigen Fotos im Netz, die sie aufseiten der tibetischen Demonstranten zeigen. Es finden sich diffamierende Montagen, die sie halbnackt vorführen. Man entdeckt einem Fahndungsplakat ähnelnde Bilder ihres Gesichts, die sie des Verrats an Volk und Nation beschuldigen. Es kursiert ein Video von der Demonstration, das ihre Vermittlungsversuche zeigt, aber sich nun in den Beweis antichinesischer Haltung verwandelt. Wang hat endgültig die Kontrolle über die Bedeutung ihrer Äußerungen verloren. Was sie gesagt und was sie getan hat, wird – nach erfolgtem Transfer der Daten und Dokumente in einen anderen Kulturraum und damit in eine andere Sinn- und Interpretationssphäre – von anderen festgelegt.

ENTHEMMUNGSEFFEKTE DER ONLINE-KOMMUNIKATION

Die Kommentare in populären chinesischen Foren sind Beispiele für die negativen, von Wut und Hass bestimmten Enthemmungseffekte der Online-Kommunikation, die der amerikanische Psychologe John

105 WANG, GRACE (2008): My China, My Tibet. Caught in the Middle, Called a Traitor. In: *The Washington Post* vom 20.04.2008. http://www.washingtonpost.com/wp-dyn/content/article/2008/04/18/AR2008041802635.html [25.08.2011].

Suler untersucht hat.[106] Sie dokumentieren eine vergleichsweise risi-
kolose Aggressionsabfuhr eines Cybermobs, die durch verschiedene
Merkmale der Kommunikationsform zumindest befördert werden
kann: So wähnen sich die Angreifenden selbst vor Verfolgung geschützt,
denn sie müssen ihre eigene Identität nicht offenbaren und im *Real
Life* keine Verantwortung übernehmen. Was immer sie online sagen
wird offline nicht mit ihnen verknüpft, bleibt doch ihr eigentliches
Leben für die anderen unsichtbar und von einem möglichen Feed-
back des zum Feind erkorenen anderen unberührt. Sie agitieren unter
dem Deckmantel der *Anonymität* (bzw. genauer: der *Pseudonymität*),[107]
haben keine Face-to-Face-Kontakte zu dem Beschuldigten, die eine
nuancenreichere und empathischere Kommunikation ermöglichen
könnten. Sie erleben das Leiden ihres Opfers nicht mit, sind in der
eigenen Nahwelt nicht mit den Konsequenzen ihres Handelns konfrontiert, können und müssen nicht sehen, was sie auslösen. Manche
betrachten das digitale Universum womöglich auch als eine eigene,
von persönlichen Wünschen und experimentellen Gelüsten regierte
Parallelwelt, in der sie sich nicht den gängigen Konventionen und
Autoritäten unterworfen fühlen müssen. Ein kleiner Auszug aus der
Liste der Drohungen und Schmähungen, die bereits vom 10. April 2008
stammen, dem Tag nach der Demonstration, illustriert die Dimension
der Aggression: »Ich will Fotos sehen!« – »Diese Hündin lass ich keine
fünf Meter an mich ran.« – »Soll abkratzen, schamloses Ding.« – »Was?
Von der Qingdao Mittelschule? Lässt uns so das Gesicht verlieren? An
Ort und Stelle exekutieren.« – »Gebt dem Ministerium für Staatssi-
cherheit, der chinesischen Botschaft und ihrer Heimatgemeinde Be-

---

106 SULER, JOHN (2004): The Online Disinhibition Effect. In: *CyberPsychology & Behaviour*. 7. Jg. H. 3.
S. 321-326.
107 In den meisten Fällen, so Phillip W. Brunst, sei in den Foren, Chats, Blogs und sozialen Netzwerken keine wirkliche Anonymität gegeben, sondern *Pseudonymität*, weil die sich äußern-
den Kommunikationsteilnehmer immerhin noch über die IP-Adresse identifiziert werden
könnten. *Pseudonymität* ist somit das Gefühl der Anonymität, obgleich sich die Äußerungen,
wenn auch womöglich mit einiger Mühe, einer Person zuordnen lassen. Anonymität meint
hingegen, streng betrachtet, dass die Identitätsentlarvung prinzipiell nicht möglich ist.
Siehe: BRUNST, PHILLIP W. (2009): *Anonymität im Internet. Rechtliche und tatsächliche Rahmenbedingungen. Zum Spannungsfeld zwischen einem Recht auf Anonymität bei der elektronischen Kommunikation und den Möglichkeiten zur Identifizierung und Strafverfolgung*. Berlin: Duncker & Humblot.

scheid.«–»Ruft die Menschenfleischsuchmaschine!«–»Beweise sind wichtig! Wir wollen niemandem schaden, der unschuldig ist. Aber die Bösen lassen wir nie mehr in Ruhe!«–»Alarmiert den Zoll, dass sie sie schnappen, und wenn sie Familie hat, findet sie und prügelt ihre schamlosen Kinder tot, damit sie nie mehr dem chinesischen Volk schaden.«–»Rassenverräterin! Verräterin! Früher oder später wird deine ganze Familie bezahlen.«[108]

Aber es bleibt nicht bei den Verbalattacken, die sogenannte ›Menschenfleischsuche‹ hat inzwischen begonnen. Der Mob zielt auf die Enttarnung ihrer Familie und ihrer Person, will den existenziell gefährdenden Angriff, die Zerstörung des Lebensganges. Schon bald nach den ersten empörten Attacken kursieren ihre Telefonnummer, ihre E-Mail-Adresse und die Nummer ihrer Ausweiskarte sowie die ihrer Eltern im Netz – eine Information, die allein, wie Wang meint, von der chinesischen Polizei kommen könne. Man entdeckt detaillierte Wegbeschreibungen zum Haus ihrer Eltern, erfährt, wo diese beschäftigt sind und kann ohne Schwierigkeiten in Erfahrung bringen, welches Musikinstrument Wang einmal gespielt hat. Die Folgen sind massiv. In ihrer Heimat erkennt ihr die Qingdao Middle School den Abschluss ab und erklärt, man wollte zukünftig eine patriotischere Erziehung betreiben. Angeblich setzt die Staatsgewalt ihren Namen auf eine Art schwarze Liste, die besagt, dass ihr im Falle einer Rückkehr in ihr Heimatland eine empfindliche Strafe droht. Weil man ihrer nicht direkt habhaft werden kann (die Polizeikontrollen auf dem Gelände der Duke University werden in den Tagen nach dem 9. April verstärkt), greifen Einzelne ihre Eltern an, die schließlich untertauchen. Man schmeißt ihnen die Scheiben ein, beschmiert den Hauseingang in Qingdao mit Kot und Parolen, die da heißen: »Tötet die ganze Familie! Bringt Landesverräter um!«

108 Siehe: STRITTMATTER, KAI (2008): Trainieren für Olympia. Die Menschenfleischsuche. In: *Sueddeutsche.de* vom 17.04.2008. http://www.sueddeutsche.de/politik/trainieren-fuer-olympia-die-menschenfleischsuche-1.204850 [25.08.2011].

Abb. 11 + 12: Der aufgebrachte Mob agiert online und offline. Die erste Abbildung zeigt ein digital bearbeitetes Foto Wang Qianyuans mit einem Schild »Landesverräter« um den Hals; im Hintergrund erkennt man die Pro-Tibet-Demonstranten. Auf dem zweiten Bild sieht man die Parolen an der Wand der elterlichen Wohnung: »Tötet die ganze Familie! Bringt Landesverräter um!«

SKANDALISIERUNG DER SKANDALISIERUNG

Allerdings, eben dies macht den Fall unabhängig von der privat-persönlichen Dramatik so aufschlussreich, steht der Empörung auf chinesischer Seite eine diametral entgegengerichtete Beurteilung auf amerikanischer Seite entgegen. Es zeigt sich hier, dass die Skandalsensibilität, wie auch der Soziologe John B. Thompson vermerkt, von dem jeweiligen historischen Moment, dem allgemeinen kulturellen und moralischen Klima dieses historischen Moments und der Werteorientierung und Wertehierarchie einzelner Gruppen oder auch ganzer Nationen abhängt.[109] Das Geschehen, das ein chinesisches Publikum wütend als Normverletzung attackiert, wird in den USA als normgerechtes Verhalten glorifiziert, das es in besonderer Weise zu loben gilt. Eine Gruppe kubanisch-amerikanischer Studenten ihrer Universität ergreift für sie Partei: »Wir bewundern, dass Wang für ihre Überzeugungen einsteht, obwohl sie als Folge die persönliche Unterdrückung erdulden muss, die ein Gewaltregime ihr gegenüber ausübt. Sie steht jedenfalls nicht allein.« Die *Washington Post* publiziert eine ausführliche Stellungnahme

---

109 THOMPSON, JOHN B. (2000): *Political Scandal. Power and Visibility in the Media Age.* Cambridge: Polity Press. S. 15.

von ihr und druckt selbst Berichte über den Fall.[110] Andere große Zeitungen greifen ihren Fall an prominenter Stelle auf, die *New York Times* widmet sich dem Thema gleich auf der ersten Seite.[111] Die Reaktionen illustrieren, dass das Netz den ideologisch-weltanschaulichen Konflikt und einen *Clash of Cultures* auf global einsehbarer Bühne provoziert hat. Auf der einen Seite stehen chinesische Nationalisten, die eine Verräterin jagen, ihre Interviews für us-Medien als Zeichen ihrer feindlichen Einstellung zu deuten wissen. Auf der anderen Seite finden sich die Vertreter westlich-demokratisch geprägter Werte, zu deren Kanon bekanntlich die freie Meinungsäußerung an zentraler Stelle gehört. Aber damit nicht genug. Wer den Skandalisierungsprozess rekonstruiert, der bemerkt, dass die Skandalisierung der vermeintlich verräterischen Position von Wang auf amerikanischer Seite mit einem reaktiven Empörungsmuster beantwortet wird, das sich als *Skandal zweiter Ordnung* bezeichnen ließe. *Gemeint ist damit, dass Einzelne, dass bestimmte Gruppen oder auch ganze Nationen einen Skandalisierungsprozess selbst als skandalös begreifen und eine Skandalisierung der Skandalisierung betreiben.* Der eigentliche Skandal liegt, so nimmt man an, in der Art und Weise, in der die andere Seite vorgeht, sich empört, sich eben – wie man meint – zu Unrecht und unter Missachtung zentraler Werte und Normen erregt. Das heißt: *Die Beobachtung der Skandalisierung mündet in die Skandalisierung des Skandals, der eben gänzlich neu kontextualisiert, bewertet und eingeordnet wird.*[112] So lobt man Wangs Bildung und ihre um den Kompromiss bemühte Art der Argumentation. Einzelne Kommentatoren beschreiben Wang als eine Ikone der Meinungsfreiheit und des aufklärerischen Engagements. Ihr

110 Siehe: WANG, GRACE (2008): My China, My Tibet. Caught in the Middle, Called a Traitor. In: *The Washington Post* vom 20.04.2008. http://www.washingtonpost.com/wp-dyn/content/article/2008/04/18/AR2008041802635.html [25.08.2011]. Überdies: CHA, ARIANA EUNJUNG/JILL DREW (2008): New Freedom, and Peril, in Online Criticism of China. In: The *Washington Post* vom 17.04.2008. http://www.washingtonpost.com/wp-dyn/content/article/2008/04/16/AR2008041603579.html [25.08.2011].

111 DEWAN, SHAILA (2008): Chinese Student in u. s. Is Caught in Confrontation. In: *The New York Times* vom 17.04.2008. http://www.nytimes.com/2008/04/17/world/americas/17iht-17student.12081327.html?pagewanted=all [20.08.2011].

112 Die Beobachterlogik und die Unterscheidung von Beobachtungen erster und zweiter Ordnung, die dieser Begriffsbildung zugrunde liegt, wird in folgendem Buch referiert: PÖRKSEN, BERNHARD (2006): *Die Beobachtung des Beobachters. Eine Erkenntnistheorie der Journalistik.* Konstanz: UVK Verlagsgesellschaft. S. 38ff.

Anliegen eines offenen Dialoges müsse unbedingt geschützt werden. Die Kommentare von chinesischer Seite seien barbarisch, so heißt es. Die Organisatoren der pro-tibetischen Demonstration, die Duke Human Rights Coalition, melden sich mit folgender Stellungnahme zu Wort: »Die Duke Human Rights Coalition verurteilt auf das allerschärfste die Drohungen, die gegenüber Grace Wang und ihrer Familie ausgesprochen werden. Als Studenten der Duke University sehen wir es als unsere Verantwortung an, eine Atmosphäre der Toleranz, des Respekts und der akademischen Freiheit zu pflegen und zu fördern. Die Tatsache, dass eine Studentin der Duke University angegriffen wird, weil sie in dieser Universität ihre freie Meinung geäußert hat, ist eine außerordentlich dreiste Verletzung eben dieser Freiheit. Wir sollten jetzt nicht klagen oder nach einem Sündenbock suchen, dem wir die Schuld aufbürden könnten, wir sollten vielmehr zusammenstehen als eine studentische Gemeinschaft, die eines ihrer Mitglieder verteidigt und schützt.«

Die nun in der Fremde gelobte und in ihrem Heimatland verhasste Studentin Wang reagiert in ihren Briefen und Interviews, ihren Stellungnahmen und Analysen erneut auf ungewöhnliche Weise und lehnt, wie sie öffentlich erklärt, den Vorschlag ihres Vaters ab, sich zu entschuldigen. Sie nimmt nichts zurück, sondern erklärt und wirbt für ihre Perspektive, erstaunlich unaufgeregt und darum bemüht, eine weitere Eskalation in der Sphäre der Kommunikation zu verhindern. Schon zwei Tage nach dem Eklat auf dem Universitätsgelände veröffentlicht sie in der pro-westlichen, von Studierenden im kalifornischen Berkeley produzierten *China Digital Times* einen ausführlichen Essay. Dieser Essay, eine Meisterleistung der dialektischen Argumentation, heißt *Der alte Mann, der sein Pferd verlor* und beginnt mit folgender Parabel: »In der Zeit der Han-Dynastie – im dritten Jahrhundert vor unserer Zeitrechnung – verlor ein alter Mann, der an der Grenze Chinas lebte, eines Tages sein Pferd. Alle seine Nachbarn beklagten, was für ein schreckliches Unglück das wäre und drückten dem alten Mann ihr Mitgefühl aus. Sai Weng aber sagte: ›Vielleicht ist der Verlust meines Pferdes doch keine so schlimme Sache.‹ Und siehe da, am Tag darauf kam das Pferd des alten Mannes zurück, begleitet von einer wunderschönen Stute. Da riefen alle Nachbarn: ›Was für ein unglaubliches Glück!‹ Der alte Mann aber erwiderte: ›Vielleicht ist es doch gar kein so unglaubliches

Glück.‹ Der alte Mann hatte nun einen starken jungen Sohn. Der junge Mann verliebte sich in das neue Pferd und ritt es tagein tagaus. Eines Tages wurde das Pferd von einem wilden Tier erschreckt und warf den jungen Mann ab. Er erlitt einen schlimmen Beinbruch und blieb für immer verkrüppelt. Da sagten alle Nachbarn Sai Wengs: ›Was für eine Tragödie! Dein starker Sohn wird nie mehr ohne Schmerzen gehen können.‹ Der alte Mann aber sagte nochmals: ›Vielleicht ist das doch gar keine so schlechte Sache.‹ Und so kam es also, als das neue Jahr begann, dass die Armee des Kaisers durch diese Grenzregion zog und alle fähigen jungen Männer rekrutierte, um in einem Krieg um die Grenze zu kämpfen. Da der Sohn des alten Mannes jedoch verkrüppelt war, konnte er nicht in den Kampf ziehen, sondern in dem Dorf seines Vaters bleiben und ihm in der Landwirtschaft helfen. Und so sagte Sai Weng zu seinen Nachbarn: ›Seht ihr, es ist zum Schluss doch wieder alles gut geworden. Mein Sohn wurde vom Pferd abgeworfen und brach sich das Bein, und das bewahrte ihn davor, im Krieg kämpfen zu müssen, also vor dem fast sicheren Tod. Es war also letzten Endes doch eine glückliche Fügung.‹ Wenn also in China etwas Schlimmes geschieht, dann wird irgendjemand unweigerlich sagen ›Sai Weng Shi Ma‹ (Denke an die Geschichte ›Der alte Mann, der sein Pferd verlor‹), um sich selbst und alle anderen daran zu erinnern, dass scheinbar schlimme Dinge manchmal auch ihre guten Seiten haben.« Am Schluss ihres Essays liefert sie eine eigene, eben dialektisch begründete Rechtfertigung des Normbruchs. Der Normbruch selbst, so deutet sie an, sei eine Gelegenheit, den Wert der Norm selbst kennen und schätzen zu lernen, eine Möglichkeit, in der erlebten Grenzüberschreitung die Bedeutung der Grenze zu erfahren.[113] »So wie der alte Mann, der sein Pferd verlor«, schreibt Wang, »bin ich fest entschlossen, aus diesem scheinbaren Schicksalsschlag eine positive Erfahrung und eine Chance für alle anderen Han-Chinesen, Tibeter und Amerikaner zu machen, etwas zu lernen und dadurch zu wachsen.«[114]

---

113 Diese Überlegungen erinnern an die bereits skizzierte Denkfigur, die sich bei Emile Durkheim findet. Die Konfrontation mit dem Abseitigen, dem Unmoralischen und Skandalösen erlaubt es, so der Mitbegründer der modernen Soziologie, letztlich moralische Normen zu bekräftigen und in der Grenzüberschreitung die Grenze selbst wieder sichtbar zu machen.
114 WANG, GRACE (2008): The Old Man Who Lost His Horse. In: *China Digital Times* vom 11.05.2008. http://chinadigitaltimes.net/2008/05/grace-wang-the-old-man-who-lost-his-horse-video-added/ [26.08.2011].

3. DER GEDEMÜTIGTE EHEMANN UND DER SCHEIDUNGSKRIEG VON TRICIA WALSH-SMITH

DAS CHAMÄLEON UND DER SPIEGEL

Es ist eine merkwürdige Frage. Im Jahre 1974 besucht der Journalist Stewart Brand den Kybernetiker Gregory Bateson. Stewart Brand, der wie so viele zu diesem alten Mann pilgert, möchte von ihm wissen, welche Farbe ein Chamäleon annimmt, das man auf einen Spiegel setzt. Bateson hat keine Antwort. Aber er – der Kybernetiker, der Meister des zirkulären Denkens – ist von dieser Frage fasziniert, macht sie unter seinen Studenten und in der *Scientific Community* bekannt. Verschiedene Forscher beteiligen sich an der Debatte, ein technisch versierter Schriftsteller bastelt ein Spiegelkabinett und setzt eine echte Echse hinein, um herauszufinden, was tatsächlich geschieht, wenn man ein Chamäleon auf einen Spiegel setzt. Welche Farbe nimmt es an? Behält es die Ursprungstönung? Entsteht eine schillernde, charakteristisch instabile Schwingung? Wird das Chamäleon in der Spiegelwelt in eine Art Farbenwahnsinn hineingetrieben? Pendelt es sich aus Selbstschutz auf eine Grundtönung, auf eine farbliche Identität ein? Das Faszinierende an dieser Frage ist, dass das Chamäleon und der Spiegel zu verschmelzen scheinen, dass eine Logik der Linearität durch zirkuläre Wirkungsnetze abgelöst wird.[115] Womöglich ist dabei das eigentliche Geschehen gar nicht so wichtig, viel eher geht es um ein Gedankenexperiment, das die moderne Medienentwicklung grell beleuchtet. Auf die Gegenwart der digitalen Überall-Medien bezogen lauten die Fragen nämlich: Was passiert, wenn man in dem Bewusstsein lebt, dass überall Spiegel herumstehen und sich die Spiegelung des eigenen Selbst zu strategischen Zwecken nutzen lässt? Auf welche Weise medialisiert man bei Bedarf die eigene Geschichte, wenn man verstanden hat, dass die am stärks-

---

115 Die Frage, welche Farbe das Chamäleon denn nun *wirklich* annimmt, ist ungeklärt. Mögliche Antworten auf diese medientheoretisch aufschlussreiche Parabel referiert im Detail: KELLY, KEVIN (1997): *Das Ende der Kontrolle. Die biologische Wende in Wirtschaft, Technik und Gesellschaft.* Mannheim: Bollmann. S. 110ff.

ten sichtbare, intensivste Spiegelung eine besondere Tönung verlangt? Wie erzeugt man Aufmerksamkeit und Anschlusskommunikation und skandalisiert zu privaten Zwecken?

EINE REALITY-SOAP IN EIGENER SACHE

Die Schauspielerin Tricia Walsh-Smith aus New York hat diese Urfrage nach der effektiven Selbstdarstellung im Spiegelkabinett moderner Medien im Jahre 2008 auf ihre eigene Weise beantwortet. Ihre Strategie: *Selbstinszenierung nach den gängigen Regeln medialer Fremdinszenierung, gezielte Selbstmedialisierung nach dem Muster einer Reality-Soap.* Tricia Walsh-Smith hat mit der geballten Macht des Web 2.0 versucht, ihren dringend die Scheidung suchenden Noch-Ehemann einzuschüchtern, sein Verhalten zu skandalisieren, den anstehenden Gerichtsprozess in die Sphäre eines öffentlichen Tribunals auszulagern, um auf diese Weise im Scheidungspoker zu punkten und eine eigene Fernsehkarriere anzuschließen. Ihre Geschichte oder vielmehr das, was man von ihr weiß, ist entsetzlich banal – und doch aufschlussreich. Sie demonstriert, in welcher Weise jemand die Spielregeln der Show und des Reality-Fernsehens für sich nutzt, sich ihnen in chamäleonhafter Weise anpasst, um dann – zumindest kurzfristig – durch die Polarisierung des Publikums Aufmerksamkeit und Anschlusskommunikation zu erzeugen. *Das mediale Script wird zum scheinbar authentischen Selbstausdruck ihrer Individualität und ihrer privaten Geschichte.* Die eigentliche Rahmenhandlung der selbst fabrizierten Reality-Soap ist schnell erzählt: Als ihr Mann nach neun Jahren Ehe die Scheidung einreicht, wählt sie die bekannteste aller Multimedia-Plattformen, um dort Noch-Ehemann Philip J. Smith zu diffamieren. Er selbst habe, so behauptet sie, beste Kontakte zu den wichtigen Massenmedien in New York; sie habe zu diesen keinen Zugang, sei somit auf andere Kanäle angewiesen. Auf YouTube veröffentlicht die damals 52-Jährige im April 2008 ein erstes Filmchen, in dem sie intime Details aus dem Leben des 25 Jahre älteren, millionenschweren Broadway-Impresarios ausplaudert und sich selbst als bemitleidenswertes Opfer darstellt. Für das knapp sechseinhalb Minuten lange YouTube-Video hat sie eigens einen Kameramann engagiert und einen professionell geschnittenen, mit Musik unterlegten Film erstellen lassen. In dem Film wirft Walsh-Smith ihrem Noch-Ehemann vor, sie innerhalb von 30 Tagen aus dem gemeinsamen Park-Avenue-Appartement in New York werfen zu wollen. Dies könne er laut Ehevertrag im Falle einer Scheidung tun, jedoch brauche er dafür triftige Gründe – die nicht existierten. »Ich weiß nicht, warum er das tut«, sagt sie mit Tränen in den Augen. Das Bild wird ausgeblendet. Dann fügt sie abrupt hinzu: »Wir hatten nie Sex.« Hohen Blutdruck habe er als Grund vorgeschoben und sie habe das akzeptiert, bis sie im Jahr zuvor Potenzmittel, einschlägige Filme und Kondome bei ihm gefunden habe.

Abb. 13: Erste Folge einer Reality-Soap in eigener Sache: das YouTube-Video, mit dem alles begann.

Diese privat-intimen Details erzählt Walsh-Smith dann auch am Telefon der Sekretärin ihres Mannes; sie wählt damit, ganz allgemein gesprochen, eine gängige Strategie von Unbekannten und Halb-Prominenten, die eigentlich keine bedeutsame Geschichte zu berichten oder eine Information bzw. Neuigkeit von öffentlicher Relevanz anzubieten haben, die aber doch um alles in der Welt öffentlich stattfinden wollen. Diese aus den Affekt- und Brüllshows des Nachmittagsfernsehens, den Prominentensendungen und -magazinen bekannte Strategie, Aufmerksamkeit zu wecken und die mediale Spiegelung des eigenen Selbst zu forcieren, lässt sich als ein Tauschverhältnis eigener Art fassen: *Intimität, Kuriosität und Vulgarität gegen Publizität.*[116] Ganz in diesem Sinne und in direkter Konkretion dieser Tauschformel bittet Tricia Walsh-Smith vor laufender Kamera die völlig überforderte Sekretärin, Smith zu fragen, was sie mit dem Viagra, den Pornofilmen und den Kondomen tun solle.

Danach geht es weiter im Programm. Im Wohnzimmer zeigt Walsh-Smith schließlich Fotos aus dem Hochzeitsalbum. Mit spitzer Zunge kommentiert sie Bilder von Familienangehörigen ihres Ehemannes: »Das ist Philips älteste Tochter. Sie ist die Böse. Sie will meine Rente. [...] Eine böse, böse, böse Person.« Sie führt den Zuschauer durch das Luxus-Appartement und wird wehmütig. »Das ist mein Zuhause«, sagt sie. »Oder das war mein Zuhause, aus dem ich verbannt werde.« Jedoch wolle sie nicht aufgeben. Am Ende des Videos sagt sie, mit aufgerissenen Augen in die Kamera blickend: »Ich versuche, eine Kriegerin zu sein, und vielleicht werde ich gewinnen.« Ihr Filmchen endet mit einem ironisch-satirisch wirkenden, aber im Gesamtkontext vermutlich doch ganz ernst gemeinten Cliffhanger in Form von Fragen: »Wird die arme, verwundbare Tricia ihr Zuhause verlassen müssen? Wird ihr gemeiner, böser Ehemann das Richtige tun? Bleiben Sie dran!« Die Soap soll, sie wird und muss nun weitergehen – und sie findet, zumindest in dieser einen, dieser allerersten Folge, auch ihr Publikum.

---

116 PÖRKSEN, BERNHARD/WOLFGANG KRISCHKE (2010): Die Casting-Gesellschaft. In: BERNHARD PÖRKSEN/WOLFGANG KRISCHKE (Hrsg.): *Die Casting-Gesellschaft. Die Sucht nach Aufmerksamkeit und das Tribunal der Medien.* Köln: Herbert von Halem Verlag. S. 14ff.

POLARISIERUNG ALS KOMMUNIKATIONSERFOLG

In der ersten Woche schauen sich allein auf YouTube rund 150.000 Nutzer das Filmchen an, einen Monat nach dem Upload sind es bereits drei Millionen, bis heute haben knapp vier Millionen Menschen von Tricia Walsh-Smiths erster Sendung Kenntnis erlangt.[117] Fast 8500 Kommentare existieren, und vielfach duplizieren Nutzer das Rache-Filmchen und laden es an anderer Stelle wieder hoch. So ist die YouTube-Scheidung auch auf Plattformen wie Myspace zu finden.[118] Auf *Break.com* erlangt das Video bis Oktober 2011 weitere 550.000 Zuschauer und knapp 600 Kommentare,[119] überdies finden sich Parodien, Foto-Geschichten über den Fall und Wutfilme der Kritik im Netz. Insbesondere für die klassischen Boulevardmedien ist die YouTube-Scheidung ein überaus attraktives Thema, trägt hier doch eine semiprominente Schauspielerin ihren Rosenkrieg freiwillig vor Tausenden von Menschen aus – eine zu diesem Zeitpunkt noch gänzlich neue Art und Weise, Plattformen wie YouTube zu nutzen. Auch international schafft es Walsh-Smith mit ihrer Geschichte in die Medien – vor allem in ihrer Heimat Großbritannien, aber auch in anderen Ländern.

Die Rezeption des Scheidungsfilmchens zeigt, dass sich die Reaktion entlang möglicher Extreme (Zustimmung und Bewunderung, Abscheu und Hass) als Kommunikationserfolg verbuchen lässt. *Die glückende Polarisierung, die das Publikum involviert, es aus der Gleichgültigkeit herausreißt und in das Wortgefecht um die richtige Einschätzung hineinzieht, ist in diesem Fall die entscheidende Voraussetzung für den Hype, den plötzlichen Aufmerksamkeitsexzess.* Auf der einen Seite stehen innerhalb von Tagen etliche Kommentatoren, die Tricia Walsh-Smith unterstützen, ihren Versuch bewundern, ein außergerichtliches Tribunal in der Vorhölle der Medien zu initiieren. Dieser Gruppe erscheint das vermeintliche, nur von der Anklagenden selbst beschriebene Verhalten ihres Noch-Ehemanns als skandalös und deutlich schwerer wiegend zu bewerten als die Rachekampagne selbst. »Was für ein

---

117 http://www.youtube.com/watch?v=hx_wĸxqϙϝ20 [03.10.2011].
118 http://vids.myspace.com/index.cfm?fuseaction=vids.individual&videoid=32624312 [03.10.2011].
119 http://www.break.com/index/tricia-walsh-smith-crazy-divorce-woman.html [03.10.2011].

Dummkopf dieser Blödmann von Ehemann war«, so heißt es etwa unter dem Original-Video. »Ich liebe, was du getan hast!«, lässt ein anderer wissen. Und wieder ein anderer feuert Walsh-Smith an: »Los Kriegerin, los! Wir wollen alle ein Happy End.« Den 2613 positiven stehen im Jahre 2011 schließlich insgesamt 2804 negative Bewertungen des Ursprungsvideos entgegen. Auch eine Vielzahl der Text-Kommentare und Video-Antworten richtet sich direkt gegen Walsh-Smith selbst. Jemand schreibt: »Es tut mir sehr leid, was in deiner Ehe geschehen ist, aber das ist absolut nicht der Weg, um dein Problem zu lösen.« Ein anderer formuliert seine Ablehnung noch deutlicher: »Bei egoistischen, gedankenlosen Goldgräbern wie ihr wird mir schlecht.« Zahlreiche weitere Beschimpfungen dieser Art finden sich unter den Kommentaren und zeigen ein charakteristisch instabiles Changieren der Empörungsdynamik, ein kaum kontrollierbares Stimmungsbild und Meinungsklima. *Eben weil das Publikum in einem bislang unbekannten Ausmaß als Taktgeber der Skandalisierungsprozesse agiert, lässt sich die Variationsbreite der Einschätzungen nicht mehr durch die Stellungnahmen einiger weniger Medien homogenisieren. Die mögliche Folge sind unter Umständen blitzartige Positions- und Imagewechsel. Wer eben noch als Skandalisierer in Erscheinung trat, ist eventuell mit einem Mal selbst Opfer eines Skandals. Das gerade noch publizierende, auf Missstände verweisende Subjekt wird dann mit einem Mal selbst zum diffamierten Objekt.* Auch die weitere Resonanz – nach dem plötzlichen Aufmerksamkeitsexzess – bleibt vergleichsweise unberechenbar und ist enormen Schwankungen ausgesetzt; auch dies ist eine Erkenntnis, die sich aus der trivialen Mini-Soap der Schauspielerin ableiten lässt. Sie produziert zunächst weitere YouTube-Videos ganz ähnlicher Machart,[120] berichtet vom Fortgang der Geschichte, liefert Teaser für die jeweils nächste Folge, ruft eine Spendenaktion aus und bittet darum, ihr über den Online-Zahlungsservice *PayPal.com* Geld zukommen zu lassen. Mit dem Geld, das nach Abzug der Gerichtskosten für den Prozess gegen ihren Mann übrig bleibe, wolle sie eine Stiftung mit dem Namen *Women Warriors of the World United* gründen. In einem anderen Filmchen bewirbt sie ihren ersten Pop Song *I'm Going Bonkers!*, der – wie sie mehr-

---

120 http://www.youtube.com/user/walshsmith1 [03.10.2011].

fach betont – bei iTunes zu kaufen sei: Es ist ein Musikvideo, das sie im Kostüm und dem Studio einer Domina anmoderiert; und es illustriert den bemüht und verkrampft wirkenden Versuch, die einmal entstandene Aufmerksamkeit möglichst schnell zu kapitalisieren, die gerade noch vorhandene Beachtung in Bargeld zu verwandeln. Doch keiner ihrer kuriosen, offensiv mit dem eigenen Körper werbenden Nachfolgefilme kommt an den Erfolg des ersten auch nur annähernd heran. Im letztlich dann doch entscheidenden Prozess, der nicht auf YouTube und in der öffentlichen Arena, sondern im Gerichtssaal stattfindet, bezeichnet der Scheidungsrichter Harold Beeler die Videos als »kalkulierte und kaltherzige Kampagne«, die dem Ziel dienten, »ihren Ehemann bloßzustellen und zu demütigen.«[121] Der Ehevertrag besitze Gültigkeit. Sie müsse die Wohnung in Manhattan verlassen und erhalte 50.000 Dollar[122] – einen Bruchteil des von ihr geforderten und erhofften Betrags.[123]

Nach diesem Urteilsspruch hat man in den vergangenen Jahren von Tricia Walsh-Smith nur noch sporadisch gehört. Sie hat, so heißt es, eine Organisation gegründet, die Frauen im Scheidungsprozess helfen soll. Allerdings: Die Klickzahlen der von ihr nach dem Anfangserfolg geposteten Videos nehmen sich äußerst bescheiden aus. Die Beachtung durch ein bewunderndes oder wütend schimpfendes Publikum ist ihr nicht mehr vergönnt, eben weil sie den kategorischen Imperativ eines Medienchamäleons dann doch nur partiell verinnerlicht hat, der da heißt: *Verwandele Biografie und Persönlichkeit in immer neue, immer dramatischere Geschichten!* Ihr fehlte im Grunde schon der Stoff für die Folge 2. In der allerersten Ausgabe ihrer Reality-Soap ist es ihr vor einem Millionenpublikum gelungen, Aufmerksamkeit zu erzeugen. Als Nachrichten- bzw. Narrationsfaktoren dienten: die privat-intime Grenzverletzung,

121 Zitiert nach: GAMMELL, CAROLINE (2008): »Callous« YouTube Rant Divorcee Criticises £350,000 Settlement. In: *Telegraph.co.uk* vom 22.07.2008. http://www.telegraph.co.uk/news/uknews/2445563/Callous-YouTube-rant-divorcee-criticises-350000-settlement.html [09.03.2010].

122 DREYER, PATRICIA (2008): Scheidungskrieg per YouTube. Richter kanzelt rachsüchtige Ehefrau ab. In: *Spiegel Online* vom 22.07.2008. http://www.spiegel.de/panorama/0,1518,567298,00.html [09.03.2010].

123 SCHAERTL, MARIKA (2008): »Fünf Millionen Dollar!« Interview mit Tricia Walsh-Smith. In: *Focus.de* vom 21.07.2008. http://www.focus.de/kultur/leben/modernes-leben-fuenf-millionen-dollar_aid_319079.html [09.03.2010].

die öffentliche Diffamierung ihres in New York bekannten Mannes und die kuriose technisch-inhaltliche Innovation, YouTube als Kanal für das neue Genre des Scheidungsvideos zu nutzen. Alles, was dann folgte, war, dramaturgisch gesprochen, lediglich die Neuauflage eines immer gleichen Inhalts – ein endloser Remix, der nicht mehr mit den flottierenden Variations- und Neuigkeitsbedürfnissen eines schnell gelangweilten Publikums korrespondierte. Tricia Walsh-Smith bemühte sich schließlich, so wurde bekannt, darum, die Fortsetzung der Reality-Soap an echte Profis zu delegieren und eine eigene Show im amerikanischen Fernsehen zu bekommen, die plötzliche Netzprominenz also in eine Vorstufe echter, klassischer Fernsehprominenz zu verwandeln, die sich dann auch in der ersten Wirklichkeit des Marktes auszahlt. Die nach Informationen des Magazins der *New York Times* zunächst vielversprechend scheinenden Verhandlungen haben sich längst zerschlagen, und es ist nicht überliefert, ob dies jemand außer der selbst gekürten Protagonistin in irgendeiner Weise bedauert.[124]

---

124 EATON, PHOEBE (2008): The YouTube Divorcée. In: *New York Magazine* vom 01.06.2009. http://nymag.com/news/features/47389/ [18.08.2011].

4. DIE PRANGERWEBSITE FÜR AMIR UND DIE LUST AN DER DIFFAMIERUNG

DER DIGITALE DOPPELGÄNGER

Es ist ein Betrug, auf den Thomas Sawyer im Jahre 2005 hereinfällt und den er, ohne sich dessen selbst von Anfang an bewusst zu sein, auf äußerst brutale Weise rächt. Alles beginnt mit einer Auktion auf eBay, in deren Verlauf der 23-jährige Student aus dem südenglischen Exeter unter dem Pseudonym *spikytom* ein Büro-Notebook von Hewlett-Packard von einem gewissen *amir6626* ersteigert. Sawyer überweist die geforderten 375 Pfund – und wartet, so behauptet er, schließlich fast zwei Monate. Erst dann trifft das Notebook bei ihm ein, allerdings ist es nicht funktionstüchtig und entspricht überdies in wesentlichen Punkten nicht den Beschreibungen, die *amir6626* bei eBay angegeben hatte. Den Account hat dieser jedoch inzwischen gelöscht, und die Versuche, ihn zu kontaktieren, führen zu nichts. Ein knappes halbes Jahr später blamiert Sawyer den betrügerischen Verkäufer vor einem Millionenpublikum und übt eine asymmetrische Selbstjustiz. *Anlass und Effekt geraten im Verlauf seiner Skandalisierungsversuche und Racheaktionen in ein immer dramatischeres Missverhältnis.* Zunächst rekonstruiert er höchst private Datenbestände auf der Festplatte des defekten Notebook, dann meldet er bei einem kostenlosen Anbieter einen Weblog mit dem Namen *The Broken Laptop I Sold on Ebay* an und beginnt ein grausames Rollenspiel mit folgenden Sätzen: »Hallo. Mein Name ist Amir Massoud Tofangsazan und ich lebe in Barnet. Ich bin 19, aber ich tue so, als sei ich viel älter und ein großer Geschäftsmann. In Wahrheit bin ich jedoch nicht so clever.«[125] Es folgt die Geschichte des Laptop-Verkaufs, angeblich selbst von Amir Massoud Tofangsazan verfasst. »Haha genial! Einen ›funktionierenden‹ Laptop verkaufen, der in Wahrheit ka-

---

125 AMIR (2006): The Very Bigging of the Amir Tofangsazan Story. In: *The Broken Laptop I Sold on Ebay* vom 08.05.2006. http://amirtofangsazan.blogspot.com/2006/05/jump-to-amirs-leg-zone-visit.html [25.08.2011].

putt ist«, lobt er sich scheinbar selbst. Trotz höflicher Bitten des Käufers habe er es abgelehnt, ihm sein Geld zurückzugeben. Dann habe er so getan, als sei er nach Dubai gezogen, in der Hoffnung, der Käufer würde den Vorfall vergessen. »Aber er vergaß nichts davon. Er nahm die Festplatte aus dem Computer und siehe da! Ein Laptop vollgestopft mit Fotos, die ich wirklich vor dem Verkaufsversuch hätte löschen sollen.« Es folgen zehn Bilder, die pornografische, fußfetischistische und bisexuelle Szenen zeigen – laut Sawyer von der Festplatte des Laptops. Alle Fotos sind mit kurzen, ironischen Kommentaren versehen; einige sind geringfügig verfremdet bzw. gepixelt. Außerdem sieht man Bilder von Tofangsazan selbst, einen Scan seines Passes und findet erste Hinweise darauf, was denn sonst noch so auf der Festplatte zu finden sei, darunter Bankverbindungen und der Zugang zu Tofangsazans E-Mail-Account bei Hotmail.

Spätestens an dieser Stelle wird dem Leser klar, dass der Blog-Eintrag nicht von Amir Massoud Tofangsazan selbst stammen kann. Wer würde schon freiwillig Fotos und Daten dieser Art publizieren? Auch der folgende Satz verstärkt den Eindruck, dass hier jemand die Identität eines anderen gekapert hat, um Rache zu üben: »Was sonst hätte er [der Käufer des Laptops] tun können, als diese Informationen im Internet zu publizieren, um der ganzen Welt zu zeigen, was für eine armselige Person ich wirklich bin.« Im Mai und Juni 2006 folgen Updates des Blogposts sowie ein weiterer Eintrag mit neuen sensiblen Daten von Tofangsazans Festplatte. Sawyer veröffentlicht private Korrespondenz. Außerdem versieht er die Einträge mit weiteren pornografischen Fotos, Aufnahmen von Frauenbeinen aus der U-Bahn sind darunter und Familienbilder. Im Juni des Jahres 2006 gibt er sich dann für einen Moment mit seiner tatsächlichen Identität zu erkennen, denn nun schreibt Sawyer einen Eintrag, den er mit dem Titel »Eine Nachricht an Amir« versieht – ein Versuch, die öffentliche Bloßstellung zur Erpressung zu nutzen, das Urteil zu verkünden und durchzusetzen.[126] »Du weißt ge-

---

126 Es handelt sich bei dem Blogpost offensichtlich um einen Brief an Tofangsazan, obwohl dieser unter dem Pseudonym *Amir* veröffentlicht wurde:
AMIR (2006): A Message to Amir. In: *The Broken Laptop I Sold on Ebay* vom 05.06.2006. http://amirtofangsazan.blogspot.com/2006/06/i-only-have-very-limited-internet.html [25.08.2011].

nauso gut wie ich, dass du mir einen defekten Artikel verkauft hast«, so heißt es. Jedoch wolle er nun nicht mehr, dass Tofangsazan ihm das Geld zurückgebe; er solle die 375 Pfund vielmehr einer Wohltätigkeitsorganisation spenden und sich offiziell und öffentlich entschuldigen, um seine Reputation zu schützen. Sawyer werde im Gegenzug die Fotos von der Seite nehmen und sie durch den Verweis auf die Spende und das Entschuldigungsschreiben ersetzen. Nichts dergleichen passiert. Im Februar 2007 macht er – nun wieder unter dem Pseudonym seines Widersachers Amir – publik, er arbeite an einem Update der Seite. Alles, was einen knappen Monat darauf veröffentlicht wird, sind allerdings drei Mashups – offensichtlich retuschierte Fotos, die Tofangsazan u. a. als glotzäugigen Spanner vor einer Reihe tanzender, äußerst spärlich bekleideter Frauen zeigen.

DER DIGITALE PRANGER

Sie heißen *dontdatehimgirl.com*, *rache-ist-suess.de*, *rottenneighbor.com*, *filthyliar.com*, *nichtzahler.ch* oder *iShareGossip.com*. Sie tauchen auf und verschwinden wieder, sind eines Tages plötzlich offline, weil ihre Betreiber mit dem Gesetz ihres Landes in Konflikt geraten sind, eine Gruppe von Hackern sie attackiert hat oder aber die Macher schlicht das Interesse verloren haben. Sie dienen bei aller Unterschiedlichkeit nur einem einzigen Zweck: der Rufschädigung durch die Skandalisierung von angeblichen oder tatsächlichen Normverletzungen. Es sind Prangerseiten, Plattformen für die anonyme Pöbelei, die Blamage auf Verdacht, die Attacke aus dem Hinterhalt. Manchmal werden Kopfgelder ausgelobt oder Hetzjagden initiiert. Die Themen, die man hier findet, umfassen das gesamte Verhaltensspektrum, das man – je nach Weltanschauung und politischer Gesinnung – kritikwürdig finden mag. Es gab und gibt Steckbrief-Seiten, die Zuhälter, Prostituierte und Freier, die Gegner der gleichgeschlechtlichen Ehe outen, die kiffende Studenten bloßstellen oder die Polizeibilder angeblicher oder tatsächlicher Verbrecher zeigen (sog. ›mugshots‹). Es gibt Seiten, in denen kaum verhüllt zur Gewalt gegen Abtreibungsgegner und zur gezielten Menschenjagd aufgerufen wird. Oft findet man Fotos auf diesen Seiten, oft auch Namen und Adressen, persönliche Daten oder Hinweise, die sich bei Bedarf für weitere Recherchen nutzen lassen. Was davon stimmt, ist in der Regel unentscheidbar. Es gibt keine Gegenrede, keinen Widerspruch, keine zweite Meinung. Es sind Monologe der gerichteten Aggression.

ENTSTEHUNG EINER EPIDEMIE

Sawyer schickt eine E-Mail an alle Kontakte in Tofangsazans Hotmail-Account – viel mehr tut er nicht, um die Seite bekannt zu machen.[127] Gleichwohl wird der Blog innerhalb von dreieinhalb Wochen rund 2,3 Millionen Mal aufgerufen.[128] Vier Jahre später sind fast vier Millionen Aufrufe zu verzeichnen.[129] Der Fall illustriert, wenn man die Informationswege im Detail recherchiert, eine Form der Verbreitung, die der Publizist Malcolm Gladwell in seinem Buch über den *Tipping Point* – den Moment des Umkippens, den dramatischen Augenblick des Qualitätssprungs – metaphorisch als Epidemie beschrieben hat, ohne das Konzept allerdings systematisch auf die plötzlichen Aufmerksamkeitsexzesse im digitalen Zeitalter zu übertragen. »Um die Macht von Epidemien zu erfassen«, so schreibt Gladwell, »müssen wir unsere Vorstellung von Proportionalität aufgeben. Wir müssen uns auf die Möglichkeit einstellen, dass kleine Ereignisse große Veränderungen auslösen können, und dass diese Veränderungen manchmal sehr schnell eintreten.«[130] Informationen und Botschaften, die sich in dieser massiven, disproportionalen Art und Weise ausbreiten, müssen bestimmte Eigenschaften besitzen: Sie müssen, um in der einmal gewählten Bildwelt zu bleiben, *infektiös* sein, nicht unbedingt relevant, aber doch interessant – und eben deshalb für viele von Belang. Sie müssen unbedingt verständlich und innerhalb unterschiedlicher Erfahrungswelten anschlussfähig sein – und vor allem zur Weiterleitung, zum Wiedererzählen und zur Kommentierung reizen, also zur kommunikativen Verarbeitung animieren, die ihre Ausbreitung weiter forciert. Aber um schließlich und endlich die neue Qualität des *Tipping Point* zu erreichen, braucht es überdies, so deutet Malcolm Gladwell in allgemeiner Weise an und so zeigt der Fall des

127 Interview der Autoren mit Thomas Sawyer vom 19.06.2010.
128 CORINTH, ERNST (2006): Rache ist online. In: *Telepolis* vom 01.06.2006. http://www.heise.de/tp/r4/artikel/22/22797/1.html [08.03.2010].
129 http://amirtofangsazan.blogspot.com/2006/05/jump-to-amirs-leg-zone-visit.html [02.07.2010]. Gezählt wird ein Hit-Zähler jeder Aufruf der Webseite, auch wenn dieser von der gleichen IP-Adresse erfolgt.
130 GLADWELL, MALCOLM (2002): *Tipping Point. Wie kleine Dinge Großes bewirken können.* 4. Aufl. München: Goldmann. S. 18.

erfolgreich skandalisierten Notebook-Verkaufs im Detail, einen oder
mehrere *prominente Vermittler.*[131]

PROMINENTE VERMITTLER

Dies sind Netz- und Medienakteure, die selbst bekannt und im eigentlichen
Sinne des Wortes bestens vernetzt sind. Ihnen gelingt es, durch Hinweise
und Empfehlungen, eigene Kommentare und Berichte das jeweilige Thema
gleichsam zu adeln und aufgrund ihrer Mehrfachmitgliedschaft in verschiedenen Netzwerken unterschiedliche Gruppen, Subkulturen und Publika mit-
einander in Kontakt zu bringen.

Im Falle von Amir Massoud Tofangsazan sind die prominenten Vermittler vor allem andere Blogger, die diese Seite verlinken und gezielt
einzelne Newsgroups informieren. Und es sind Journalisten, denen die
Rolle von zentralen Konnektoren zukommt. Auch über einen bekannten
Newsletter wird der Link zur Seite verbreitet und in zahlreichen Foren
diskutiert man den Rache-Blog und weist auf ihn hin.[132] Ein gewisser
toto berichtet im Kommentarbereich auf Sawyers Blog, er habe Fotos der
Seite gemeinsam mit einem Link zum Blog in den sieben, wie er behauptet, aktivsten Newsgroups gepostet. »Das sollte einige Hits generieren«,
schreibt er. Außerdem entsteht auf Wikipedia ein ausführlicher Eintrag
über Amir Massoud Tofangsazan, der nach einer aufschlussreichen Debatte, in der das Prinzip der Relevanz dem Prinzip der Interessantheit
entgegengehalten wird, von einem Administrator gelöscht wird, sich
aber gleichwohl noch auf anderen Seiten finden lässt.[133] Glaubt man
dem Web-Informationsdienst *Alexa*, so führen noch mehr als vier Jahre

---

131 Dieser Begriff wird in Anlehnung an Malcolm Gladwells Begriff des Vermittlers verwendet,
     der damit Personen (außerhalb des Internets) bezeichnet. Siehe: GLADWELL, MALCOLM (2002):
     Tipping Point. Wie kleine Dinge Großes bewirken können. 4. Aufl. München: Goldmann. S. 47ff.
132 Siehe u. a.: http://www.technofriends.de/thema-wie-ein-englischer-student-einen-internet-
     gauner-blo%C3%9Fstellt-1948.html; http://www.p45.net/boards/showthread.php?t=82727;
     http://forums.macnn.com/89/macnn-lounge/296887/how-not-sell-broken-laptop-ebay/
     [08.03.2010].
133 http://en.wikipedia.org/wiki/Amir_Tofangsazan [08.03.2010].

später von insgesamt 231 Webseiten Links zum Blog des eBay-Rächers.[134] Abgesehen von Blogs, Foren und Newslettern funktionieren die klassischen Massenmedien als prominente Vermittler und tragen dazu bei, die Information zu streuen, Publikumsbarrieren zu schleifen – nicht ohne die tatkräftige Unterstützung einer interessierten Netzgemeinde, die gezielt mögliche Multiplikatoren anspricht. *BeatPoet* kündigt an, den Link an alle nationalen Zeitungen zu schicken: »Ich bin gespannt, wer als erster darüber berichten wird?« Und tatsächlich greifen national und international zahlreiche Medien die Geschichte auf, verzichten dabei allerdings weitgehend auf eigene Recherchen, reproduzieren den Fall ohne eine weiterführende Analyse. Allein der britischen Boulevardzeitung *Daily Mail* gebührt das Verdienst, Amir Massoud Tofangsazan eine bzw. tatsächlich seine eigene Stimme gegeben zu haben.[135] Tofangsazan wird hier mit folgenden Worten zitiert: »Ich zittere am ganzen Körper und habe Angst, meine Reputation könnte ruiniert werden.« Der Laptop sei nicht kaputt gewesen und mit den pornografischen Fotos sowie den Abbildungen von Frauenbeinen habe er nichts zu tun. »Die letzten paar Tage waren ein Albtraum. Einige meiner Freunde haben die Seite gesehen und mein Vater ist sehr wütend.« Tofangsazans Vater Mohammad berichtet dem Reporter der *Daily Mail*, dass diese Geschichte äußerst erschütternd für die Familie sei.

VOM VERLUST DER PROPORTION

Für Thomas Sawyer selbst ist all dies kein Grund zur Erschütterung, eher ein zufrieden registrierter Wirkungsbeweis. Mithilfe von *ClustrMaps.com* dokumentiert der offensichtlich medientechnisch äußerst kompetente Student nicht nur die Zahl der Besucher seines Blogs, sondern rekonstruiert auch deren Herkunft. Die Karten machen deutlich, dass es *The*

134 http://www.alexa.com/search?q=http%3A%2F%2Famirtofangsazan.blogspot.com%2F&r=site_screener&p=bigtop [08.03.2010].
135 o. A. (2006): Revenge of the Ebay Customer Sold »Faulty« Laptop. In: *Daily Mail Online* vom 30.05.2006. http://www.dailymail.co.uk/news/article-388189/Revenge-eBay-customer-sold-faulty-laptop.html [08.03.2010].

Laptop I Sold on Ebay zu weltweiter Bekanntheit gebracht hat. Menschen von allen Kontinenten suchen den Blog auf, wobei die meisten aus Europa und Nordamerika stammen. Mit einer solch riesigen Aufmerksamkeitswelle hat er selbst offenkundig nicht gerechnet. »Wow«, so schreibt er sichtlich erstaunt in seinem Blog, »das läuft wirklich wie geschmiert, oder? Ich hätte mir ein solches Echo niemals träumen lassen. [...] Ich bin dann mal weg, um weiter auf den Besucherzähler zu starren. Ich kann es nicht glauben, wie beliebt diese Seite wird!« In anderen Kommentaren fordert er aktiv dazu auf, den Link zur Seite weiter zu verbreiten, richtet ein PayPal-Konto für Spenden ein und schaltet Werbung auf seinem Blog, die ihm rund 900 Pfund einbringt. Aufschlussreich ist, dass ihn zahlreiche Kommentatoren in seinem Vorgehen bestärken, obgleich die moralische Fragwürdigkeit dieser Form der Selbstjustiz offensichtlich ist, fehlt doch dem angeprangerten Amir Massoud Tofangsazan die Möglichkeit, sich zu verteidigen und in einem einigermaßen geregelten Prozess die ganze Geschichte aus seiner Sicht zu kommentieren. *Die Unschuldsvermutung erscheint bedeutungslos; der Verdacht des Einzelnen ersetzt den Schuldbeweis, die Strafe der öffentlichen Diffamierung wird ohne Anhörung des Angeklagten exekutiert.*[136]

Manche der zahlreichen Unterstützer-Kommentare sind mitunter regelrecht euphorisch, welche Möglichkeiten der öffentlichen Beschädigung sich hier offenbaren. »Was für eine süße Rache! Laptopguy, du bist ein cleverer Bursche«, heißt es beispielsweise von *RooRoo*. Andere versuchen die Stimmung weiter aufzuputschen. Er habe die Hoffnung, so schreibt ein selbstverständlich anonym bleibender Kommentator, Amir werde mit seiner Familie deportiert. Alternativ sehnt er den Tod bzw. den Selbstmord des jungen Mannes herbei. »Ich hoffe, dieser schmierige Bastard springt vor einen Bus, damit niemand je mehr das Pech haben muss, ihn zu treffen. [...] Bitte Amir, bring dich um«, so schreibt er unter dem Pseudonym *Wazzer*. In einer anderen, spöttischen Reaktion heißt es: »Viel Glück mit der plastischen Chirurgie und dem Namens-Wechsel, Amir.« Nur sehr wenige der intensiv debattierenden Kommentatoren

---

136 Siehe hierzu auch: SOLOVE, DANIEL J. (2007): *The Future of Reputation. Gossip, Rumor, and Privacy on the Internet*. New Haven/London: Yale University Press. S. 117.

auf der Website votieren vorsichtig für eine andere Sicht der Dinge und stellen die Frage, ob hier das eigentliche Vergehen und die öffentlich exekutierte Strafe noch in einem angemessenen Verhältnis stehen.[137] Es gibt sie also, diese Stimmen, wenn auch spärlich, die eine *charakteristische Asymmetrie von Anlass und Effekt* konstatieren. »Ich finde, dass Rache äquivalent zum Vergehen sein sollte«, so bekommt man von *qawsedrf* zu lesen, »und in diesem Fall ist die Rache viel größer geworden als der Diebstahl.« Einzelne fordern Sawyer dazu auf, die Polizei und die Justiz einzuschalten, anstatt Selbstjustiz zu üben. »Das Internet ist ein sehr mächtiges Instrument«, heißt es in einem Beitrag, »und es scheint, als benutzten es viele Leute für ihre persönlichen Interessen, auf einem globalen Level, das nie zuvor existierte. Was Internetnutzer lernen müssen, ist, dass diese Macht auch eine große Verantwortung für die Nutzer mit sich bringt.« Für einen Moment kommen offensichtlich auch Thomas Sawyer Zweifel, und er reflektiert in einem Kommentar die Erfahrung, dass er wohl die Kontrolle über seine Rache-Kampagne verloren hat, dass er diese Kampagne zwar auszulösen, aber in ihren Effekten nicht zu determinieren vermag. »Ich fange an zu denken, dass dies weit genug gegangen ist«, schreibt er und deutet an, den Rachefeldzug im digitalen Universum womöglich stoppen zu wollen. Und doch geschieht nichts dergleichen. Auch heute noch ist die Seite nach wie vor online, hat allerdings den Besitzer gewechselt, der die Webpräsenz nutzt, um auch für selbst gebrautes Bier und Zigaretten zu werben. Nur das Interesse an diesem Fall ist – zum Glück für den Angeklagten – inzwischen abgeklungen. Neue Einträge finden sich nicht mehr. Die Jagd ist zu Ende.

---

137 SOLOVE, DANIEL J. (2007): *The Future of Reputation. Gossip, Rumor, and Privacy on the Internet.* New Haven/London: Yale University Press. S. 95.

IV. DIE NEUEN TECHNOLOGIEN UND DIE MÖGLICHKEIT DER GNADENLOSEN DOKUMENTATION

Wer einen Empörungsvorschlag lancieren, wer einen Skandal auslösen möchte, der hat heute alle Chancen, dies zu tun. Die Instrumente liegen bereit, die Technologien stehen zur Verfügung. Man braucht womöglich lediglich ein Smartphone, eine unauffällig einsetzbare Digitalkamera, einen Netzzugang für die Weiterleitung der Bilder, der Audio- oder Textdateien per E-Mail oder MMS. Es ist nicht schwer, einen Blog oder auch eine Prangerseite einzurichten, Texte, Fotos und Videos zu kombinieren, auch komplexere Sachverhalte zu erläutern, sie durch Abbildung der Originaldokumente zu belegen. Speicherplatz für die eigenen Materialien ist theoretisch unbegrenzt vorhanden.

Die entsprechenden Instrumente und Technologien, um Normverletzungen zu recherchieren, sie umfassend zu dokumentieren, sie schließlich – eventuell mit weltweitem Echo – zu publizieren, liegen inzwischen in den Händen aller. Suchmaschinen entlasten von den Mühen der Vor-Ort-Suche und erlauben die Ad-hoc-Recherche. Handys und Digitalkameras, aber auch Voice-Mail-Dienste lassen die Grenze zwischen dem Privaten und dem Öffentlichen unscharf werden. Man kann mit ihrer Hilfe belegen und beweisen, was geschehen ist, und vermag einem noch diffusen Verdacht eine kaum abwehrbare Beweiskraft zu geben. Gelegentlich reicht schon das eine, das symbolisch aufgeladene Bild oder die entscheidende Minute eines Handyfilmchens, die alles zeigt. YouTube, Blogs,

Foren und eigene Webseiten lassen sich dazu benutzen, das Material zu veröffentlichen und zu verbreiten; und man kann sie bei Bedarf auch als Bypass-Medien einsetzen, die es erlauben, die Relevanzordnungen der Gatekeeper zu unterlaufen und den eigenen Wahrnehmungen zu einer bislang unbekannten Publizität zu verhelfen. Was immer man selbst oder ein anderer gesagt bzw. getan hat, verwandelt sich womöglich eines Tages in Daten, Belege, Skandalbeweise. Manchmal hat man den Eindruck, man habe es hier mit *Zombie-Informationen* zu tun, denn die Daten lassen sich – dauerhaft gespeichert – nach Belieben erneut aktualisieren, wieder posten, rekombinieren und in unendlichen Schüben zu neuem Leben erwecken. Plötzlich sind sie wieder da, werden in einem anderen, neuen Kontext zu Skandalbeweisen und Belegen eines Vergehens.

Die Digitalisierung selbst ist dabei das entscheidende, die Skandalkulturen weltweit verändernde Moment. Denn »der Übergang in das digitale Aggregat«, so schreibt der Netzphilosoph Peter Glaser in seinem bereits zitierten Essay, »führt erst einmal zu einer Art Ursuppe aus Bruchstücken und atomisiertem Kulturgut, das allerdings hoch reaktionsbereit ist. Es ähnelt den freien Radikalen in der Chemie, die sich auf aggressive Weise zu verbinden suchen.«[138] Und was erst einmal an freien Radikalen kursiert, verbreitet sich womöglich blitzschnell und bleibt dann, einen robusten Skandalisierungswillen von nur einigen wenigen Menschen und die Empörungsbereitschaft des Publikums vorausgesetzt, in Gestalt unendlich rekombinierbarer Daten- und Informationsfetzen bestehen. Immer mehr Daten lassen sich, so muss man konstatieren, immer leichter gewinnen, verknüpfen, transferieren, rekonstruieren – und dauerhaft speichern.[139] Im Extremfall bedeutet dies, dass die Unterscheidung von Vergangenheit, Gegenwart und Zukunft kollabiert und eine einzige, eine neue Zeitstufe entsteht, eine seltsam eingefroren wirkende Gegenwart dauerhafter, ewiger Präsenz.

138 GLASER, PETER (2009): Kulturelle Atomkraft. In: *Berliner Zeitung* vom 25.08.2009. http://www.berlinonline.de/berliner-zeitung/archiv/.bin/dump.fcgi/2009/0825/feuilleton/0004/index.html [30.10.2011].
139 SEEMANN, MICHAEL (2011): Vom Kontrollverlust zur Filtersouveränität. In: *Carta.info* vom 06.04.2011. http://carta.info/39625/vom-kontrollverlust-zur-filtersouveranitat/comment-page-1/ [30.05.2011].

1.   DIE FOTOS VON ABU GHRAIB UND DIE MODERNE AUGENZEUGENSCHAFT

VON DER SIMULATIONSTHEORIE ZUM WIRKLICHKEITSSCHOCK

Im Januar des Jahres 1991 fielen Bomben im Irak, es war die Zeit des zweiten Golfkrieges, eines Krieges, den die Anmutung eines gezielten chirurgischen Eingriffs und der präzisen militärischen Operation umgab. Zu den Standards avancierter Medientheorie und Bildkritik gehörte es damals, das Verschwinden der Wirklichkeit zu diagnostizieren, die Agonie des Realen auszurufen und zu behaupten, dass gerade im Rausch der Bilder, der aseptischen Filmchen und der hektisch zuckenden Bombardierungs-Clips aus dem Krieg die traditionelle Unterscheidung zwischen dem Realen und Illusionären aufgehoben werde. Aus Anlass dieses Krieges gab der französische Philosoph und Medientheoretiker Jean Baudrillard zwei Journalisten des *Spiegel* ein Interview, dessen Lektüre noch immer aufschlussreich ist – gerade auch als Dokument der intellektuellen Verspieltheit und einer postmodernen Leichtigkeit, die heute, im Zeitalter der gnadenlosen Dokumentation, vermutlich kaum noch durchhaltbar wäre und ganz und gar erbärmlich erscheinen würde. Der authentische Realitätseindruck, so die These Jean Baudrillards im Jahre 1991, sei unmöglich geworden, die Medien verwandelten den Indikativ in den Irrealis und die Mechanismen des Scheins regierten längst total. Selbst die Bilder von Toten und Verwundeten seien nicht in der Lage, die Stimmung eines großen Spektakels und einer unterhaltenden Inszenierung zu stören; und man könne nie sicher sein, ob man nicht Bilder von Verletzten und Leichen sehe, die irgendwer manipuliert habe. Baudrillard: »Im Reich der Bilder gibt es [...] keine Kriterien für das Wahre und das Falsche. Man erlebt alles wie ein Drehbuch. Wir sind in einer großen Produktion.«[140] Gleich zu Beginn des Interviews spitzt Baudrillard seine in vielen Essays formulier-

---

140 SEIDL, CLAUDIUS/NIKOLAUS VON FESTENBERG (1991): »Der Feind ist verschwunden«. *Spiegel*-Interview mit dem Pariser Kulturphilosophen Jean Baudrillard über die Wahrnehmbarkeit des Krieges. In: *Der Spiegel* vom 04.02.1991. Nr. 6. S. 220.

ten Simulationsthesen radikal zu. Nicht nur die Medien machten den Krieg virtuell, so behauptet er, der Krieg selbst finde gar nicht statt. Am Schluss des Interviews bitten die beiden Journalisten ihn, das Gerücht zu kommentieren, er habe das Angebot, als Berichterstatter in den Krieg zu ziehen, sich vor Ort einen eigenen Eindruck zu verschaffen. Baudrillard lacht, als er mit dieser Idee konfrontiert wird und deutet an, dass er für diesen Job ungeeignet wäre. Schließlich »ernähre« er sich »vom Virtuellen«[141] – eine intellektuelle Bankrotterklärung aus der Distanz, die eine Weigerung, die eigenen Thesen durch Erfahrung zu prüfen, zur philosophischen Position umdeutet. Die Autorin Susan Sontag hat in ihrem klugen Buch *Das Leiden anderer betrachten* eine solche »phantasievolle Rhetorik« scharf attackiert.[142] Die »These von der Wirklichkeit, die zum Spektakel geworden sei«, so schreibt sie über Jean Baudrillard und ihm verwandte Denker, erschiene ihr »auf atemberaubende Weise provinziell. Sie universalisiert die Sehgewohnheiten einer kleinen, gebildeten Gruppe von Menschen, die im reichen Teil der Welt lebt, wo man die Nachrichten in Unterhaltung verwandelt hat.«[143] Und weiter: »Sie [diese kleine Gruppe] nimmt an, daß jeder Mensch Zuschauer ist, und suggeriert – absurderweise und völlig unseriös –, daß es wirkliches Leiden auf der Welt gar nicht gibt.«[144]

Allerdings kann man sich fragen, ob die Anhänger Jean Baudrillards heute ihre philosophischen Gags vom Verschwinden der Wirklichkeit und der Nicht-Existenz des medial vermittelten Leidens noch mit der gleichen Unbekümmertheit aufrecht erhalten könnten – und ob sie mit solchen Ideen ihr Publikum in den Nachrichtenmagazinen der Republik finden würden. Schließlich müssten die Simulationstheoretiker, um die aus der Distanz entwickelten Diagnosen zu prüfen und sich von den erschütternden Gegenbeispielen emotional berühren zu lassen, nicht einmal mehr die sichere Umgebung der europäischen Universitäten

141 SEIDL, CLAUDIUS/NIKOLAUS VON FESTENBERG (1991): »Der Feind ist verschwunden«. *Spiegel*-Interview mit dem Pariser Kulturphilosophen Jean Baudrillard über die Wahrnehmbarkeit des Krieges. In: *Der Spiegel* vom 04.02.1991. Nr. 6. S. 221.
142 SONTAG, SUSAN (2003): *Das Leiden anderer betrachten*. München/Wien: Carl Hanser Verlag. S. 127.
143 SONTAG, SUSAN (2003): *Das Leiden anderer betrachten*. München/Wien: Carl Hanser Verlag. S. 127f.
144 SONTAG, SUSAN (2003): *Das Leiden anderer betrachten*. München/Wien: Carl Hanser Verlag. S. 128.

verlassen. Sie müssten nicht *wirklich* in den Krieg ziehen; sie müssten nicht notwendig ein Flugzeug nach Bagdad besteigen, um sich den Grausamkeiten direkt und persönlich zu stellen und die Nachrichten dem Realitätstest zu unterwerfen. *Die direkte, die unmittelbare Augenzeugenschaft wäre unnötig, weil die Effekte der Augenzeugenschaft heute auch aus der Ferne und in medialisierter Form herstellbar sind.* Die Anhänger Jean Baudrillards könnten zur Prüfung ihrer Simulations- und Inszenierungsthesen einfach ein Notebook aufklappen und zum Beispiel folgende Adresse in den Browser eingeben: www.salon.com/news/abu_ghraib/2006/03/14/introduction. Hier fänden sie eine Übersicht und Katalogisierung der Symbolbilder des dritten Golfkrieges, die auch aus der räumlichen Distanz eine vorschnelle Distanzierung unmöglich machen. Hier würden sie Folterfotos und Foltervideos aus dem Gefängnis von Abu Ghraib sehen, an deren Echtheit es keinen vernünftigen Zweifel gibt. Mehrere tausend gefangene Iraker waren Ende 2003 in diesem Gefängnis untergebracht: echte und vermeintliche Kriminelle, psychisch Kranke, Männer, Frauen und Jugendliche, Menschen, die bei einer Razzia oder Verhaftungswelle zur falschen Zeit am falschen Ort waren – und die man folterte, erbarmungslos, sadistisch und in dem unbedingten Glauben, man müsse sie, wie es in den späteren Ermittlungsprotokollen hieß, »weich kochen«, sie durch brutale Gewalt destabilisieren, um sie im anschließenden Verhör zum Geheimnisverrat zu bewegen.[145] Man muss nicht notwendigerweise prophetisch begabt sein, um zu erkennen, dass die Großthesen vom Schwindel und der Manipulation, die Beschwörung der Show und des Spektakels im Angesicht einer solchen Dokumentation entweder erschreckt aufgegeben oder aber nur um den Preis einer dann gänzlich unseriösen Selbstdogmatisierung aufrechtzuhalten gewesen wären. Der Wirklichkeitsschock, den die Bilder und Videos zu provozieren vermögen, ist allzu massiv und ließe eine vergleichbar pauschale Rede von der Simulation als zynische Erkenntnisverweigerung erscheinen.

---

145 Die später Angeklagten haben sich vielfach mit der Behauptung gerechtfertigt, man habe sie offiziell-inoffiziell zu ihrem Handeln ermutigt.

BILDER UND CHIFFREN

Das amerikanische Internetmagazin *Salon*, das diese umfassende Dokumentation erarbeitet und 2006 publiziert hat, liefert eine eigene Statistik des Schreckens. Insgesamt gebe es, so schreibt *Salon*-Korrespondent Mark Benjamin mit Verweis auf einen internen Bericht, 1325 Fotografien des Missbrauchs von Gefangenen, die allesamt zwischen dem 18. Oktober 2003 und dem 30. Dezember 2003 entstanden sind. Hinzu kommen 93 Videos, die einen solchen Missbrauch dokumentieren, 660 pornografische Bilder, 546 Bilder von vermutlich toten Gefängnisinsassen, 29 Bilder von Soldaten, die sexuelle Handlungen simulieren oder ausführen, 20 Bilder eines Soldaten, der sich ein Hakenkreuz zwischen die Augen gemalt hat. 37 Bilder zeigen Militärhunde, die man zur Einschüchterung der Gefangenen benutzte. Seltsam seien überdies die Fotos geschlachteter Tiere.[146] Die Journalisten von *Salon* entscheiden sich für eine Bildauswahl, die man dem Publikum unter dem Titel »The Abu Ghraib Files« zumutet. 279 Fotos und insgesamt 19 Videos sind leicht für jedermann zugänglich. Die Redaktion hat ihr »Archiv des Grauens« (*Spiegel Online*) mit dezidiert sachlich gehaltenen Berichten versehen, die die Ergebnisse der diversen Gerichtsverfahren, Tagebuchnotizen der Soldaten und Verhörprotokolle resümieren, dem Dargestellten einen Kontext und damit eine klare Bedeutung geben.[147]

Man sieht auf den Bildern dieser Wochen und Monate – die Zeitsignaturen erlauben die präzise chronologische Rekonstruktion – nackte oder weitgehend unbekleidete Gefangene, die in unnatürlichen, schmerzhaft verrenkten Positionen über Stunden an ein Bettgestell gefesselt sind und die Frauenunterhosen auf dem Kopf tragen – eine Technik der Demütigung für Muslime, die in dem Gefängnis von Abu Ghraib alltäglich war. Manche Gefangene sind verletzt, andere werden

---

146 BENJAMIN, MARK (2006): Salon Exclusive: the Abu Ghraib Files. Never-Published Photos, and an Internal Army Report, Show More Iraqi Prisoner Abuse – Evidence the Government Is Fighting to Hide. In: *Salon.com* vom 16.02.2006. http://www.salon.com/news/feature/2006/02/16/abu_ghraib/ [27.05.2011].
147 WITTROCK, PHILIPP (2006): Abu-Ghureib-Folterskandal. Archiv des Grauens geöffnet. In: *Spiegel Online* vom 15.03.2006. http://www.spiegel.de/politik/ausland/0,1518,406163,00.html [17.05.2011].

von aufgeputschten Hunden gezielt an den Beinen und den Genitalien gebissen, wieder andere von den Wärtern mit aller Macht verprügelt. Einige sind offenkundig psychotisch. So erkennt man auf einem der Fotos einen Mann, der sein Gesicht und seinen Körper mit Matsch und Kot beschmiert hat. Andere Bilder zeigen einen Iraker, der sich an der Tür seinen Kopf blutig schlägt – ohne Anwendung von Gewalt, so heißt es. Ein Video dokumentiert, dass irakische Gefangene in der Gruppe zur Masturbation gezwungen wurden. Auch jene Fotos finden sich hier, die in das kollektive visuelle Gedächtnis eingegangen sind und einem auf Ignoranz und spielerische Gedankenflucht getrimmten Bewusstsein endgültig das Alibi rauben.[148] Sie belegen, dass der wirkmächtige Skandal auf eine naturgemäß relativ kleine Zahl blitzschnell erinnerungsfähiger Bilder angewiesen ist. *Diese Bilder sind es, die zu Symbolen und Chiffren für die Gesamtheit der Normverletzungen werden und das Geschehen in gedrängter, die emotionale Reaktion provozierender Form erfahrbar machen.*[149] Das Foto des sogenannten ›Kapuzenmannes‹ aus Abu Ghraib ist das vermutlich bekannteste Symbolbild dieser Art. Es zeigt einen Iraker, der eine Kapuze und eine Gefängnisdecke wie einen Poncho trägt, stehend auf einer kleinen Kiste, elektrische Drähte haltend. Sollte er den Halt verlieren und fallen, so lautete die Drohung seiner Folterer, würde er sich durch die Stromschläge selbst hinrichten. Auf einem anderen Bild sieht man die Gefreite Lynndie England, die es als das sogenannte ›Leinenmädchen‹ zu zweifelhafter Berühmtheit gebracht hat. Lynndie England führt hier einen auf allen Vieren über den kahlen Boden kriechenden Häftling mit dem Spitznamen »Gus« mit einem um den Hals geschlungenen Gurt aus seiner Isolierzelle. Ein anderes, ähnlich Aufsehen erregendes Bild lässt die Lust an einer sadistischen Choreografie und Inszenierung der Täter offenbar werden – auch dies ein Foto, das zum Symbol für die Erbarmungslosigkeit der amerikanischen Armee

---

148 Siehe in anderem Zusammenhang auch: ILLIES, FLORIAN (2011): Die Macht der Bilder. In: *Die Zeit* vom 17.03.2011. Nr. 12. S. 49

149 Zur konkreten Entstehungsgeschichte einzelner Symbolbilder siehe: GOUREVITCH, PHILIP/ ERROL MORRIS (2008): Exposure. The Woman Behind the Camera at Abu Ghraib. In: *The New Yorker* vom 24.03.2008. http://www.newyorker.com/reporting/2008/03/24/080324fa_fact_ gourevitch [16.05.2011]. Sowie: GOUREVITCH, PHILIP/ERROL MORRIS (2009): *Die Geschichte von Abu Ghraib.* München: Carl Hanser Verlag. S. 146ff. sowie S. 207f.

wurde: Es zeigt, wie nackte Gefangene zu einer menschlichen, aus verschlungenen Leibern geschichteten Pyramide getürmt werden und wie ihre Peiniger Charles Graner, Lynndie England und Sabrina Harman lächelnd für die Kamera posieren. Das Foto des sogenannten ›Iceman‹, auch dieses findet sich auf den Seiten von *Salon*, dokumentiert einen bislang nicht gesühnten Skandal. Es handelt sich um bei einem Verhör getöteten, bis heute nicht identifizierten Mann, dessen Leiche, bevor sie beiseite geschafft werden sollte, in einem Duschraum des Gefängnistraktes zwischengelagert und auf Eis gebettet worden war. Als sich Schmelzwasser vor den Duschräumen sammelte, wurden einzelne in diesem Trakt beschäftigte Soldaten aufmerksam, die auch seine Schreie in der Nacht gehört, sich aber nicht weiter gekümmert hatten. Sie schauten sich zunächst seine Verwundungen an, sie machten Fotos. Sie nahmen der Leiche die Augenbinde ab, um sein durch die Gewalt der Schläge entstelltes Gesicht zu sehen. Das entscheidende Foto zeigt die Amerikanerin Sabrina Harman, die sich fröhlich grinsend über den Toten beugt, den Daumen triumphierend gereckt – auch dieses Bild hat eine eigene Macht und eine schockierende Wirkung entfaltet, weil in ihm zwei einander widersprechende Bedeutungssphären kurzgeschlossen werden: die Grausamkeit der Folter und die verspielte Heiterkeit einer jungen Frau, deren Fröhlichkeit eher an ein Urlaubsbild erinnert.

DAS SELBST FABRIZIERTE PANOPTIKUM

Es gehört zu den Topoi bildkritischer Analysen im Gefolge des französischen Philosophen Michel Foucault, auf das Denkmodell des Panoptikums des Philosophen Jeremy Bentham zu verweisen, das dieser Ende des 18. Jahrhunderts entwickelt hat.[150] Sein Ziel war es, die Überwachung im Strafvollzug zu perfektionieren – und entsprechend konzipierte er ein ringförmiges Gefängnisgebäude mit fächerartig um die Mitte angeordneten Einzelzellen. Diese Architektur erlaubt es den Wärtern, von einem

---

150 FOUCAULT, MICHEL (1977): *Überwachen und Strafen. Die Geburt des Gefängnisses*. Frankfurt am Main: Suhrkamp. S. 251ff.

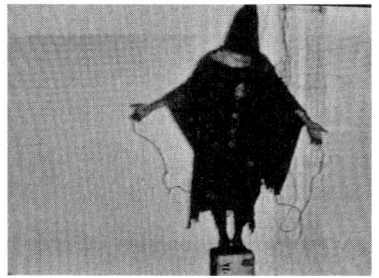
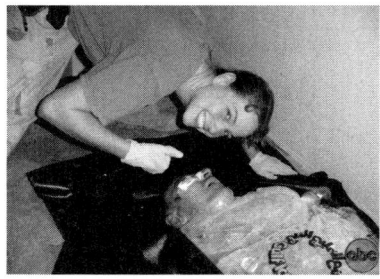

Abb. 14 + 15 + 16 + 17: Ikonische Bilder des Folterskandals von Abu Ghraib, die weltweit zirkulieren: ›der Mann an der Leine‹, der sogenannte ›Kapuzenmann‹, der ›Iceman‹ und die ›menschliche Pyramide‹.

Wachturm in der Mitte aus jeden Insassen zu beobachten, ohne dabei selbst gesehen zu werden. Die Gefangenen sind sich dieses Zustandes einer womöglich totalen Sichtbarkeit bewusst, auch wenn sie natürlich nicht wissen können, ob sie tatsächlich in jedem Augenblick der Gefangenschaft observiert werden. Und sie passen ihr Verhalten – so die Theorie – dementsprechend an; sie verinnerlichen die Kontrollmöglichkeit, lassen sich von ihr disziplinieren und verhalten sich, als ob sie tatsächlich fortwährend beobachtet würden, eben weil dies stets der Fall sein könnte.

Im digitalen Zeitalter wird, wenn man das Denkmodell Jeremy Benthams zum Ausgangspunkt der Analyse der Folterbilder wählt, eine fundamentale Veränderung offenbar, die sich auf das Verhältnis von Wächtern und Bewachten, von Beobachtern und Beobachteten bezieht. Die digitalen Überall-Medien, die immer kleiner und leistungsfähiger werdenden Fotoapparate, Handys und Videokameras ermöglichen (unabhängig von den persönlichen Zielen der Handelnden) radikale Rollen- und Perspektivwechsel: Aus Beobachtern werden plötzlich Beobachtete, aus Wächtern werden auf einmal Bewachte, aus Wärtern werden selbst Gefangene, die sich mit ihrer eigenen Dokumentationslust ins Gefängnis manövrieren und eben nicht in dem steten Bewusstsein leben, dass die selbst fabrizierten Bilder und Filmsequenzen ihnen eines Tages gefährlich werden könnten. *Sie beobachten sich und andere – ohne die möglichen Folgen des Beobachtetwerdens und der Beweglichkeit der Daten und Dokumente im digitalen Zeitalter ins Kalkül zu ziehen.*[151]

Diese Form der mentalen Unschuld und der antizipationsfeindlichen Naivität in einem selbst fabrizierten Panoptikum lässt sich ganz konkret und am Beispiel demonstrieren, denn die Vorgehensweisen und Motive derjenigen, die die Bilder und Videos in Abu Ghraib anfertigten, sind inzwischen detailliert untersucht. Ein eigener, streckenweise apologetischer Film über die Folter-Fotografen (*Standard Operating Procedure*) findet sich in voller Länge im Netz. Ein aus dem Film entstandenes, auch ins Deutsche übersetztes Buch mit dem Titel *Die Geschichte von Abu Ghraib* rekonstruiert, ohne auch nur eines der Bilder abzudrucken, die Entstehungsgeschichte dieser modernen Schreckensikonen – und orientiert sich nahezu ausschließlich an der Perspektive der später auch gerichtlich verfolgten Täter, die sich aus einer Kerngruppe von nur wenigen, auf den Fotos abgebildeten Personen zusammensetzt. Nur sie sind es im Übrigen, die man auch zu Haftstrafen verurteilt – ein aufschlussreiches Detail, das die Macht der Bilder demonstriert. Alle anderen, die etwa in die Folterung und Tötung des ›Iceman‹ involviert gewesen sein müssen, die Wunden versorgt, Verletzte transportiert und andere Häftlinge drangsaliert haben,

---

151 Im Frühjahr 2011 wurde ein durchaus mit dem Folterskandal von Abu Ghraib vergleichbares Verbrechen öffentlich: Eine Gruppe amerikanischer Soldaten, so enthüllten der *Spiegel* und das Magazin *Rolling Stone*, hatten in Afghanistan regelrecht Jagd auf Zivilisten gemacht, diese aus Spaß und der Lust am Töten hingerichtet und die Morde mithilfe von feindlichen Waffen, die man den Opfern unterschob, als Notwehr inszeniert. Auch in diesem Fall haben die Täter die Beweise in Form von eigenen Bildern und Videos selbst geliefert; im Zuge der Ermittlungen wurden etwa 4000 Fotos sichergestellt. Zu den Einzelheiten dieses in medientechnischer Hinsicht vergleichbaren Skandals siehe: GOETZ, JOHN/MARC HUJER (2011): Adams Krieg. In: *Der Spiegel* vom 21.03.2011. Nr. 12. S. 64–71. Sowie: BOAL, MARK (2011): The Kill Team. How U.S. Soldiers in Afghanistan Murdered Innocent Civilians. Plus: An Exclusive Look at the War Crime Images the Pentagon Tried to Censor. In: *Rolling Stone* vom 27.03.2011. http://www.rollingstone.com/politics/news/the-kill-team-20110327 [25.05.2011].

kommen ungeschoren davon. Von ihnen hat man keine Bilder, die sich öffentlich machen ließen. Mitarbeiter des CIA oder des militärischen Geheimdienstes werden nicht belangt. Etwas zugespitzt formuliert bedeutet dies: *Die einzelnen Folterfotos heben einen einzigen, einen bestimmten Augenblick der Aggression hervor – und sie überblenden durch ihre Wirkmacht eine Restwelt nicht beachteter Delikte und Geschehnisse.*

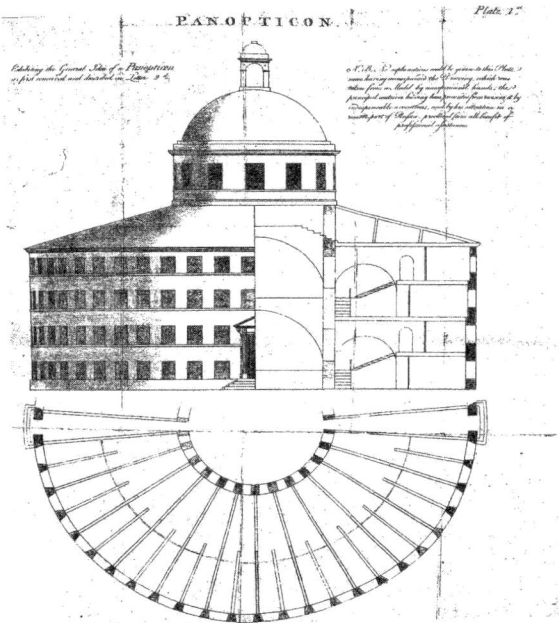

Abb. 18: Die Panoptikum-Skizze von Jeremy Bentham: Vom Zentrum des Gebäudes aus lässt sich jede einzelne Zelle einsehen. Quelle: Bentham, Jeremy (1791): *Panopticon. Or, the Inspection-House*. Dublin: Thomas Byrne.

DAS MEDIUM DER SCHULDLOSEN TEILNAHME

Zu denen, die man vor Gericht stellt, gehört der Reservist Jeremy Sivits, der das Foto der menschlichen Pyramide aufgenommen hat. Er wird mit einem Jahr Haft und der unehrenhaften Entlassung aus der Armee bestraft.

Auch die amerikanische Soldatin Lynndie England hat einzelne Aufnahmen gemacht – und ist auf ihnen zu sehen: Mal führt sie den am Boden kriechenden Gefangenen am Gurt aus der Zelle und liefert mit diesen Bildern eine visuell dokumentierte Urszene brutaler, sexuell konnotierter Dominanz.[152] Mal zeigt sie lachend auf die Genitalien zwangsweise masturbierender Häftlinge, dann wieder fotografiert sie ohne Blitzlicht ihre Kameradinnen und Kameraden, die ihre Aufnahmen nicht bemerken. Sie erhält schließlich eine Haftstrafe von drei Jahren und wird, so heißt es, zum »Gesicht von Abu Ghraib«.[153] Die Rolling Stones haben sie besungen, in einer Folge der Simpsons hat man sie parodiert. Sie erscheint als die Personifikation des Folterskandals. *Der Skandal braucht, so zeigt ihr Beispiel, stets die konkrete Person bzw. das schuldig gewordene Individuum, das für sein Handeln verantwortlich gemacht werden kann, weil es in jedem Fall auch anders hätte handeln können und Alternativen gehabt hätte.*[154] Porträts und Interviews in großen Magazinen haben auch deshalb für Aufsehen gesorgt, weil in ihnen deutlich wird, dass Lynndie England ihre eigene Verantwortung *nicht* anerkennt, dass sie ihr Vorgehen nicht bereut, dass sie die Schmerzen der Gefolterten achselzuckend beiseite schiebt und sich selbst als Opfer und Betrogene begreift – eine übliche Technik der Schuldabwehr von Skandalisierten, die das eigene Handeln zum fremdbestimmten Geschehen und ihre einstige Macht zur faktischen Ohnmacht im Angesicht schrecklicher Umstände und bedrückender Zwänge umdeuten.[155] Viele der Bilder hat die Stabsgefreite Sabrina Harman, eine Militärpolizistin aus Maryland, mit

---

152 Zur Analyse dieses Bildes siehe: SONTAG, SUSAN (2004): Endloser Krieg, endloser Strom von Fotos. In: *Sueddeutsche.de* vom 24.05.2004. http://www.sueddeutsche.de/politik/folteraffaere-endloser-krieg-endloser-strom-von-fotos-1.914679 [24.05.2011].

153 STRECK, MICHAEL (2008): Lynndie England. Das Gesicht von Abu Ghraib. In: *Stern.de* vom 19.03.2008. http://www.stern.de/politik/ausland/lynndie-england-das-gesicht-von-abu-ghraib-614585.html [16.05.2011]. Des Weiteren: JONES, DAVID (2009): Why the Hell Should I Feel Sorry, Says Girl Soldier Who Abused Iraqi Prisoners at Abu Ghraib Prison. In: *Mail Online* vom 13.06.2009. http://www.dailymail.co.uk/news/article-1192701/Why-hell-I-feel-sorry-says-girl-soldier-abused-Iraqi-prisoners-Abu-Ghraib-prison.html [25.05.2011].

154 Dieser Zusammenhang von Freiheit und Verantwortung (und damit Schuld) wird in allgemeiner Form in folgendem Buch diskutiert: FOERSTER, HEINZ VON/BERNHARD PÖRKSEN (1998): *Wahrheit ist die Erfindung eines Lügners. Gespräche für Skeptiker*. Heidelberg: Carl-Auer-Systeme. Siehe insbesondere S. 36f.

155 Siehe insbesondere das folgende Interview: STRECK, MICHAEL/JAN CHRISTOPH WIECHMANN (2008): Die Frau aus dem Folterknast. In: *Stern* vom 19.03.2008. Nr. 13. S. 30ff.

einer klassischen Digitalkamera angefertigt. Sie war es auch, die sich mit einem Lachen über das entstellte Gesicht des getöteten ›Iceman‹ beugte, den Daumen im Gummihandschuh triumphierend erhoben. Ihre Strafe: sechs Monate Haft. Feldwebel Ivan Frederick – zu achteinhalb Jahren Gefängnis verurteilt – ließ sich sitzend auf einem irakischen Gefangenen fotografieren. Er gestand überdies, die Kabel an den Händen des sogenannten ›Kapuzenmannes‹ befestigt, ihm mit tödlichen Stromschlägen gedroht und Gefangene zur Masturbation gezwungen zu haben.[156]

Auf einem Foto des Mannes mit der Kapuze, dessen entsetzlich hilfloses Leid manchen Betrachter an das Bild des Gekreuzigten erinnerte, ist auch Frederick selbst zu sehen, eine Kamera in der Hand. Dies ist deshalb aufschlussreich, weil der Akt des Fotografierens offensichtlich dem Fotografierenden eine eigene Form der Rechtfertigung und moralisierende Rationalisierung seines eigenen Tuns erlaubt. Der Griff zum Fotoapparat gestattet den Tätern offensichtlich einen (fiktiven) Rollenwechsel und eine kurze Distanznahme – und erlaubt es ihnen, aufkeimende Skrupel niederzukämpfen. In einzelnen Briefen und Stellungnahmen erscheint es fast so, als werde die Kamera von den Folternden in einer allenfalls halbbewussten Art und Weise als ein *Medium der schuldlosen Teilnahme* verstanden, als ein Instrument der Distanz schaffenden Dokumentation, das von der Frage nach der eigenen Verantwortung für das Geschehen entlastet: Man zeichnet ja nur auf, was geschieht, ist lediglich Agent der Überlieferung, nicht aggressiv agierender Akteur eines Verbrechens.[157] Selbst Charles

---

156 Ein Porträt von Ivan Frederick und eine erhellende Analyse der diffusen Befehlsstrukturen in Abu Ghraib, die eine Richtung vorgaben, aber gleichzeitig Raum für Exzesse ließen, hat die Journalistin Carolin Emcke verfasst. EMCKE, CAROLIN (2005): *Anatomie der Folter. Der Befehlskörper von Abu Ghraib*. http://www.carolin-emcke.de/de/article/15.anatomie-der-folter-der-befehlskoerper-von-abu-ghureib.html [25.05.2011].

157 Man lese in diesem Zusammenhang auch die von Philip Gourevitch und Errol Morris ausführlich zitierten Briefe der Stabsgefreiten Sabrina Harman, die sie an ihre Freundin in den USA geschrieben hat. Immer wieder kämpft sie in diesen Briefen Zweifel und gelegentlich aufflackernde Gewissensbisse nieder und legitimiert die von ihr so zahlreich aufgenommen Bilder von Gewalt- und Folterszenen mit einer angeblichen Pflicht zur Dokumentation. Niemand würde ihr sonst glauben, so das Argument, was sie gesehen habe. Am Beispiel der Sabrina Harman wird (ganz unabhängig von der ethisch-moralischen Einschätzung ihrer Rolle) deutlich, dass sich der Rückzug auf die Position einer bloß fotografierenden Beobachterin als Rechtfertigung einsetzen lässt. Die Reflexion des eigenen Mediengebrauchs dient hier dazu, die Position einer letztlich Unschuldigen für sich zu reklamieren, die womöglich die ganze Zeit nur Beweise für eine spätere Enthüllung ge-

Graner, der zu zehn Jahren Gefängnis verurteilte Haupttäter, hat sich gelegentlich gegenüber Lynndie England mit dem Hinweis gerechtfertigt, man müsse doch das Geschehen in Abu Ghraib auf eine möglichst glaubwürdige Art und Weise dokumentieren, denn Kriegsveteranen bräuchten, auch mit Blick auf kostenlose Therapien und eine angemessene Behandlung nach der Rückkehr, Beweisbilder für traumatisierende Erlebnisse, sonst würde man sie womöglich ignorieren und abweisen. Eine größere Zahl von Fotos, nämlich allein 173 der von *Salon.com* veröffentlichten 279 Bilder, wurden mit seiner Sony FD Mavica aufgenommen. Er war es auch, der die Fotos von den Folterungen verbreitet hat. Graner prahlte mit ihnen, brannte sie auf CDs, gab sie an Bekannte seiner Einheit weiter, zeigte sie offenkundig auch seinen Vorgesetzten und ranghöheren Militärs, die keinen Einwand hatten – und nutzte die Kamera als Instrument der Dokumentation eigener Verbrechen. Sein brutaler Umgang mit den Gefangenen ist in einem auch in deutschen Medien zitierten und zuerst in der *Washington Post* publizierten Protokoll des Irakers Mohanded Juma Juma festgehalten, das noch heute online abrufbar ist. »Sie haben mir die Kleider ausgezogen«, so heißt es hier, »und da war dann das ganze Zeug, das sie mir gegeben haben, und ich verbrachte sechs Tage unter solchen Umständen. [...] Ungefähr um 2:00 Uhr nachts öffnete sich die Tür und Graner war da. Er fesselte meine Hände hinter meinem Rücken und er fesselte meine Füße und brachte mich in den Duschraum. Nachdem sie mit der Vernehmung fertig waren, ging die weibliche Vernehmungsbeamtin weg. Und dann kam Graner, und es kam noch ein anderer Mann in den Raum, der wie Graner aussah, aber keine Brille trug und einen schmalen Schnurrbart hatte, und er war jung und groß gewachsen. Sie warfen Pfeffer auf mein Gesicht und begannen, mich zu schlagen. Das dauerte eine halbe Stunde lang. Und dann fing er an, mich mit dem Stuhl zu schlagen, bis der Stuhl zersplittert war. Danach begannen sie, mich zu würgen. In diesem Augenblick dachte ich, ich würde sterben, doch wie durch ein Wunder blieb ich am Leben. Und dann fingen sie wieder an,

sammelt hat. GOUREVITCH, PHILIP/ERROL MORRIS (2008): Exposure. The Woman Behind the Camera at Abu Ghraib. In: *The New Yorker* vom 24.03.2008. http://www.newyorker.com/reporting/2008/03/24/080324fa_fact_gourevitch [16.05.2011].

mich zu schlagen. Sie schlugen mich immer wieder vor allem auf meine Herzgegend, bis sie schließlich vom Schlagen müde waren. Sie machten eine kurze Pause, und dann begannen sie, mich brutal mit ihren Füßen zu treten, bis ich ohnmächtig wurde. Beim zweiten Vorfall während der Nachtschicht sah ich eine neue Wachperson, die eine Brille trug und ein rotes Gesicht hatte. Er lud seine Pistole und richtete sie immer wieder auf viele der Gefangenen, um ihnen damit Angst zu machen. Ich sah da Dinge, die niemand zu sehen bekommt, unfassbare Dinge. Sie kamen während der Morgenschicht mit zwei Gefangenen, und die waren Vater und Sohn, und beide waren nackt. Sie setzten sie einander gegenüber und zählten eins, zwei, drei und zogen dann die Säcke von ihren Köpfen. Als der Sohn seinen Vater nackt sah, begann er zu weinen. Er weinte, weil er seinen Vater sah. Und in der Nacht warf Graner dann gewöhnlich das Essen in die Toilette und sagte ›Da, nehmt es euch und esst‹. Und ich habe auch gesehen, im Zimmer Nummer fünf, wie sie die Hunde brachten. Graner brachte die Hunde, und sie bissen den Mann in das rechte und das linke Bein. Er war aus dem Iran, und im großen Hauptkorridor des Gefängnisses fingen sie dann an, ihn zusammenzuschlagen.«[158]

Es sind Momente und Szenen dieser Art, die Graner fotografierend der Vergänglichkeit entzieht und für ein späteres Weltpublikum festhält. Paradoxerweise gilt: *Er selbst weiß offenkundig nicht wirklich, was er fotografiert, als er es fotografiert.*[159] Er ahnt nicht, dass ihn die Bilder des Geschehens in einem anderen, in einem neuen Kontext für immer mit den Schrecken der Folter verknüpfen und in eine Hassfigur verwandeln werden. Immer wieder steht er bei den Gewaltexzessen im Zentrum und zeigt sich in Siegerpose. Oder man sieht ihn, wie er, durch Gummihandschuhe vor dem Blut der Misshandelten geschützt, Gefangene schlägt, ihnen die Wunden des Folterns wieder vernäht oder einen Häftling auf einer Bahre wie ein erlegtes Tier niederhält.

158 PRISONER INTERVIEW/INTERROGATION TEAM, 10th Military Police Battalion, 3rd Police Group, Abu Ghraib Prison Complex (2004): *Translation of Statement Provided by Mohanded Juma Juma vom 18.01.2004.* http://media.washingtonpost.com/wp-srv/world/iraq/abughraib/152307. pdf [25.05.2011].
159 Zu diesen Überlegungen siehe: SEEMANN, MICHAEL (2010): Die Krankenakte von Tut Ench Amun. In: CTRL-*Verlust* vom 11.01.2010. http://www.ctrl-verlust.net/die-krankenakte-von-tut-ench-amun/ [30.05.2011].

DER UNHEIMLICHE KLON

Was die Bilder, neben der sehr konkreten Gewalt, dokumentieren, ist ein eigenes semantisches Universum, eine eigene Welt der Bedeutungen: In dieser Welt haben Vorgesetzte bis hin zum damaligen amerikanischen Verteidigungsminister Donald Rumsfeld und dem Präsidenten George Bush die Demütigungen forciert, womöglich empfohlen und mit Sicherheit geduldet – das wird zu einem klassischen, nicht gänzlich unplausiblen Rechtfertigungsmuster, hat es doch verschiedene Stellungnahmen der amerikanischen Führung gegeben, die das Folterverbot als mehr oder minder obsolet erscheinen ließen.[160] In dieser anderen Welt ist Folter vielleicht nicht vollkommen legal, aber in jedem Fall legitim und sind die, denen man Schmerzen zufügt, nicht als gleichberechtigte menschliche Wesen akzeptiert, sondern sie werden als Aggressoren und Terrorkrieger gesehen. Sie sind eine Gefahr, kein Gegenüber, dem man ein Minimum an Respekt zollen muss. In dieser anderen Welt kann man Bilder der Gewalt durch sexuelle Demütigung attraktiver machen – vorgeblich zur Vorbereitung des möglichst effektiven Verhörs, vielleicht aber auch, um die im Kameradenkreis kursierenden Aufnahmen mit zusätzlichen Reizeffekten zu versehen. Aber dieses selbst geschaffene semantische Universum, diese eigene Wirklichkeit der Folternden und Fotografierenden, existiert nur für ein ausgewähltes Publikum. *Diese eigene Wirklichkeit braucht eine gezielte Abschottung und Informationskontrolle, die aus einem doppelten Grund kollabiert: Zum einen ist das Material äußerst beweglich geworden, lässt sich rasch kopieren und transferieren, speichern und ortsunabhängig archivieren; zum anderen wird es geradezu atemberaubend sorglos weitergegeben, also*

160 Im August 2002 proklamiert George W. Bush, es gebe das Recht, sich in Zeiten der Krise über das Folterverbot hinwegzusetzen. Im Dezember desselben Jahres billigt sein Verteidigungsminister Donald Rumsfeld in einem internen Vermerk u. a. folgende Verhörmethoden für das Gefangenenlager Guantanamo: Einschüchterung von Häftlingen durch Hunde, Entzug warmer Mahlzeiten, das dauerhafte Stehen in unbequemer Haltung, das Ausziehen der Häftlinge zum Verhör. Allerdings zieht Rumsfeld eine derart weitreichende Ermächtigung, die Gefangenen zu drangsalieren, im Januar 2003 wieder zurück und entwirft neue Richtlinien. Faktisch kursiert jedoch nach wie vor die ursprüngliche Genehmigung. Zu diesem Themenkomplex siehe auch: VORSAMER, BARBARA (2009): Fünf Jahre Abu Ghraib. Chronologie des Folterskandals. In: *Sueddeutsche.de* vom 14.05.2009. http://www.sueddeutsche.de/politik/fuenf-jahre-abu-ghraib-chronologie-des-folterskandals-1.462901 [17.05.2011].

eben gerade nicht mit einer besonderen Vorsicht behandelt. Als der damalige Stabsgefreite Joseph Darby von einem Heimaturlaub nach Abu Ghraib zurückkehrt, hört er, dass er eine offenbar blutige Schießerei verpasst hat, von der es Fotos gebe.[161] Er fragt auch bei Charles Graner nach, der ihm wahllos zwei CDs gibt, die zwar nicht die gewünschten Bilder der Schießerei enthalten, aber die Folterfotos zeigen, die später um die Welt gehen. Vermutlich beruht die Weitergabe der Folterbilder also auf einem Versehen oder aber verdankt sich einer charakteristischen Nachlässigkeit, die illustriert, wie sicher man sich war, dass die eigenen Verbrechen als normal gelten konnten, dass das semantische Universum nicht wirklich als anstößig, bizarr oder schlicht kriminell empfunden werden würde.[162] Darby kopiert die beiden CDs und gibt sie Graner zurück. Zunächst kann er die Bilder nicht einordnen. Erst als er seine Kameraden auf den Fotos hinter der ›menschlichen Pyramide‹ erkennt, realisiert er, dass die hier abgebildeten Szenen im Gefängnis und damit seiner eigenen Nahwelt spielen – und dass es sich nicht um einen perversen Spaß unter amerikanischen Soldaten handelt, sondern um die Demütigung und Folterung von Gefangenen. Nach einigem Zögern – wohl wissend um die potenziellen Folgen eines solchen Verrats und die womöglich drohenden Anfeindungen – beschließt er, seine Vorgesetzten zu informieren, die im Januar 2004 die Ermittlungen einleiten und nach allem, was man weiß, unmittelbar den US-Verteidigungsminister Donald Rumsfeld und bald darauf auch den amerikanischen Präsidenten informieren.

Im Gefängnis selbst beginnt eine hektische Suche nach weiteren Fotos, Fragebögen werden verteilt. Für eine kurze Zeit richtet man Amnestiekästen für brisantes Material ein, dies nicht nur und womöglich

161 Zum Folgenden siehe: GOUREVITCH, PHILIP/ERROL MORRIS (2009): *Die Geschichte von Abu Ghraib.* München: Carl Hanser Verlag. S. 245ff. Überdies: SCHORN, DANIEL (2007): Exposing the Truth of Abu Ghraib. In: *CBS News.com* vom 24.06.2007. http://www.cbsnews.com/ stories/2006/12/07/60minutes/main2238188.shtml [25.05.2011].

162 Nur am Rande: Charles Graner prahlt vor seinen Kameraden auch damit, dass er in Abu Ghraib ein Verhältnis mit der noch sehr jungen Lynndie England hat; auch zu diesem Zweck greift er auf Fotobeweise zurück. So mailt er Bilder, die ihn und England beim Sex zeigen, an Freunde und Bekannte. JONES, DAVID (2009): Why the Hell Should I Feel Sorry, Says Girl Soldier Who Abused Iraqi Prisoners at Abu Ghraib Prison. In: *Mail Online* vom 13.06.2009. http://www.dailymail.co.uk/news/article-1192701/Why-hell-I-feel-sorry-says-girl-soldier-abused-Iraqi-prisoners-Abu-Ghraib-prison.html [25.05.2011].

nicht einmal primär mit dem Ansinnen der genaueren Untersuchung und Prüfung, sondern auch mit dem Ziel einer möglichst raschen Bildkontrolle, die es erlauben soll, den Schaden zu begrenzen, eine weitere Verbreitung des diskreditierenden Materials zu verhindern.[163] Selbst die in den USA lebenden Angehörigen der Soldaten werden kontaktiert und nach Bildern gefragt, die sie womöglich per E-Mail aus dem Irak erreicht haben könnten. Noch ist nicht bekannt, wer die Folterdokumente an die Medien weitergegeben hat, aber der endgültige Zusammenbruch des semantischen Universums von Charles Graner und seiner Mittäter hat ein Datum. Es ist der 28. April 2004. An diesem Tag zeigt der US-Fernsehsender CBS die ersten Bilder des Whistleblowers, die binnen weniger Tage um die Welt gehen und für einen Aufschrei der Empörung sorgen. Das Ansehen der USA nimmt schweren Schaden, wird hier doch die offizielle Kriegsbegründung – zu dieser gehört eben nicht nur die Suche nach Massenvernichtungswaffen, sondern auch die Entmachtung des Diktators Saddam Hussein und die Sicherung von Menschen- und Freiheitsrechten – vor aller Augen desavouiert. Hohe Militärs, der Verteidigungsminister Donald Rumsfeld und die Außenministerin Condoleezza Rice bitten um Entschuldigung. Der amerikanische Präsident George W. Bush lässt sich mit dem Satz zitieren, er habe niemals Folter angeordnet.

Zu diesem Zeitpunkt sind die Bilder längst allgegenwärtig und zu Chiffren einer Realität geworden, die sich nicht mehr dementieren lässt. Man findet sie auf Marktplätzen im Irak. Sie kleben, zu Plakaten vergrößert, an Hauswänden und gehen in eigenen Fotoalben von Hand zu Hand; sie werden als E-Mail-Anhang verschickt, auf CD gespeichert[164] – und provozieren abscheuliche Formen der Vergeltung, Rache und Gegenbilder von enormer Grausamkeit.[165] Auch Karikaturisten und

163 Zur Kritik am Ermittlungsprozess und der möglichen Vernichtung von Beweismitteln siehe: GOUREVITCH, PHILIP/ERROL MORRIS (2009): Die Geschichte von Abu Ghraib. München: Carl Hanser Verlag. S. 260ff.
164 AMNESTY INTERNATIONAL (2009): Abu Ghraib und kein Ende. In: Amnesty Journal vom Juni 2009. http://www.amnesty.de/journal/2009/juni/abu-ghraib-und-kein-ende [17.05.2011].
165 Im Mai 2004 kursiert ein Video, das die Enthauptung des entführten Amerikaners Nick Berg dokumentiert – und von seinen Entführern in einer Erklärung als Reaktion auf die Folterungen in Abu Ghraib präsentiert wird.

Künstler greifen die längst weltbekannt gewordenen Motive auf. Die Silhouette des Kapuzenmannes verwandelt sich, so der Kunsthistoriker W. J. T. Mitchell, in einen »unheimlichen Klon« – eine Chiffre des öffentlichen Gedächtnisses, die auch im Kontext einer parodistischen Werbeanzeige noch verstanden wird.[166] An dieser Stelle lediglich ein einziges Beispiel, das diese Technik der kreativen Verfremdung und der gezielten Kontextverletzung illustriert: Eines Tages plakatieren anonyme Aktivisten in New York die Bilder einer Silhouette vor einem monochromen Hintergrund, die an den iPod-Tänzer bzw. eine Werbekampagne von Apple erinnern. Nur steht der Tänzer dieses Mal eben auf einer kleinen, schwarzen Kiste – und hat eine Kapuze auf dem Kopf, Drähte an den Händen, einen Poncho um den Leib geschlagen. Das Apple-Logo ist einer Bombe gewichen und statt ›iPod‹ heißt es nun: ›iRaq‹.

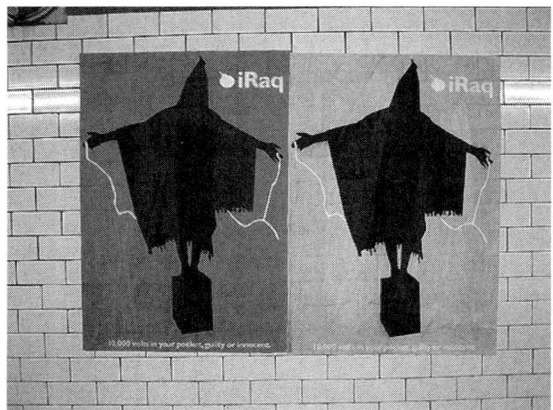

Abb. 19: Die Fusion von zwei ikonischen Bildern: der sogenannte ›Kapuzenmann‹ und der ›iPod-Tänzer‹.

Allerdings können sich diese Formen der ästhetisierenden, unvermeidlich etwas verspielt wirkenden Varianten der Anklage nicht als neue Schlüsselbilder durchsetzen, sind sie doch nicht in der Lage, die Ori-

---

166 Zitiert nach: BOEHME, TIM CASPAR (2011): Bilder des Krieges gegen den Terror. Die Gespenster der Vergangenheit. In: *Taz.de* vom 19.05.2011. http://www.taz.de/1/leben/kuenste/artikel/1/die-gespenster-der-vergangenheit/ [25.05.2011].

ginalfotos in ihrer Schockwirkung zu übertreffen oder auch nur zu erreichen. Aufschlussreich ist auch: *Die dramatischen Originalbilder wirken offenkundig sehr viel direkter als das Geschriebene und sind nicht in vergleichbarer Weise widerspruchsfähig.*

Dass das einzelne Bild dem Wort bzw. dem Text, dass das visuelle Zeichen dem sprachlichen Zeichen den Rang abzulaufen, es in seiner unmittelbaren Überzeugungskraft zu übertrumpfen vermag, zeigt sich, wenn man sich vergegenwärtigt, dass die Verbrechen in Abu Ghraib bereits im Dezember 2003 zunächst durch eine aus dem Gefängnis geschmuggelte Notiz bekannt wurden – und sich jedoch unter den irakischen Anwälten Fragen nach der Glaubwürdigkeit des Beschriebenen stellten. In dieser Notiz beschrieb eine Frau, dass mehrere weibliche Gefangene von amerikanischen Wärtern vergewaltigt worden und nun schwanger seien. Sie bat irakische Widerstandsgruppen darum, das Gefängnis zu bombardieren, um den Inhaftierten weitere Schande zu ersparen. Die Korrektheit ihrer Anklage wurde nach einer internen Untersuchung offiziell bestätigt. Allerdings hat die Schrift der verzweifelten Frau – ohne das dokumentarische Bild – keine vergleichbar schockierten Reaktionen der Öffentlichkeit provoziert und selbst unter den eigentlich sympathisierenden Anwälten zunächst für Skepsis gesorgt. Demgegenüber gelten insbesondere Fotos nach wie vor als Garant von Realität und Wahrheit. Sie sind keine *Behauptungen*, die sich leicht dementieren und wegdiskutieren lassen, sondern *Beweise*, die – obgleich sie einer sprachlichen Erläuterung bedürfen – für sich selbst stehen können.[167]

---

167 Im Jahre 2009 enthüllt der *Daily Telegraph*, dass es offenkundig auch Fotos gibt, die die Vergewaltigung einer Frau und die Vergewaltigung eines Mannes zeigen; über die Täter ist im Einzelnen nichts bekannt, und die Fotos sind auch nicht veröffentlicht worden. Zu den Geschehnissen siehe folgende Zeitungsberichte:
HARDING, LUKE (2004): The Other Prisoners. In: *Guardian.co.uk* vom 20.05.2004. http://www.guardian.co.uk/world/2004/may/20/iraq.gender [17.05.2011].
GARDHAM, DUNCAN/PAUL CRUICKSHANK (2009): Abu Ghraib Abuse Photos »Show Rape«. In: *The Telegraph* vom 27.05.2009. http://www.telegraph.co.uk/news/worldnews/northamerica/usa/5395830/Abu-Ghraib-abuse-photos-show-rape.html [17.05.2011].

VON DER AUTHENTIZITÄT DES MATERIALS ZUR
GLAUBWÜRDIGKEIT DER QUELLE

Allerdings: Die unbedingte Autorität, die dem einzelnen Foto hier zuge-
sprochen wird, erscheint womöglich erstaunlich, gibt es doch eine lange,
nicht nur im Akademischen verhaftete Debatte, die um den Autoritäts-
verlust des dokumentarischen Bildes kreist und darauf zielt, seinen
Beweischarakter und seine Aura der reinen, der unmittelbaren Tatsäch-
lichkeit zu zerstören. Das zentrale Argument lautet in Kurzform: *Ein
Foto ist ein paradox anmutendes Konstrukt lediglich objektiv wirkender Subjek-
tivität, realistisch präsentierter Schein und scheinbar authentische Inszenierung.*
Zur Begründung heißt es: Ein Foto lässt sich unaufwendig bearbeiten
und gerade mit den heute verfügbaren Bildbearbeitungsprogrammen
spurlos fälschen.[168] In ihm manifestiert sich überdies unvermeidlich
eine ganz bestimmte Perspektive und ein keineswegs repräsentativer
Weltausschnitt, der einen gewaltigen, ungeheuer vielfältigen Wirk-
lichkeitsrest systematisch ausblendet. Aber kann man, so lautet die
entscheidende Anschlussfrage, den Folterfotos von Abu Ghraib deshalb
nicht trauen? Verlieren sie ihre Beweiskraft, werden sie durch einen
prinzipiell gemeinten, pauschalen Inszenierungsverdacht in ihrer Autorität geschwächt? Das ist, eben dies zeigen die einzelnen Reaktionen,
mitnichten der Fall. Wenn man die Veröffentlichungen und Reflexionen zur Macht der Bilder im Falle von Abu Ghraib sichtet, so ergibt
sich folgender Befund: Eine Bild- und Inszenierungskritik findet nicht
statt. Zu massiv erscheint der Realitätseindruck, zu schockierend und
obszön wirkt das Dargestellte. Es dominiert das reine, nackte Entsetzen. Kein Simulationstheoretiker meldet sich zu Wort. Kein Schüler
des Philosophen Jean Baudrillard schwingt sich dazu auf, die eigenen
Thesen von der Agonie des Realen am frei flottierenden Material aus
Abu Ghraib zu erproben. Nur von Tony Blair, dem damaligen britischen
Premierminister, ist in einem Frühstadium des Skandals die Einschätzung überliefert, die Bilder könnten nicht echt sein. Aber eine solche

---

168 BOLZ, NORBERT (1993): *Am Ende der Gutenberg-Galaxis. Die neuen Kommunikationsverhältnisse.*
München: Fink. S. 26ff.

Stellungnahme bleibt die Ausnahme. Woran mag das liegen? Welche Merkmale des Materials und des Kommunikationskontextes sind es, die den gängigen Ad-hoc-Zweifel und einen prinzipiellen Inszenierungsverdacht (eigentlich eine erprobte Strategie der Schuldabwehr) blockieren? Oder noch einmal anders gefragt: Aus welchen Gründen erscheint der Eindruck von Authentizität und Wahrheit unabweisbar? Die erste, die materialbezogene Antwort: Zum einen zeigen die Fotos und Videos eine eigene Ästhetik des Authentischen. *Diese Ästhetik des Authentischen besteht – darin liegt die entscheidende Paradoxie – in ihrer Anti-Ästhetik.* Den einzelnen Bildern fehlt die Anmutung der Perfektion, eben das lässt sie so echt, so real wirken.

Es sind ganz offensichtlich keine Profis, die hier die Kamera betätigt haben: Zu unscharf und verwackelt sind die Fotos geraten, zu schlecht sind die Personen getroffen; zu häufig wurden Gesichter abgeschnitten, zu schummrig ist das Licht. Die zweite, die kontextbezogene Antwort lautet: Beweiskraft erzeugt im digitalen Zeitalter eben nicht mehr allein und nicht mehr ausschließlich das leicht veränderbare Foto-Dokument. *Es ist insbesondere die Glaubwürdigkeit der Quelle und die Autorität der Personen und Institutionen, die auf die Veröffentlichung reagieren, die zu entscheidenden Meta-Informationen werden.* In diesem Fall haben die Reaktionen der amerikanischen Regierung bzw. die Stellungnahmen von Donald Rumsfeld, Condoleezza Rice und George W. Bush (die öffentliche Entschuldigung, die Proklamation des Abscheus, die Behauptung, man habe von den Zuständen im Gefängnis von Abu Ghraib nichts gewusst etc.) die Echtheit des Materials gleichsam sekundär zertifiziert und die Beweiskraft noch verstärkt. Und auch die letztlich verurteilten Täter waren und sind selbstverständlich besonders glaubwürdige Zeugen der Anklage. Ihre Fotos und Filme haben zahllose, über den gesamten Erdball verstreute Menschen zu Augenzeugen eines Verbrechens gemacht. Nicht die Bilder selbst sind es, die empören und noch heute schockieren. Es ist, ganz unmittelbar, ganz direkt, die Realität des Gezeigten.

2. DER HANDYFILM AUS HONGKONG UND DAS MOBILTELEFON ALS ALLZWECKWAFFE

VOM SIEGESZUG EINER INDISKRETEN TECHNOLOGIE

Hongkong gehört zu jenen Orten dieser Welt, an denen es die meisten Mobiltelefone gibt. Auf 1000 Bewohner kommen hier 899 Handyverträge – Prepaid-Karten mitgerechnet sind es sogar 1712 Handys. Das heißt: In der asiatischen Metropole verwenden zahlreiche Menschen mehr als nur ein Handy. Davon wiederum ist ein Großteil, wie inzwischen bei vielen Modellen üblich, mit einer Kamera ausgestattet. Handys sind hier – wie inzwischen fast überall – längst kein Statussymbol mehr, kein Spielzeug für Eliten, sondern in die Alltagskommunikation integriert. Sie werden für Verabredungen und das Schreiben von SMS gebraucht, sie dienen dazu, die Normalität des eigenen Lebens abzubilden, Erinnerungsfotos zu schießen und kuriose Filmchen zu drehen, Adressen und Termine zu verwalten, Musik zu hören. Und sie sind als *Allzweckwaffen der Skandalisierung* einsetzbar und lassen sich im Wortsinne als ein Massenmedium begreifen, das der klassischen Konstellation der Überwachung (einige wenige Mächtige beobachten eine große Zahl von vergleichsweise Ohnmächtigen) eine »totale Überwachung von unten« entgegensetzt.[169] Handys taugen als ein unauffällig einsetzbares Instrument, um tatsächliche oder vermeintliche Normverletzungen anderer zu dokumentieren, sie dann auf den entsprechenden Plattformen einem interessierten Publikum zugänglich zu machen. So auch im Falle des arbeitslosen Roger Chan Yuet-tung aus Hongkong, der unter dem Namen *Bus Uncle* weltweit bekannt geworden ist.[170] Seine Geschichte zeigt eine

---

169 KREYE, ANDRIAN (2007): Handy-Videos als Kontrollmacht. Digitale Häme. In: *Sueddeutsche. de* vom 03.01.2007. http://www.sueddeutsche.de/politik/handy-videos-als-kontrollmacht-digitale-haeme-1.843857 [09.06.2011].

170 Zur Rekonstruktion des Falls siehe u. a.:
    BRAY, MARIANNE (2006): Irate HK Man Unlikely Web Hero. In: CNN.*com International* vom 09.06.2006. http://edition.cnn.com/2006/WORLD/asiapcf/06/07/hk.uncle/ [29.06.2011].
    LAM, AGNES (2006): Bus Uncle Taught Me a Lesson. In: *South China Morning Post* vom 30.05.2006. S. 3.
    LAM, AGNES (2006): Along for the Ride. In: *South China Morning Post* vom 03.06.2006. S. 16.

zwischen echter Empörung und spielerischer Faszination schwankende Kommunikation. Ohne das Handy und ohne eine inzwischen verbreitete Lust an der wechselseitigen Beobachtung wäre sie, soviel ist gewiss, niemals bekannt geworden.[171]

Alles beginnt am Abend des 27. April oder auch des 29. April 2006 – so ganz genau weiß das niemand, denn es kursieren unterschiedliche Daten und Angaben. Der damals 51-jährige Roger Chan Yuet-tung ist, dies gilt als gesichert, gegen 23:00 Uhr mit dem Doppeldecker-Express-Bus 68X in Hongkong unterwegs, er fährt nach Hause in Richtung des Distrikts Yuen Long und telefoniert während der Busfahrt lautstark. Ein hinter ihm sitzender Passagier, später identifiziert als Elvis Alvin Ho, fühlt sich gestört, tippt Chan auf die Schulter und bittet ihn, leiser zu sprechen.[172] Dabei verwendet er das kantonesische Wort für Onkel, in Hongkong eine höfliche Anrede für ältere Männer. Gleichwohl: Chan rastet aus und beschimpft den 23-jährigen Immobilienmakler. »Warum hast du mir auf die Schulter geklopft?«, will er von Ho wissen. »Ich habe gerade telefoniert.« Ho reagiert beschwichtigend, doch Chan wird immer wütender. »Ich kenne dich nicht. Und du kennst mich nicht. Warum machst du dann so etwas?«, fragt er empört und beugt sich über die Lehne seines Sitzes nach hinten zu Ho, sein Finger ist nur einige Zentimeter von dessen Gesicht entfernt. Er solle sich entschuldigen, fordert der ältere Mann in weißem Hemd mehrfach. Als Ho dies tut, lässt Chan jedoch nicht locker. Der Streit sei noch nicht beigelegt, ruft er immer wieder. Sechs Minuten lang zieht sich sein Wutausbruch hin, sechs Minuten lang schreit er Ho ohne Unterbrechung an, der auffallend entspannt dasitzt, den Arm lässig auf der Lehne seines Sitzes. Dies bringt Chan nur noch mehr in Rage. »Ich bin unter Druck, du bist unter Druck. Warum provozierst du mich also?«, will er wissen. Es fallen Schimpfworte, besonders wettert Chan gegen

SOONG, ROLAND (2006): Bus Uncle. In: *EastSouthWestNorth* vom 24.05.2006. http://www.zonaeuropa.com/ 20060524_1.htm [18.01.2010].

171 Siehe in diesem Zusammenhang den klugen Essay zur ›Veralltäglichung der Überwachung‹ von: SCHROER, MARKUS (2003): Sehen und gesehen werden. Von der Angst vor der Überwachung zur Lust an der Beobachtung? In: *Merkur*. 57. Jg. H. 2. S. 169-173.

172 Ab diesem Punkt ist der Vorfall per Video aufgezeichnet. Dies erleichtert die Fallrekonstruktion. Siehe: http://www.youtube.com/watch?v=H20dHY01Xjk [29.06.2011].

Hos Mutter, brüllt vulgäre Beleidigungen in den dahinbrausenden Bus – bis sein Handy klingelt. Er murmelt »Mist«, dreht sich weg und beginnt erneut zu telefonieren.

Abb. 20: Roger Chan Yuet-tungs Wutanfall in einem Hongkonger Nachtbus – festgehalten mit einer Handykamera.

Was Chan und Ho nicht wissen, was sie schlicht nicht mitbekommen: Ein weiterer Passagier namens Jon Fong, Buchhalter und Student der Psychologie, filmt Chans Wutausbruch und seine Tiraden von der anderen Seite des Ganges aus. Er nutzt das Handy, um ein genaues Wort des Soziologen Geoff Cooper aufzugreifen, als eine *indiskrete Technologie* und als ein Instrument der effektiven Skandalisierung, das heute global verfügbar ist.[173] 4,6 Milliarden Menschen, so eine Schätzung aus dem Jahre 2010, besitzen ein Mobiltelefon. Mehr als eine Milliarde dieser Geräte ist mit einer Kamerafunktion ausgestattet. Es handelt

173 COOPER, GEOFF (2002): The Mutable Mobile. Social Theory in the Wireless World. In: BARRY BROWN/NICOLA GREEN/RICHARD HARPER (Hrsg.): *Wireless World. Social and Interactional Aspects of the Mobile Age.* London: Springer. S. 19-31.

sich um eine Technologie, die ihre Besitzer als Laienreporter, Spitzel und Beweise sammelnde Zeugen mit einer neuen Macht ausstattet.[174] Sie verwischt die Unterschiede zwischen einst streng getrennten Kommunikationssphären, zwischen dem Privaten und dem Öffentlichen, der Vorder- und der Hinterbühne, der Alltagswelt und der Arbeitswelt – auch das illustriert die Geschichte des *Bus Uncle* aus Hongkong. Bereits zwei Tage nach der Begegnung im Bus lädt der damals 21-jährige Jon Fong das pixelige Handyvideo bei YouTube unter dem Pseudonym *sjfgjj* hoch, ohne jedoch die Namen der beiden zentralen Akteure zu nennen.[175] Das sei, so sagt er später, sein Hobby. Außerdem habe er Material sammeln wollen, falls die beiden anfangen sollten, zu kämpfen und aufeinander einzuschlagen.

DER HANDYFILM ALS SKANDALBEWEIS: DER ABSTURZ JOHN GALLIANOS

Es sind nicht einfach nur Gerüchte und Behauptungen, sondern es geht um Gewissheiten. Handyfilme und die ihnen eigene Ästhetik der Anti-Ästhetik funktionieren zunehmend als Skandal-Beweise, die als besonders authentisch gelten. Prominentes Beispiel: Der Dior-Designer John Galliano musste gehen, weil er sich im Dezember 2010 und kurz darauf erneut angetrunken in einem Pariser Café zu antisemitischen Tiraden hinreißen ließ und zumindest bei einer dieser Gelegenheiten mit einer Handykamera gefilmt wurde. Eine Stimme aus dem Off fragt ihn auf einem im Netz verfügbaren Video: »Sind Sie blond?« Er antwortet: »Nein, aber ich liebe Hitler.« Um dann fortzufahren: »Leute wie Sie sollten tot sein. Ihre Mütter, Ihre Großeltern sollten alle verdammt vergast sein.« Als die britische Boulevardzeitung *The Sun* das Video online stellte, war seine Karriere bei dem renommierten Modehaus beendet, und man beeilte sich, zu erklären, man toleriere unter keinen Umständen Rassismus und Antisemitismus. Sein jäher Fall illustriert auch die Macht einer indiskreten, überall präsenten Technologie, die ein Image innerhalb kürzester Zeit zerstören kann.

---

174 WONG, MAY (2007): Erfindung mit Nebenwirkungen. Der Vater des Foto-Handys. In: *Spiegel Online* vom 26.05.2007. http://www.spiegel.de/netzwelt/mobil/0,1518,484976,00.html [05.05.2011].
175 http://www.youtube.com/watch?v=H20dhY01Xjk [29.06.2011].

Allerdings schauen sich nicht nur ein paar von Fongs Freunden und Bekannten das Video an. Stattdessen wird es zum YouTube-Hit und zu einem Beispiel dafür, auf welche Weise sich ein faktisch unbedeutender, aber von einem Einzelnen skandalisierter Vorfall durch die geballte Macht des Web 2.0 zu einem Ereignis bzw. zu einem kuriosen Internet-Mem entwickeln kann, das schließlich weltweit beachtet wird. Eben weil die Geschichte selbst einen so banalen, so unendlich trivialen Inhalt hat, treten jene formalen Merkmale hervor, die den globalen Aufmerksamkeitsexzess begünstigen, ihn zumindest wahrscheinlicher machen. Bereits im Mai 2006 ist das Filmchen eines der meistgesehenen Videos überhaupt auf der Plattform – und wird dadurch noch bekannter, denn nun greift ein sich selbst verstärkender Mechanismus der Aufmerksamkeitserzeugung, ein *Ranking-Prinzip*, dessen wesentliches Merkmal darin besteht, einmal entstandene Aufmerksamkeit noch durch zusätzliche Aufmerksamkeit zu belohnen: Es ist ein altbekanntes Phänomen, dass Bücher, die auf Bestseller-Ranglisten ganz oben stehen, allein aus diesem Grund noch häufiger gekauft werden. Ähnliches gilt auch für die Hitlisten, die sich auf den entsprechenden Netz-Plattformen finden lassen. Auch YouTube (jede einzelne Minute werden hier durchschnittlich 48 Stunden Videomaterial hochgeladen) erstellt automatisch Rankings und empfiehlt die meistgesehenen Videos, die eben deshalb von noch mehr Menschen gesehen werden. Ganz präzise lässt sich die Rezeptionskarriere im Falle des *Bus Uncle* nicht mehr rekonstruieren. Ein Autor der Nachrichtenagentur Associated Press sieht den Film auf Platz zwei in diesem Monat,[176] andere Quellen behaupten, er habe es sogar auf Platz eins geschafft.[177] Wie dem auch sei: Fest steht in jedem Fall, dass das Video bzw. das Mem innerhalb kürzester Zeit mehrere Millionen

176 ASSOCIATED PRESS (2006): Grumpy Man on a Bus Becomes Star of the Internet. In: *Guardian. co.uk* vom 26.05.2006. http://www.guardian.co.uk/technology/2006/may/26/news.newmedia [29.06.2011].

177 BRAY, MARIANNE (2006): Irate HK Man Unlikely Web Hero. In: CNN.com *International* vom 09.06.2006. http://edition.cnn.com/2006/WORLD/asiapcf/06/07/hk.uncle/ [29.06.2011].

Menschen erreicht – und sich in einem Prozess der permanenten Rück-
kopplung immer mehr Menschen für Chan interessieren.

MEME

Meme sind in der Kultur und der Öffentlichkeit diffundierende, stetig verbreitete, oft endlos variierte und kopierte, aber in ihrer Essenz identifizierbare
Informationseinheiten. Es kann sich, so der Soziobiologe Richard Dawkins,
der Erfinder des Begriffs, um ein einzelnes Schlagwort oder einen Satz handeln, eine Liedzeile oder um einen Song, eine Idee, einen Glaubensinhalt oder
eine ganze Ideologie oder Weltanschauung; Bilder und eben auch einzelne
Filmsequenzen können zu Memen werden und unsere Vorstellungswelt be-
völkern und andere Konzepte verdrängen. Im Netzzeitalter hat die Lehre von
der Memetik eine Renaissance erfahren – und ist selbst zum Mem geworden.

Rund drei Wochen nach dem Upload sind es bereits 1,2 Millionen Aufrufe, eine Woche später 1,9 Millionen. Bis Ende Juni 2011 kommt das
Video auf knapp 4,1 Millionen Zugriffe. Nutzer bewerten es 3968 Mal,
4322 Besucher speichern es als Favorit ab. Da sich neben dem Original
zahlreiche Kopien auf YouTube sowie auf einigen anderen Plattformen
finden, ist es unmöglich nachzuvollziehen, wie oft das Video insgesamt
aufgerufen wurde. Angeblich sind es für alle Film-Kopien zusammen
bereits am 29. Mai 2006, einen Monat nach Upload des Original-Videos,
5,9 Millionen Zugriffe.[178] Wie viele Millionen Zuschauer danach noch
hinzukommen und bis heute hinzugekommen sind, bleibt unklar. Entscheidend für die internationale Verbreitung und die globale Wirksam-
keit des Wutanfalls sind offensichtlich englische Untertitel und solche
auf Mandarin. Diese lassen auch Menschen, die das Kantonesische nicht
beherrschen, den Inhalt der Dialoge und Diffamierungen verstehen. Nur
so kann das Video über die Sprachgrenzen hinaus diese enorme Verbreitung finden. Auch die untertitelten Kopien kommen auf mehrere
Millionen Zugriffe. Bis Ende Juni 2011 zählen die beiden beliebtesten

---

178 SOONG, ROLAND (2006): Bus Uncle. In: *EastSouthWestNorth* vom 24.05.2006. http://www.zo-
naeuropa.com/ 20060524_1.htm [18.01.2010].

Bus-Uncle-Videos mit bilingualem Untertitel zusammen rund 3,9 Millionen Aufrufe.[179] In den Kommentaren auf YouTube wird deutlich, wie begeistert die Nutzer von dem Video sind. »Hahahahahahaha, so lustig!!!!!!!«, lässt etwa *DonLi* wissen. Besonders intensiv wird diskutiert, wer eigentlich die Schuld an Chans Wutausbruch trägt. Dabei gehen die Ansichten weit auseinander und offenbaren charakteristische Meinungs- und Deutungskämpfe eines sich ungehindert und mit aller Schärfe artikulierenden Publikums, das ohne vorherigen Relevanztest eines Gatekeepers für die eigene Position agitiert. Was ist überhaupt geschehen, wie ist es einzuschätzen? Die meisten Kommentatoren kritisieren Chan und sein Verhalten. Manche vertreten gar die Auffassung, dass es sich hier um eine besonders gravierende Normverletzung handelt, die nach dem öffentlichen Pranger verlangt. »Oh Mann«, so bekommt man zu lesen, »dieser Typ ist verrückt [...]. Er hat das schlimmste Verhalten auf der Welt, es ist lächerlich.« Viele der Wortmeldungen sind äußerst aggressiv. Ein selbstverständlich anonym bleibender *hoyun* schreibt etwa: »Verdammt, jedes Mal wenn ich das Video sehe, möchte ich den alten Mann schlagen.« Einige Kommentare richten sich auch gegen Ho. »Meiner Meinung nach hat sich der Bursche wie ein Dreckskerl verhalten. Man sieht, wie rotzfrech er war, als der Onkel ausflippte«, meint *high-contrast*. Andere bezeichnen Ho als Feigling. Er hätte mit Chan kämpfen sollen, fordern diverse Nutzer.

DER BEOBACHTER IM BLINDEN FLECK

Es fällt bei aller Unterschiedlichkeit der Reaktionen allerdings auf, dass sich die Kommentare nur gegen die im Film zu sehenden Akteure richten. Fongs Verhalten – also die heimliche Aufnahme und den Upload des Videos – wird kaum infrage gestellt und zum Thema gemacht. Dies ist ein generelles Muster, eine normale bzw. typische Blickverengung,

---

179 Die beiden Videos sind unter den folgenden URLs zu erreichen: http://www.youtube.com/watch?v=RSHziqJWYcM [29.06.2011]; http://www.youtube.com/watch?v=EsYRQkmVifg [29.06.2011].

die den Beobachter und Enthüller des Geschehens in einen blinden
Fleck hineinrückt. Man fragt nicht, was er eigentlich getan hat, indem
er seine Handykamera in Stellung brachte, sich als selbst ernannter
Normpolizist gerierte, eben nicht versuchte, zu schlichten und zu be-
frieden, sondern eisern filmte – und ob man eigentlich in dieser Welt
einer womöglich total gewordenen Transparenz leben möchte.[180] *Das
Publikum nimmt das Video-Endprodukt als gegeben hin, ohne seine Entstehungsgeschichte zu recherchieren, ohne die Veröffentlichungspraxis zu hinterfragen und
das Vorgehen im Extremfall selbst zu skandalisieren.*

Auffällig ist darüber hinaus (dies scheint hingegen eher untypisch),
dass die Zugriffe kontinuierlich ansteigen, die Zahl der Videoabrufe stetig zunimmt. Anstatt lediglich einige Tage und Wochen groß über das
Handyfilmchen zu berichten und darüber zu debattieren, beschäftigen
sich sowohl die Internet-Nutzer als auch die klassischen Medien faktisch
über einen Zeitraum von fast drei Jahren hinweg aktiv mit verschiedenen Aspekten des Vorfalls. Erst dann kommt es zu einer Stagnation, erst
dann wendet sich das Publikum offenkundig wieder verstärkt anderen
Themen zu. Die Fragen, die sich unmittelbar anschließen, lauten: Woran
liegt das? Was macht die Faszinationskraft einer derart unbedeutenden
Normverletzung aus? Wie gelingt die Stabilisierung einer naturgemäß
fragilen Aufmerksamkeit? Eine erste, eine allgemein gehaltene Antwort
lautet: *Nötig sind stets neue Anreize.* Und eine Möglichkeit, Interesse und
Erregung immer wieder zu aktualisieren, besteht darin, den ursprünglichen Ernst des Wutanfalls in ein mehr oder minder heiteres Spiel mit
hoher Publikumsbeteiligung zu verwandeln, also dem ursprünglichen,
dem medial fixierten Inhalt zumindest eine neue Form zu geben, sie zu
parodieren und zu verfremden. Diese ironisch-kreative Aufbereitung
des Materials folgt dabei einem zentralen Gebot, orientiert sich an einer
fundamentalen Anforderung, die gelöst werden muss, wenn man die Aufmerksamkeit des Publikums halten will: Zum einen gilt es, Neues und
Ungewöhnliches anzubieten; zum anderen muss man jedoch unbedingt

---

180 Den Begriff der Normpolizei hat Daniel J. Solove geprägt. Siehe: SOLOVE, DANIEL J. (2007):
   The Future of Reputation. Gossip, Rumor, and Privacy on the Internet. New Haven/London: Yale
   University Press. S. 85.

verständlich und anschlussfähig bleiben, um das große Publikum nicht durch eine einfach nur schräge und hermetische Unverständlichkeit zu verschrecken. Die besondere Herausforderung besteht darin, ein Schema, eine Erinnerung, eine Erwartung einerseits zu bestätigen und andererseits in erkennbarer und womöglich erheiternder Art und Weise zu brechen, um einen stimulierenden Überschuss zu erzeugen. Anders, formelhafter lässt sich ein solcher kommunikativer Balanceakt folgendermaßen umschreiben: *Variiere das Bekannte auf eine Weise, die es zum neuen Unbekannten macht, es aber erlaubt, das Unbekannte noch als bekannt zu erkennen.*

REMIXING UND RESAMPLING

Ganz in diesem Sinne einer spielerischen Variation, die neue Rezeptionsreize schafft, das längst Bekannte auf anregende Art und Weise parodiert und verfremdet, produzieren einzelne YouTube-Nutzer schon sehr bald vielfältige Mashups des Videos. Sie kreieren Collagen und Rekombinationen aus Bildern und Tönen, Daten und Videosequenzen, die das Kernereignis des Wutanfalls in immer andere, immer neue Kontexte versetzen. So existiert etwa eine *Star-Wars*-Version der Schlüsselszene, in der Chan und Ho mit Lichtschwertern kämpfen; auch eine *Taxi-Driver*-Variante wird erstellt. Ein Rap-Song kombiniert die beliebtesten Sätze aus dem Streit zwischen Chan und Ho mit einem Lied der Hongkonger Sängerin Sammi Cheng und ein Karaoke-Remix lädt dazu ein, den Song mitzusingen. Insgesamt ergibt sich folgender Befund: Zwischen dem 29. April 2006 und dem 18. Juni 2007, so eine im *Asian Journal of Communication* publizierte Untersuchung, sind insgesamt 127 verschiedene Mashups des *Bus-Uncle*-Films auf YouTube erschienen.[181] Das Video habe, so heißt es, in diesem Zeitraum allein 77 Nutzer dazu inspiriert, zum Teil mehrfach auf den ursprünglichen Film mit eigenen Kreationen zu reagieren. Bei einem Großteil der Varianten und Variationen handelt es sich um Remix-Versionen mit populärer Musik (37,9 %), aber es sind auch

---

181 CHU, DONNA (2009): Collective Behavior in YouTube. A Case Study of »Bus Uncle« Online Videos. In: *Asian Journal of Communication*. 19. Jg. H. 3. S. 343ff.

völlig neue, kreative Arbeiten von YouTube-Nutzern nachweisbar (die besagte Studie nennt einen Anteil von 22,7 %). Einige Mashups (9,8 %) verbinden die Original-Aufnahmen mit Ausschnitten aus Filmen. Bei den Video-Antworten überwiegt in der Regel ein scherzhafter, ein sarkastischer Unterton; eine ernsthafte Kommentierung bleibt in diesem Stadium aus.[182]

Eine besondere Rolle nehmen kurioserweise die klassischen Medien ein. Zunächst sind es Lokal- und Regionalmedien, die berichten und eine regelrechte Jagd auf die zentralen Akteure veranstalten und für ihre Entdeckung eine finanzielle Belohnung ausloben. Über Wochen hinweg nimmt die Vor-Ort-Berichterstattung kein Ende. Der schließlich ausfindig gemachte und in diversen Exklusiv-Interviews präsentierte *Bus Uncle* verwandelt sich in eine Person des öffentlichen Lebens. So scheint es offenkundig von allgemeinem Interesse, als er von einer Steakhouse-Kette einen Job angeboten bekommt. Und es wird immerhin von einer internationalen Nachrichtenagentur gemeldet, als eines Tages drei maskierte Unbekannte an seinem neuen Arbeitsplatz auftauchen, ihn verprügeln und krankenhausreif schlagen.[183]

Allerdings: Es sind nicht nur künstlerisch-kreative Mashups, es ist nicht allein die medial betriebene Jagd oder eine plötzliche Attacke auf den Neu-Prominenten Chan, die das Interesse stabil halten. Darüber hinaus werden eigene Events inszeniert, die den Zweck haben, das dramaturgische Script zu vervollständigen und dem Geschehen – etwa durch eine von Medienunternehmen arrangierte Wiederbegegnung der Protagonisten – wieder ein wenig mehr Spannung zu injizieren. So überzeugt eine Gruppe von Journalisten Chan (angeblich gegen Geld), den einstigen Widersacher Ho in seiner Firma in Mongkok zu besuchen, um sich für sein Verhalten zu entschuldigen und ihm die Geschäftsidee einer ›Bus Uncle Rave Party‹ vorzuschlagen. Ho schmeißt die Gruppe jedoch aus seinem Büro und beklagt sich darüber, nicht vorher infor-

182 CHU, DONNA (2009): Collective Behavior in YouTube. A Case Study of »Bus Uncle« Online Videos. In: *Asian Journal of Communication*. 19. Jg. H. 3. S. 346.
183 ASSOCIATED PRESS (2006): Three Men Beat up Hong Kong's »Bus Uncle«. In: *The Star Online* vom 08.06.2006. http://thestar.com.my/news/story.asp?file=/2006/6/8/apworld/20060608152634&sec=apworld [29.06.2011].

miert worden zu sein. Ende Mai sorgt der Fall schließlich international für Aufsehen. Zunächst wird eine Meldung der Nachrichtenagentur Associated Press publiziert, die eine Flut von Artikeln auslöst.[184] Es bleibt jedoch nicht bei einer reinen Berichterstattung, sondern der Vorfall wird analysiert, zum Symptom umgedeutet – und eben dadurch aufgewertet, mit intellektuell anspruchsvolleren Zusatzelementen und Interpretationen versehen. »>Bus Uncle‹ ist Cinéma-Vérité«, schreibt etwa der *Washington-Post*-Kolumnist Eugene Robinson. »Es ist verblüffend, dass in Nanosekunden ein Stück Hongkonger Leben in Washington, Johannesburg oder Moskau erlebt werden kann.«[185] Oft wird in den Berichten die Frage gestellt, ob sich nicht doch ein tieferer Sinn in seine Pöbeleien hineinvermuten und der Wutanfall als zeitdiagnostisch bedeutsames Ereignis verstehen lässt. »Chans Sätze«, so etwa Marianne Bray von CNN, »reflektieren den Druck, der durch das Leben in einer Stadt entsteht, in der 6,9 Millionen Menschen auf 1104 Quadratkilometern [...] zusammengepfercht sind.«[186]

DEMOKRATISIERUNG DER PROMINENZ

Immer wieder werden auch andere YouTube-Videos mit dem des *Bus Uncles* verglichen, die Rede ist plötzlich von einem *Police Uncle*, einem *Train Uncle* oder einer *Bus Auntie* – mit anderen Worten: Der Fall setzt ein eigenes Beobachtungsschema und macht Chan zu einer Berühmtheit, die letztlich dafür berühmt ist, berühmt zu sein. Seine Ad-hoc-Karriere liefert reichhaltiges Anschauungsmaterial für die allgemein feststellbare *Demokratisierung der Prominenz*. »Die Herrschaft über Aufmerksamkeit und Wichtigsein steht nicht mehr nur einigen wenigen

184 ASSOCIATED PRESS (2006): Grumpy Man on a Bus Becomes Star of the Internet. In: *Guardian. co.uk* vom 26.05.2006. http://www.guardian.co.uk/technology/2006/may/26/news.newmedia [29.06.2011].
185 ROBINSON, EUGENE (2006): When Life Makes You Cry Uncle. In: *The Washington Post* vom 09.06.2006. http://www.washingtonpost.com/wp-dyn/content/article/2006/06/08/AR2006060801533.html [29.06.2011].
186 BRAY, MARIANNE (2006): Irate HK Man Unlikely Web Hero. In: CNN.com *International* vom 09.06.2006. http://edition.cnn.com/2006/WORLD/asiapcf/06/07/hk.uncle/ [29.06.2011].

Profis offen«, so gilt es zu diagnostizieren, »sondern ist potentiell und zumindest in der Wahrnehmung vieler jedem möglich.«[187] Neben den klassischen Stars, die ihren Status durch Professionalität, Können und ein sorgfältig aufgebautes Image erreicht haben und die ein »Nimbus der Unerreichbarkeit«[188] umgibt, treten, so zeigt sich eben auch an diesem Beispiel, gegenwärtig zunehmend Menschen in Erscheinung, die keine Kompetenz mitbringen oder sich durch eine per se Interesse weckende gesellschaftliche Stellung auszeichnen (ein hohes Amt, ein berühmter Name).[189] Sie haben kein Geheimnis, keine besondere Aura, keine spezifische Begabung, sondern sie erzeugen Faszination, weil sie mehr oder minder zufällig in das grelle Licht der Öffentlichkeit gelangt oder gestoßen worden sind, oft äußerst ungelenk agieren – und als Stellvertreter-Figuren eines Massenpublikums mit ihrer fehlenden Professionalität gelegentlich Mitleid, aber auch Schadenfreude und Neid provozieren. Ihre zentrale, ihre hervorstechende Gemeinsamkeit besteht schlicht darin, zum richtigen Zeitpunkt irgendwie medial auffällig geworden zu sein und öffentliches Interesse geweckt zu haben, ohne dass sich leicht feststellen ließe, worin ihre besondere Fähigkeit eigentlich besteht und wie die Schmetterlingseffekte der Aufmerksamkeitserzeugung im Detail funktionieren. Diese radikale Trennung von Prominenz und Kompetenz charakterisiert auch Chan, dessen eigentliche Leistung sein heimlich aufgezeichneter Wutanfall ist und bleibt – die Initialzündung für eine Medien- und Prominentenkarriere, die er in Rekordzeit absolviert. Kaum ist er tatsächlich berühmt und berüchtigt, greifen dann auch die klassischen Mechanismen des Prominentenbusiness, die seine Bekanntheit weiter steigern, getreu dem Grundprinzip des sogenannten *Matthäus-Effektes*: *Wer hat, dem*

187 GROEBEL, JO (2002): Zwischenruf. Präsenzelite oder die Demokratisierung der Prominenz. In: RALPH WEISS/JO GROEBEL (Hrsg.): *Privatheit im öffentlichen Raum. Medienhandeln zwischen Individualisierung und Entgrenzung*. Opladen: Leske + Budrich. S. 508.
188 MECKEL, MIRIAM (2009): Objektiv betrachtet. In: *Süddeutsche Zeitung Magazin*. H. 27. S. 25.
189 PÖRKSEN, BERNHARD/WOLFGANG KRISCHKE (2010): Die Casting-Gesellschaft. In: BERNHARD PÖRKSEN/WOLFGANG KRISCHKE (Hrsg.): *Die Casting-Gesellschaft. Die Sucht nach Aufmerksamkeit und das Tribunal der Medien*. Köln: Herbert von Halem Verlag. S. 17ff.

wird gegeben.[190] Oder anders formuliert: *Bekanntheit macht bekannter.* Es erscheinen Interviews mit Chan, die in den Rang von Titelgeschichten erhoben werden. Er wird von einem öffentlich-rechtlichen Radiosender in Hongkong für die Wahl zum Mann des Jahres 2006 nominiert – und erreicht immerhin den zweiten Platz, verfehlt die Spitzenposition also nur äußerst knapp. Mitarbeiter von Wikipedia produzieren Beiträge über den Vorfall, die inzwischen in kantonesischer, englischer, französischer und schwedischer Sprache vorliegen. Es kursieren erste Fan-Artikel. Ein Online-Shop mit Sitz in den USA verkauft T-Shirts, Teddybären und auch Handtaschen, auf denen Chans Kopf abgebildet ist. Auch Boxershorts und Buttons mit Übersetzungen von *Bus-Uncle*-Statements sind zu haben, überdies im Angebot: Handy-Klingeltöne mit den bekanntesten Zitaten zum Download, die in Hongkong längst zu geflügelten Worten geworden sind (»Ich bin unter Druck. Du bist unter Druck.«). Kurzum: Die Geschichte aus dem Nachtbus in Hongkong, der Skandal, der eigentlich keiner war und doch von einem zunächst furiosen Publikum als solcher behandelt wurde, lebt fort – und hat seinen Protagonisten in eine Netzberühmtheit verwandelt, einen Star der neuen Zeit. Wenn man heute, etliche Jahre später, den Begriff *Bus Uncle* auf Englisch oder auch Kantonesisch bei Google eingibt, also die moderne Form des Existenznachweises führt, erhält man noch immer jede Menge Treffer. Es sind, um genau zu sein, an dem Tag, an dem diese Sätze geschrieben wurden, 762.000 Hinweise.

---

190 Jan Schmidt beschreibt dieses Prinzip auch als das ›The-rich-get-richer‹-Phänomen. Siehe: SCHMIDT, JAN (2009): *Das neue Netz. Merkmale, Praktiken und Folgen des Web 2.0.* Konstanz: UVK Verlagsgesellschaft. S. 57.

3. DIE FATALE E-MAIL UND DIE LEICHTIGKEIT DES MISSGESCHICKS

WECHSEL DER KOMMUNIKATIONSMODI

Täglich werden zahllose E-Mails verschickt. Und zumeist erreicht die elektronische Post sicher den gewünschten Adressaten, doch ab und an kommt es vor, dass eine E-Mail beim falschen Empfänger landet, was in der Regel nicht weiter schlimm ist. Oft wird die Nachricht ignoriert, mitunter der Sender informiert. Manchmal jedoch führt die falsche Mail-Adresse in der Empfängerzeile zu einem äußerst peinlichen Missgeschick. Manchmal erweist sich ein einziger Mausklick als fataler Fehler, weil er plötzlich und unerwartet eine gänzlich unerwünschte Publizität herstellt, deren Effekte sich auch mit größter Anstrengung nicht mehr domestizieren lassen. Ein Moment der Unachtsamkeit genügt. Es ist 9:43 Uhr am 22. Juni 2006, als die 21-jährige Susanne Klauser ihrer Kollegin Tina Braun,[191] beide bei der Bundesagentur für Arbeit beschäftigt, die erste E-Mail des Tages schickt: »Morgen Schnitte!;o)« »Na Baby, alles klar?«, antwortet die Kollegin um 9:44 Uhr. »Bin nur irgendwie müde und hab Ohrenschmerzen. Fred war gestern Abend ne dreiviertel Stunde da. Hatte mich extra rasiert und dann wollte er mich net. Hatten bestimmt 2 Wochen keine Sex. Na ja. Kann man nichts machen. Wie war dein Abend so??« Ein angeregter Dialog über intimste Angelegenheiten entspinnt sich zwischen den beiden Frauen. Zehn E-Mails, die ein stetig wachsendes Textkonvolut ergeben, fliegen hin und her. Bis sich Susanne Klauser bei Nachricht Nummer elf in der Adresszeile vertippt. Statt an ihre Freundin schickt sie um 12:01 Uhr die gesamte E-Mail-Korrespondenz an den Verteiler ihrer Abteilung – und löst eine äußerst »pikante Affäre« (*Bild*-Zeitung) aus.

Ihre Geschichte ist, unabhängig von den verhandelten Inhalten, aufschlussreich, weil sich hier der Wechsel der Kommunikationsmodi

---

191 Die Namen der Frauen und einzelner Beteiligter wurden, dies versteht sich von selbst, anonymisiert. Überdies verzichten wir auf allzu detaillierte Quellennachweise, geht es doch um die Illustration eines Prinzips, nicht aber um die erneute Stigmatisierung.

und die schrittweise Ausweitung des Kommunikationskreises im Detail studieren lässt. Zunächst betreiben die beiden Frauen offensichtlich eine höchst private *One-to-One-Kommunikation*, die jedoch aufgrund der Eigenart des Mediums einen stets fragilen, einen seltsam porösen Status besitzt: Bereits ein einziger, nicht rechtzeitig bemerkter Tippfehler kann andere Adressaten integrieren. Und schon beim Eingeben der ersten Buchstaben einer Adresse wird man regelhaft von seinem Mail-Programm mit Ad-hoc-Vorschlägen für mögliche Empfänger konfrontiert. Überdies lässt sich die einmal verschickte Mail blitzschnell an immer andere Personen weiterleiten. Im Falle der beiden Frauen folgt – mit dem Versand an die Abteilung – zunächst eine *Phase der Some-to-Some-Kommunikation noch im enger begrenzten Kreis* der Kolleginnen und Kollegen. Es ist die Öffentlichkeit eines noch vergleichsweise strikt begrenzten Publikums, das sich kennt, gemeinsam arbeitet. Schließlich gelangt die Mail-Korrespondenz ins Internet und im letzten Stadium der Verbreitung auch in die Boulevard- bzw. Massenmedien – ein Faktum, das eine erneute Veränderung des Kommunikationskreises bedeutet und der Geschichte rufschädigende Brisanz verleiht. Nun, in dieser Phase werden verschiedene Kommunikationsmodi kombiniert. Zum einen folgen die Massenmedien der klassischen *One-to-Many-Logik*, zum anderen existiert im Netz das Prinzip der *Many-to-Many-Kommunikation* in einem faktisch vor allem regional-lokalen, aber potenziell doch immer auch globalen Maßstab. Die einzelnen Phasen der Ausbreitung lassen sich präzise nachvollziehen: Zunächst wissen innerhalb kürzester Zeit die Kolleginnen und Kollegen über das Sex- und Liebesleben der beiden jungen Frauen Bescheid. Gleichsam epidemisch breitet sich ihre Mail schon kurze Zeit später aus, sie wird weitergeleitet, kopiert, verlinkt, kommentiert, schließlich auch übersetzt. Schuld ist womöglich einer der Kollegen der Frauen – angeblich ein gewisser Andreas Schmidt, wie ein Blogger mit Namen *Woodstock* behauptet. Er schickt die Mail zur Belustigung an Freunde und Bekannte, die sie ihrerseits weiter verbreiten und so weiter und so fort. Auf diese Weise erreicht die Mail immer andere, immer neue, größere Kommunikationskreise – und verwandelt sich in einen digitalen Kettenbrief, der nach dem Schneeballprinzip verbreitet wird. Namen und Mail-Adressen derjenigen, die die intime Kommunikation einem belustigten, einem schadenfrohen oder auch empörten Publikum zugänglich machen, bleiben oft in einer langen Liste vor der Korrespondenz stehen und lassen sich so leicht nachvollziehen. Erneut zeigt sich: *Der Akt der Veröffentlichung und der Verbreitung gilt der Netzgemeinde als Marginalie, als ein kaum kritikwürdiges Vergehen, dessen Spuren nicht beseitigt werden müssen. Es herrscht die Idee des prinzipiell unschuldigen Boten.*

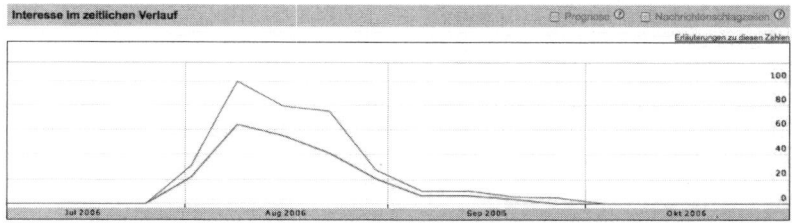

Abb. 21: Das plötzlich aufflammende Interesse an dem Missgeschick der beiden BA-Mitarbeiterinnen: Die beiden Linien illustrieren die Suchanfragen nach den Namen der beiden BA-Mitarbeiterinnen. Bei dieser Abbildung handelt sich um eine Auswertung mithilfe des Dienstes Google Insights for Search.

DAS SPEKTRUM DER REAKTIONEN

Im Netz lässt sich die intime Korrespondenz auf zahlreichen Seiten wiederfinden – in den meisten Fällen mit dem vollen Namen der Frauen: Blogger berichten und kopieren den Text auf ihre Seite oder stellen ihn zum Download bereit. Auf der Plattform *Scripd* wird eine Version auf Deutsch online gestellt und eine andere in englischer Sprache produziert – auch, um die weitere Verbreitung zu forcieren, jedoch ohne einen besonderen, einen tatsächlich globalen Erfolg. In zahlreichen Foren verlinken die Nutzer auf die hochgeladenen Texte oder kopieren sie in die Threads, die fortlaufend arrangierten Kommunikations- und Diskursstränge. Schließlich entdecken auch die klassischen Massenmedien, insbesondere Boulevardzeitungen, die Geschichte. Es überwiegt eine Berichterstattung, die deutlich Schadenfreude erkennen lässt – und die die beiden Frauen oft in nur notdürftig anonymisierter Form präsentiert. Ein einziges, exemplarisches Zitat aus dem *Berliner Kurier:* »Da bleibt den beiden Tratschtanten jetzt wohl nur noch eines: Tüte über den Kopf und durch. Oder auswandern. Gaaaanz weit weg ...«[192] Allein *Spiegel Online* gelingt es in einer Jahre später publizierten Analyse mit der nötigen Tiefenschärfe über den Vorfall zu berichten: »Niemals zuvor konnte ein einzelner Mensch«, so heißt es hier, »in so kurzer Zeit vor solch einem gigantischen Publikum so viel Ruhm erwerben – niemals aber auch so tief fallen.«[193]

Was löst die massive Beachtung aus? Welche Motive lassen sich entdecken, welche Reaktionsmuster feststellen? Um dies zu klären, lohnt sich ein Blick auf die zahlreichen Kommentare, die Menschen in Foren, Blog-Einträgen oder in der immer weiter verbreiteten Mail hinterlassen haben. Hier entdeckt man ein breites Spektrum der Meinungen und Reaktionsformen. Eine Gruppe ist empört, eine andere schadenfroh, eine dritte beugt sich mit erkennbar voyeuristischem Interesse über die Inhalte; manche diskutieren die Echtheit der Korrespondenz, andere favorisieren die Analyse, Einzelne äußern ihr Mitleid, einige wenige prophezeien den beiden Frauen eine Medienkarriere.[194] Für Empörung sorgt die Vermutung, die E-Mails könnten während der Arbeitszeit verfasst worden sein. »Solche intimen Dinge gehören nicht an den Arbeitsplatz. [...] Da stellt sich mir die Frage, ob die bei der BA nicht genug Arbeit haben?«, erzürnt sich ein Kommentator. Zahlreiche entrüstete Einlassungen provoziert überdies die Sprache, in der die Mails verfasst sind. »In was für einer Assi Sprache unterhalten die sich denn?!«, fragt, selbst auch nicht vollkommen stilsicher, eine gewisse *Prusse-Liese*. Und auch *Simon* bemerkt: »Müssen ja keine sprachlichen Fähigkeiten mitbringen in ihrem Job!« Des Weiteren sehen viele Nutzer den schlechten Ruf der BA durch den Vorfall bestätigt. »Extrapoliert man nämlich von diesen dämlichen Bürotussen auf die Gesamtheit

---

192 O.A. (2006): Peinlicher Verklicker. Sex-Mails an ganze Firma geschickt. In: *Berliner Kurier* vom 10.08.2006. http://www.berlinonline.de/berliner-kurier/archiv/.bin/dump.fcgi/2006/0810/politiknachrichten/0033/index.html [29.06.2011].

193 BREDOW, RAFAELA VON/DIETMAR HIPP (2009): Vergiss es! In: *Der Spiegel* vom 14.12.2009. Nr. 51. S. 123.

194 Aber ganz gleich, wie man zu diesem Fall steht, ob man Empörung oder Mitleid für die angemessene Reaktion hält oder die kritisch-analytische Auseinandersetzung favorisiert: Jede Variante der Auseinandersetzung hält das Geschehen kommunikativ am Leben.

der BA-Mitarbeiter,« so bekommt man zu lesen, »kann man daraus nur folgern, dass die eigenen Bewerbungsunterlagen überall besser aufgehoben sein dürften als in diesem Laden!« *NoHartz* fordert die Kündigung der beiden Frauen: »Dummheit gehört bestraft, kann in dem Fall nur und hoffentlich heißen: fristloser Rausschmiss dieser dämlichen Frusties!« Eine weithin verbreitete Reaktion ist die Schadenfreude. So lassen sich zahlreiche Kommentare wie die folgenden finden: »Ich schmeiß mich weg ha ha ha ha!!!!!« Ein anderer schreibt in den Betreff der von ihm weitergeleiteten E-Mail: »Leute, des is echt mal peinlich... Der Lacher des Monats!!!!!!!!!!!!!!!!« Die nicht minder zahlreichen Voyeure reagieren auf die intimen Enthüllungen mit anzüglichen Bemerkungen. »Die beiden würde ich nur zu gern kennenlernen;) Die würden ganz schnell zufrieden und ausgeglichen sein!«, so heißt es etwa. Ein gewisser *Blood* betitelt seinen Blog-Eintrag zum Fall mit der Zeile: »Geile Miezen bei der BA.«

Offenkundig wird: *Anonymität enthemmt*. Immer wieder stellt die Fraktion der Skeptiker die Frage, ob der Dialog auch wirklich in der dokumentierten Form stattgefunden haben kann. »Ich denke, das ist eine Fälschung (Sommerloch)!«, schreibt *Goldelse* und steht damit für zahlreiche andere Diskutanten, die der gleichen Meinung sind. Andere widersprechen; es handele sich nicht um einen Hoax. »Definitiv kein Fake. Hab auch ne Freundin aufm Arbeitsamt, die mich gestern abend per SMS darüber unterrichtete, daß sie auf der Arbeit nicht mehr ins Internet dürfen«, lässt eine gewisse *Ciccio* wissen. Sieht man von den diversen empörten, den belustigten, den anzüglichen und den skeptischen Kommentaren einmal ab, so sind einige zu finden, die einen analytisch-reflektierenden Charakter besitzen. So heißt es in einem Blog, der Fall veranschauliche »die ganze Tragweite der modernen Kommunikationsmittel«, denn es werde deutlich, dass das Internet Leben zerstören könne. »Aber vor nicht mal 15 Jahren wäre eine solche Konsequenz [...] nicht und nur sehr schwer möglich gewesen.« Nutzer *Uwe* kommt zu dem Schluss, einige Mitarbeiter hätten durch den Vorfall gratis einen E-Mail-Crashkurs erhalten. Er warnt: »Emails sind elektronische Postkarten! Schreibe nur in eine Mail, was du auch auf eine Postkarte schreiben würdest!« Manche, eher spärlich vertreten, äußern ihr Mitleid und zeigen Empathie. Einige wenige prognostizieren einen plötzlichen Reichtum durch die ungewollte Aufmerksamkeit, eine Karriere als Talkshowgast und Werbestar: »Mit einem Streich Millionär durch TV-Präsenz und anschließend Werbegelder.« Faktisch passiert jedoch nichts dergleichen. Stattdessen überwiegen für die Beteiligten negative Folgen. »Wir werden ständig angeglotzt, hinter vorgehaltener Hand wird über uns getuschelt«,[195] zitiert ein Online-Medium Susanne Klauser. Angeblich kostet der Vorfall den Kollegen, der die E-Mail weitergeleitet hat, den Arbeitsplatz. Angeblich, so heißt es, sei eine der Frauen inzwischen zu einer Bank in Bayern gewechselt. Angeblich wird es nach dem öffentlich gewordenen Eklat um die beiden Frauen allen Mitarbeitern der Bundesagentur für Arbeit verboten, private E-Mails während der Dienstzeit zu schreiben. Was davon stimmt, lässt sich nicht im Detail klären. Es kursieren Andeutungen, Vermutungen, Gerüchte. Eines jedoch ist aller Wahrheitsfragen zum Trotz gewiss: Die Dokumentation eines fatalen Tippfehlers im Sommer des Jahres 2006 und die Identität der beiden Frauen lässt sich auch heute noch ohne größere Schwierigkeiten recherchieren. Die für den Augenblick gemeinte Kommunikation ist alles andere als vergänglich; das digitale Stigma bleibt bestehen. Ohne Chance auf Tilgung, unverändert.

---

195 VÖLKERLING, JÖRG (2006): Sex-Tratsch per E-Mail... und die ganze Behörde liest mit. In: *Bild.de* vom 18.08.2006. http://www.bild.de/BTO/news/aktuell/2006/08/19/s-e-x-tratsch-email-buero/s-e-x-tratsch-arbeitsagentur.html [28.06.2011].

4. DIE VERRÄTERISCHE SMS UND DIE ÖKONOMIE DER MORAL

VOM GERÜCHT ZUM BEWEIS

Die sms ist das mediale Instrument der lockeren Fokussierung. Sie zwingt zur Verdichtung. Wer sms-Nachrichten schreibt, kommt ohne Umschweife zur Sache und formuliert in der Regel in einer Weise, die sich nicht den Ansprüchen der standardsprachlichen, der schriftlichen Kommunikation beugt. Es handelt sich um geronnene, ergebnisorientierte Mündlichkeit, leicht produziert und doch womöglich auf Dauer fixiert. Die mediale Form selbst reizt zur Darstellung des Privaten; sie begünstigt die Präsentation von Inhalten und Intimitäten, die dann in einem anderen Kontext als Belege für Normverletzungen eingesetzt werden können – und in dieser Funktion den Rang eines schriftlichen Dokuments erreichen und nicht mehr als bloße Kolportage oder ephemere Äußerung gelten, über deren Realitätsgehalt kontrovers diskutiert werden könnte. sms sind in der Regel an einen bestimmten Adressaten gerichtete, auf dem Handy des Senders und des Empfängers gespeicherte Ad-hoc-Mitteilungen, die aufgrund ihres eigentümlichen Zwitterstatus eine potenziell riskante *Medialitätsvergessenheit* provozieren. Diese Medialitätsvergessenheit – das fehlende Gespür für die Verwertungsbedingungen und die eigentlichen Merkmale des verwendeten Mediums – illustrieren unterschiedliche Skandale und Affären, die ihre besondere Brisanz gerade dem sms-Beweis verdanken.[196] Wer in rascher Folge simst, der übersieht nur allzu leicht, dass man hier immer auch den Moment überdauernde Schriftstücke kreiert, dass man eben nicht notwendigerweise nur für den Augenblick formuliert, sondern faktisch Texte schreibt, die bleiben, wenn sie nicht gezielt gelöscht werden.

---

196 Beispielhaft sei hier die Affäre um den finnischen Außenminister Ilkka Kanerva genannt, der zurücktreten musste, weil er einer Striptease-Tänzerin eindeutige sms-Botschaften zukommen ließ. Eine Auswahl seiner Texte wurde von einem finnischen Klatschmagazin veröffentlicht. Siehe: BAKER, GRAEME (2008): Finnish Minister Quits Over Saucy Texts. In: *The Telegraph* vom 02.04.2008. http://www.telegraph.co.uk/news/worldnews/1583679/Finnish-minister-quits-over-saucy-texts.html [25.03.2011].

Diese Texte werden, einmal dem Ursprungskontext ihrer Verwendung entrissen, womöglich zu Dokumenten der Diffamierung und der Demontage; sie erlauben es, das noch fragile Gerücht mit einem definitiven Beweis zu unterfüttern; und sie können, einmal publiziert, einen Weltstar und eine Milliardenindustrie in Gefahr bringen – eben dies zeigt die Geschichte von Tiger Woods, Golfstar mit Saubermann-Image, erster Selfmade-Milliardär der Sportgeschichte, Ikone eines Marktes, der letztlich von seinem Wohlverhalten und einer möglichst bruchlosen Inszenierung abhängig ist.

Die erste, die heile Werbewelt bedrohende Nachricht, das erste Signal, dass etwas mit Tiger Woods nicht stimmt, geht auf ein Ereignis in den frühen Morgenstunden des 27. November 2009 zurück.[197] Um 2:25 Uhr kracht der Golfer mit seinem Cadillac Escalade nur wenige Meter von seinem Haus in Florida entfernt zuerst in einen Feuerhydranten, dann in einen Baum in der Nachbarschaft. Seine Ehefrau Elin Nordegren demoliert mit einem Golfschläger das Heckfenster des Wagens, um, so sagt sie später der Polizei, ihren ohnmächtig gewordenen Gatten zu befreien, also Unfallhilfe zu leisten – eine Geschichte, die von zahlreichen Medien allerdings nicht geglaubt, sondern als eine Eruption ehelicher Gewalt beschrieben wird. Wenige Tage später, am 2. Dezember 2009, publiziert das amerikanische Magazin *Us Weekly* die Bekenntnisse der Kellnerin Jaimee Grubbs. Sie sind der entscheidende Startschuss für eine Monate andauernde Berichterstattung über eine Fülle von Affären. Die Geschichte firmiert fortan unter dem Namen *Tigergate*. Sie habe, so gibt Grubbs bekannt, eine 31 Monate währende Affäre mit Tiger Woods gehabt. Der Beweis: 300 SMS-Botschaften, von denen in der Folge zahlreiche im Netz und auf den Webseiten von Boulevardmedien nachzulesen sind. Es sind erotisch anspielungsreiche, in zahlreichen Medien und Blogs zitierte Kurzdialoge, die man hier findet; knappe Statements, die mit dem Ziel formuliert wurden, sich der wechselseitigen Verfügbarkeit und sexuellen Bereitschaft zu ver-

197 Zur Genese des Skandals siehe: MAHONEY, JILL (2009): Chronology of the Tiger Woods Scandal. In: *The Globe and Mail* vom 08.12.2009 (letztes Update: 05.04.2010). http://www.theglobeandmail.com/sports/chronology-of-the-tiger-woods-scandal/article1392768/ [22.06.2011].

gewissern.[198] Sie geben dem britischen Kolumnisten Alexander Chancellor Anlass zu pessimistischen Klagerufen in der Form eines Essays, die durchaus medientheoretisch von Interesse sind. In seinem Essay über den »Lüstling mit Stil« (gemeint ist John F. Kennedy) vergleicht und kontrastiert er die vorsichtig werbenden Liebesbriefe, die Kennedy an die Schwedin Gunilla per Post schickte, mit den auf rasche Befriedigung der eigenen Bedürfnisse fixierten Sex-SMS von Tiger Woods, mit denen dieser seine Gespielinnen alarmierte und zum Versand von Nacktfotos drängte. »Nicht zuletzt ist wohl auch das Mobiltelefon mit schuld daran«, so heißt es, »dass heutzutage auf so grauenvolle Art gebalzt wird. Ein handgeschriebener Brief klingt selten tölpelhaft, und ebenso selten kommt es vor, dass eine SMS romantisch klingt. Briefe sind dazu da, dass man sie aufbewahrt und immer wieder liest. Bei SMS geht es darum, so schnell wie möglich auf den Punkt zu kommen.«[199] Es ist der Wechsel von der Beschwörung der Nuance zum Befehl, die Transformation des ersehnten Gegenübers vom verehrten Subjekt in ein allein zu eigenen Zwecken benutztes Objekt, die Alexander Chancellor beschreibt. Brief und SMS sind ihm Metaphern eines je besonderen Selbst- und Weltverhältnisses.

Aber wie dem auch sei: Es sind nicht allein die als stilistisch minderwertig klassifizierten SMS-Nachrichten, die Tiger Woods blamieren. Es ist auch eine Nachricht von der Mailbox des Handys von Jaimee Grubbs, die im Netz auftaucht. Nachzuhören für jeden, der möchte. Hier bittet Tiger Woods sie darum, möglichst rasch ihren Namen auf ihrer Mailbox-Ansage zu löschen, denn die Kontaktdaten seines Handys befänden sich inzwischen in den Händen seiner Frau, und es sei immerhin möglich, dass sie die Nummern abtelefoniere und sie alsbald einen Anruf bekomme. Grubbs löscht zwar, so behauptet sie, tatsächlich ihren Namen, beteiligt sich aber sonst in keiner Weise an den verzweifelten Versuchen von Tiger Woods, die Spuren ihres Verhältnisses zu

---

198 Siehe exemplarisch: o. A. (2009): Text Messages between Tiger Woods and Jaimee Grubbs. In: *New York Post* vom 10.12.2009. http://www.nypost.com/p/news/national/text_messages_between_tiger_woods_lh2ptFU8WhzJEBD8f2CcgO [25.04.2011].
199 CHANCELLOR, ALEXANDER (2010): Lüstling mit Stil. In: *Freitag.de* vom 22.02.2010. http://www.freitag.de/alltag/1007-jfk-kennedy-liebesbriefe-sms-sex-fotos-tiger-woods [25.06.2011].

verwischen. Im Gegenteil. Sie tingelt durch Talkshows, lässt sich befragen, posiert für erotische Fotos und entschuldigt sich in einer rührselig inszenierten Fernsehsendung bei der gehörnten Ehefrau, um das plötzliche Aufmerksamkeitshoch zu stabilisieren. *Die Reuebekundung dient hier als dürftige Legitimation und scheinbar moralische Rechtfertigung für weitere Auftritte und die Exzesse der Follow-up-Berichterstattung, in deren Verlauf man immer neue intime Details ausbreitet.*

Allmählich werden zahlreiche andere Affären bekannt. Andere Frauen folgen dem Beispiel von Jaimee Grubbs; sie hat, so lässt sich in der Rückschau feststellen, den Standard und den Stil gesetzt. Der Pornostar Joslyn James veröffentlicht intime, noch ungleich roher formulierte SMS-Botschaften, spricht über die Details der sexuellen Begegnungen mit Tiger Woods. »Ich kann mir ihren Schmerz gut vorstellen, und es tut mir leid« gibt das Modell Cori Rist in der US-Fernsehsendung *Today* bekannt – auch dies eine inszenierte Reuebekundung. Von diversen Geliebten gibt es Fotos; einzelne geben Pressekonferenzen oder treten im Radio auf. Es kursieren Fantasiezahlen und kaum einschätzbare Geschichten und Behauptungen. Immer neue angebliche oder tatsächliche Geliebte tauchen auf und bemühen sich darum, ihre Geständnisse zu vermarkten, berichten von vermeintlichen erotischen Vorlieben und gemeinsamen Partys – und übergeben, was immer an Material verfügbar erscheint, den Boulevardmedien und den aggressiv agierenden, systematisch mit dem Scheckbuch arbeitenden Klatschportalen wie TMZ.com, die den Skandal nach Kräften ausschlachten.[200]

DIE DRAMATURGIE DER ÖFFENTLICHEN BEICHTE

Im Gegenzug wählt Tiger Woods, um die wild wuchernden Gerüchte zurückzudrängen, die *Strategie der gezielten Quellenreduktion und der möglichst autonomen Reaktion*. Er verweigert sich den immer drängenderen Interviewanfragen, reagiert aber gleichwohl unmittelbar und nutzt

200 Zur Arbeitsweise der Redaktion des Klatschportals TMZ.com siehe: BETHGE, PHILIP/MARTIN U. MÜLLER (2011): Gerüchts-Reporter. In: *Der Spiegel* vom 30.05.2011. Nr. 22. S. 132-134.

seine Webseite *Tigerwoods.com* als Instrument des strikt monologisch organisierten Skandal- und Krisenmanagements. Offenkundig gilt es, die weitaus größere Unkontrollierbarkeit einer Pressekonferenz oder eines großen Interviews zu vermeiden, die Proliferation der Gerüchte durch Fokussierung einzudämmen, der Empörung durch immer neue Entschuldigungen und eine selbstverordnete Phase des Rückzugs aus dem Turniergeschäft die Spitze zu nehmen – und ansonsten für das Grundrecht auf Privatheit zu werben. *Seine Website wird zur einzigen Quelle der Selbstdarstellung – ein Versuch, durch die störungsfreie, die massenmedial unverzerrte Verlautbarung zu punkten und den Direktkontakt zum Publikum herzustellen. Auch Prominente, so zeigt sein Fall, kreieren ihren eigenen Kanal – und stellen die erwünschte Gegenöffentlichkeit selbst her.* Schon den Unfall vor seinem Haus hat er auf *Tigerwoods.com* kommentiert oder kommentieren lassen. Seine Frau habe ihm geholfen in dieser Nacht, so schreibt er, alle anderen Gerüchte seien haltlos; das Ganze sei ihm peinlich und er bitte um Respekt vor seiner Familie. Auf die Veröffentlichung von *Us Weekly* in Sachen Jaimee Grubbs reagiert er nur kurze Zeit später auf seiner Website mit dem Hinweis auf nicht näher spezifizierte »Normverletzungen«, die er von »ganzem Herzen« bedaure. Erneut bemüht er sich darum, seine Privatsphäre zu schützen und nutzt seine Website auch für die Kritik an den Exzessen des Prominentenjournalismus. »Ich erörtere mein Verhalten und meine persönlichen Schwächen mit meiner Familie hinter verschlossenen Türen. Diese Gefühle sollten nur von uns allein geteilt werden«, so heißt es in einer Erklärung. »Auch wenn ich eine allgemein bekannte Person bin und eine erfolgreiche Karriere als Berufsathlet aufgebaut habe, musste ich mit einiger Bestürzung zur Kenntnis nehmen, was eine intensive Beobachtung und Verfolgung durch die Boulevardpresse tatsächlich bedeutet. [...] Wie groß aber die Neugier in Bezug auf öffentliche Personen auch immer sein mag, es steht ein wichtiges und fundamentales Prinzip auf dem Spiel, und das ist das Recht auf ein einfaches und menschliches Maß an Privatheit. Es ist mir klar, dass es Menschen gibt, die meine Auffassung zu diesem Thema nicht teilen. Für mich ist jedoch Privatheit eine auf intime und familiäre Angelegenheiten bezogene Tugend, die geschützt werden muss. Persönliche Sünden sollten keine Presseveröffentlichungen nach sich ziehen, und Probleme innerhalb einer Familie sollten nicht öffentliche Bekenntnisse erforderlich machen.«²⁰¹

Abb. 22: Tiger Woods bei der von ihm einberufenen Pressekonferenz in einem Clubhaus des US-Golfverbandes in Florida.

Allerdings lässt sich die Bekenntnisverweigerung nicht durchhalten, erweist sich doch der Druck der eigenen Sponsoren und die Macht der eingeführten Rituale als zu stark. Die aufgeputschten Gefühle der Öffentlichkeit, so diagnostiziert David Rosen in seinem Buch über Sexskandale in den USA, zielen auf die Erniedrigung und öffentliche Beichte des Protagonisten. Man fordert das Bekenntnis der eigenen Schuld und die öffentlich zelebrierte Sühne und verwandelt die eigene moralische Selbstvergewisserung zunehmend in ein großes Spektakel, eine Soap mit Echtheitsanspruch, die vor allem der Unterhaltung dient.²⁰² Das Publikum möchte die Fortsetzung sehen und erleben, möchte teilhaben an allen Phasen des Purgatoriums, des medialen Fegefeuers. Tiger Woods reagiert schließlich am 19. Februar 2010 mit einem präzise durchgeplanten Auftritt in einem Clubhaus des US-Golfverbandes in Florida. Zugegen sind Freunde, ausgesuchte Unterstützer, Angestellte

201 WOODS, TIGER (2010): Tiger Comments on Current Events. In: *Tigerwoods.com* vom 02.12.2009. http://web.tigerwoods.com/news/article/200912027740572/news/ [22.06.2011].
202 ROSEN, DAVID (2009): *Sex Scandal in America. Politics & the Ritual of Public Shaming*. Toronto: The Key Publishing House Inc.

und Geschäftspartner und die eigene Mutter, deren Reaktion die Kamera wiederholt einfängt.

Alles wird live im Fernsehen übertragen: das erneute Schuldbekenntnis, der betroffene Blick ins Publikum, die wiederholte Bitte um Entschuldigung, der Hinweis, er habe sich in therapeutische Behandlung begeben und erneut den Lehren des Buddhismus zugewandt, die abschließende, lange dauernde Umarmung der Mutter, das leichte Schnäuzen und Schluchzen. *Es ist der überinszeniert wirkende Versuch einer möglichst effektiven Gegeninszenierung, dem man hier beiwohnt; es ist die Hohlform einer Dramaturgie, die vor allem darauf zielt, die Gemüter zu beruhigen, die Sponsoren zu besänftigen, den Imageschaden doch noch irgendwie zu minimieren.* Nichts fehlt, um die erneute Einordnung in das etablierte Wertegefüge öffentlich zu zelebrieren. *Apology Dramatics* nennt man diese Form der öffentlichen Beichte, die verlorene Glaubwürdigkeit zurückbringen und die Katharsis unter den Augen des Publikums ermöglichen soll.[203]

WERBEINDUSTRIE UND MEDIENINDUSTRIE

Es geht bei all dem natürlich nicht allein oder doch nicht primär um die Wiedergutmachung privater Verfehlungen, sondern schlicht darum, den eigenen Markt zu retten und zu verteidigen – und die weitere Vernichtung von Kapital abzuwenden. Tiger Woods war stets einer der bestbezahlten Sportler mit einem Jahreseinkommen von mehr als 100 Millionen Dollar.[204] Schon in den ersten Wochen nach Ausbruch des Skandals wurden

---

203 Die Dramaturgie der öffentlichen Reuebekundung in unterschiedlichen gesellschaftlichen Sphären (Politik, Religion, Sport, Kunst) wird in folgendem Artikel beschrieben: FLEISCH-HAUER, JAN/MARC HUJER/KERSTIN KULLMANN/DIRK KURBJUWEIT/ROMAIN LEICK/RALF NEUKIRCH/PETER WENSIERSKI (2010): Aufstieg einer Sünderin. In: *Der Spiegel* vom 01.03.2010. Nr. 9. S. 66-74.
    Siehe auch: SERRAO, MARC FELIX (2011): Umgang der US-Medien mit Skandalen. Lachen und Lynchen. In: *Sueddeutsche.de* vom 08.06.2011. http://www.sueddeutsche.de/leben/umgang-der-us-medien-mit-skandalen-lachen-und-lynchen-1.1106654 [25.06.2011].
204 BADENHAUSEN, KURT (2009): Forbes Sports Valuations. The World's Highest-Paid Athletes. Nothing Can Stop the Tiger Woods Money Machine. In: *Forbes.com* vom 17.06.2009. http://www.forbes.com/2009/06/17/top-earning-athletes-business-sports-top-earning-athletes.html [25.06.2011].

Sponsorenverträge von Tiger Woods von der Telekommunikationsfirma AT&T und der Unternehmensberatungsfirma Accenture gekündigt, wurden bereits produzierte Spots nicht weiter ausgestrahlt und Kampagnen storniert (z. B. die Werbung für das Getränk Gatorade), ließen einzelne Sponsoren (Gillette) ihr Engagement ruhen oder bezogen doch zumindest Stellung – und erklärten öffentlich, zu ihm zu stehen (Nike). Die Wirtschaftswissenschaftler einer amerikanischen Universität rechneten vor, dass innerhalb von 13 Handelstagen nach dem Autounfall und den ersten vorsichtigen Geständnissen und Erklärungen die Sponsoren zwischen fünf und zwölf Milliarden Dollar an Börsenwerten verloren geben mussten. Gleichzeitig explodierten, so gaben ihrerseits amerikanische Medienmacher zu Protokoll, die Auflagen der Klatsch- und People-Magazine, die geschlossen mit dem Fall aufmachten, ihm eine gewaltige Zahl von Titelgeschichten widmeten.[205] Die allmähliche Entfesselung des Skandals hat also, rein ökonomisch betrachtet, dazu geführt, dass zwei Märkte kollidiert sind, die von konträren Interessen regiert werden. Beide brauchen sie die Medienfigur Tiger Woods, aber eben in unterschiedlicher, letztlich gegenläufiger Art und Weise. Für die Werbeindustrie ist der Golfer als ein »Musterathlet ohne Makel« (*Stern.de*) interessant, dessen lange vorbereitete Karriere sich weiterhin präzise planen und gezielt vermarkten lässt. *Hier muss der Normalitäts- und Inszenierungsbruch, hier muss jede öffentlich werdende Verfehlung bedrohlich erscheinen, denn man benötigt die Moral bzw. den Anschein der Moral der hoch bezahlten Stars für das eigene ökonomische Kalkül.* Für die Medienindustrie und den globalen Handel mit Emotionen ist die öffentliche Demontage des Ausnahmesportlers hingegen ein Quoten- und Auflagenbringer par excellence. *Erst der Normalitätsbruch mit seiner Kulmination im Sexskandal ist wirklich ertragreich; erst die öffentlich werdende Unmoral der Stars ist es, die den besonderen Profit begründet.*

Inzwischen ist diese Kollision der Interessen zugunsten der Werbeindustrie mit ihrem Konzept einer konfliktfreien, aseptischen, möglichst umfassend zustimmungsfähigen Normalität entschieden. Tiger

205 Zur Skandalisierung durch die Medien siehe exemplarisch: SIERING, FRANK (2009): Das Geschäft mit »Tigergate«. In: *Stern.de* vom 10.12.2009. http://www.stern.de/lifestyle/leute/tiger-woods-das-geschaeft-mit-tigergate-1528322.html [25.06.2011].

Woods und Elin Nordegren haben auf der Website, dem Zentralorgan der ungestörten Selbstpräsentation und der privaten Gegenöffentlichkeit, die Scheidung bekannt gegeben und eine letzte gemeinsame Erklärung veröffentlicht.[206] Der Sportler ist, begleitet von einigen wenigen gezielten Interviews, auf den Golfplatz zurückgekehrt. Und die Bilanz stimmt wieder, die Matrix der gefälligen Inszenierung scheint erneut intakt, auch wenn Gehaltseinbußen zu verzeichnen waren und sind, diese immerhin im Volumen von rund 25 Millionen Dollar. In den letzten zwölf Monaten hatte Tiger Woods, so die entsprechende Schätzung der Zeitschrift *Forbes*, ein Jahreseinkommen von 75 Millionen Dollar – und kann sich damit trotz allem und trotz der Verluste weiterhin an der Spitze der Bestverdiener im Sportgeschäft behaupten. Der Skandal um die verräterischen SMS, die nach wie vor im Netz kursieren, hat ihm ökonomisch nicht wirklich geschadet, ihn keineswegs ruiniert. Alle anderen möglichen Schäden, von denen man im Moment medialer Erregung gehört hat, sind unvermeidlich Spekulation.

206 o.A. (2010): A Statement from Elin Nordegren and Tiger Woods. In: *Tigerwoods.com* vom 23.08.2010. http://web.tigerwoods.com/news/article/2010082313818490/news/ [25.06.2011].

5. DIE PEINLICHE TWITTER-MELDUNG UND DIE NATUR DER SEXUALITÄT

DEFINITION DES KONTROLLVERLUSTES

Der Kontrollverlust im digitalen Zeitalter, so heißt es in einer erhellenden Definition, »entsteht, wenn die Komplexität der Interaktion von Informationen die Vorstellungsfähigkeiten eines Subjektes übersteigt«.[207]
Man kann sich, etwas weniger abstrakt formuliert, beim besten Willen
nicht vorstellen, was mit den eigenen Daten geschieht, wer sie plötzlich zu sehen bekommt, in welchen Kombinationen und Kontexten
sie eines Tages auftauchen. Auch Anthony Weiner, smarter Senkrecht-
starter der Demokraten mit besten Kontakten zum politischen Establishment, Kongressabgeordneter und möglicher Kandidat für das Amt
des Bürgermeisters in New York, konnte sich die Interaktion der von
ihm in Umlauf gebrachten Daten und Dateien nicht ausmalen. Wenige
Wochen, bevor seine Karriere in einem Cybersexskandal implodierte
und er von seinem Amt zurücktrat, traf er einen Reporter, um sich mit
ihm über Twitter und Facebook zu unterhalten.[208] Ja, er gehe offensi-
ver mit Twitter um als andere Politiker und Kongressabgeordnete; ja,
er werde, das könne er schon heute mit »metaphysischer Gewissheit«
sagen, eines Tages Fehler machen, Menschen verletzen und um Verzeihung bitten müssen. Ja, manchmal vergesse er im spielerischen Einsatz
des Microblogging-Dienstes Twitter eben dies, die notwendige Vorsicht,
das mögliche Risiko. Für eventuelle Kränkungen wolle er sich deshalb
vorsorglich schon einmal entschuldigen. Vorsichtig, das lässt sich mit
Sicherheit sagen, war Anthony Weiner nicht, und auch seine pauschale
Entschuldigung musste er in einer dramatisch-bizarren Pressekonferenz kurze Zeit später wiederholen.

207 SEEMANN, MICHAEL (2011): Vom Kontrollverlust zur Filtersouveränität. In: *Carta.info* vom
06.04.2011. http://carta.info/39625/vom-kontrollverlust-zur-filtersouveranitat/comment-
page-1/ [30.05.2011].
208 PARKER, ASHLEY (2011): A Candid, and Prophetic, Interview With Weiner. In: *City Room*
vom 07.06.2011. http://cityroom.blogs.nytimes.com/2011/06/07/a-candid-and-prophetic-
interview-with-weiner [15.06.2011].

Was ist zwischen einem prophetischen Interview und dem Tag seines Rücktritts am 21. Juni 2011 passiert? Die Antwort lautet: Anthony Weiner hat in einer Mischung aus Schusseligkeit und technischer Inkompetenz seine Anhänger und Twitter-Follower über seine Sexaffären im Online-Universum informiert, dann – als dies öffentlich wurde – zunächst alles abgestritten, dem überraschten Publikum eine Verschwörungstheorie präsentiert und gelogen, sich schließlich nach immer neuen Enthüllungen zunächst entschuldigt, aber auf dem Erhalt seines Amtes bestanden, um letztendlich doch noch zurückzutreten. Die Affäre beginnt mit einem dummen Fehler. In der Nacht des 27. Mai 2011 schickt Weiner von seinem dienstlichen Twitter-Account aus ein selbst fabriziertes Handyfoto an eine College-Studentin in Seattle – und wählt versehentlich den falschen Verteiler. Mit einem Mal ist das Bild einer grauen Unterhose, in der sich der erigierte Penis des Politikers abzeichnet, für Tausende von Followern in seiner Twitter-Timeline zu sehen.[209] Weiner bemerkt den Fehler, versucht in einem Anfall von Panik, das Bild zu löschen, die bereits interagierende Information zurückzuholen und die Ausbreitung des als »package.jpg« betitelten Attachments zu blockieren. Doch zu spät. Es existieren bereits Kopien des Bildes, auf die der konservative, im Frühjahr 2012 verstorbene Blogger Andrew Breitbart, der sein Geschäft einst bei Matt Drudge gelernt hat, aufmerksam wird. Breitbart veröffentlicht ein erstes Bild – und Weiner reagiert mit einer Lüge, einer klassischen *Grenzüberschreitung zweiter Ordnung*, die den ursprünglichen Skandal weiter anheizt.[210] Er behauptet in zahlreichen Interviews, sein Twitter-Account sei Opfer einer Hacker-Attacke und eines grausamen Scherzes geworden, er könne zwar nicht ausschließen, dass das Foto tatsächlich ihn in Unterhose zeige, aber er habe es eben nicht selbst verschickt. Er habe nun eine Internet-Sicherheitsfirma mit der Untersuchung der Vorgänge beauftragt und einen Anwalt kontaktiert. Schließlich tauchen weitere Bilder auf und werden auf Breitbarts Website *BigGovernment.com* veröffentlicht. Zu se-

209 KÖNIG, MICHAEL (2011): Skandal um Anthony Weiner. Erotischer Foto-Flirt ruiniert Polit-Karriere. In: *Sueddeutsche.de* vom 07.06.2011. http://www.sueddeutsche.de/politik/usa-skandal-um-anthony-weiner-erotischer-foto-flirt-ruiniert-polit-karriere-1.1106026 [15.06.2011].
210 Siehe hierzu die Abbildung nach John B. Thompson auf S. 105.

hen ist die nackte Brust des Politikers. Zu sehen ist Weiner mit zwei Katzen (»me and the pussys«). Man erkennt ihn halbnackt vor einem Spiegel. Und auf einem Foto hält er zum Beweis, dass er es wirklich ist, er, der Kongressabgeordnete, der Hoffnungsträger der Demokraten, einen Zettel hoch, auf den er ›me‹ gekritzelt hat. Überdies findet sich auf *Biggovernment.com* ein erstes Mal der diskret-indiskrete Hinweis von Andrew Breitbart, man sei im Besitz eines weiteren, deutlich obszöneren Fotos von Weiner, das nun wirklich keinerlei Raum mehr für Fantasie und Spekulation lasse.[211] Die 26-jährige Studentin Meagan Broussard gibt sich in einem offenen Brief auf *BigGoverment. com* als eine Online-Partnerin zu erkennen, die sich einer erotisch-anzüglichen Kommunikation eher verweigert habe. »Er versuchte, mich zu zwingen, über mein sexuelles Leben zu reden«, so schreibt sie, »und ich sagte ihm gerade heraus, ich bin da eher zurückhaltend und verschlossen. Ich war wirklich deutlich. Er fragte mich verschiedene abstruse Dinge wie zum Beispiel ›Hast du mich vermisst?‹. Ich habe das einfach nicht begriffen – wie konnte ich jemanden vermissen, den ich nicht einmal kennengelernt hatte, den ich gar nicht kannte? Was kannst du denn überhaupt an mir vermissen, wenn du mich überhaupt nicht kennst?«[212] Auch andere Medien legen nun nach Kräften nach. *Radaronline* gibt bekannt, Fotos auf Facebook und eine Frau namens Lisa Weiss ausfindig gemacht zu haben, die behauptet, sie habe ein Online-Verhältnis mit Weiner unterhalten.[213] Die endlose, oft vulgäre Facebook-Korrespondenz mit der als Spielcasino-Angestellten arbeitenden Lisa Weiss wird breitflächig dokumentiert. Man publiziere das gesamte Transkript zum ersten Mal, so heißt es stolz.[214]

211 BREITBART, ANDREW (2011): Déjà Vu. Another Congressman Bares Naked Torso (and More) for Online Pal. In: *BigGovernment.com* vom 06.06.2011. http://biggovernment.com/abreitbart/2011/06/06/deja-vu-another-congressman-bares-naked-torso-and-more-for-online-pal/ [13.06.2011].

212 BROUSSARD, MEAGAN (2011): My Story. In: *BigGovernment.com* vom 06.06.2011. http://biggovernment.com/mbroussard/2011/06/06/my-story/ [14.06.2011].

213 PITZKE, MARC (2011): Skandal-Abgeordneter. Vom Weiner zum Würstchen. In: *Spiegel Online* vom 07.06.2011. http://www.spiegel.de/politik/ausland/0,1518,767015,00.html [13.06.2011].

214 o. A. (2011): Rep. Weiner's Cyber Sex Chat With Las Vegas Mistress – Word For Word. In: *Radaronline.com* vom 07.06.2011. http://www.radaronline.com/exclusives/2011/06/weiner-facebook-messages-lisa-weiss-sex-chat-las-vegas-mistress [15.06.2011].

DAS UNVOLLENDETE RITUAL

Am 6. Juni 2011 kommt es schließlich zu einem bizarren Showdown im Ballsaal eines Sheraton-Hotels in New York. Eigentlich hat sich um 16:00 Uhr Anthony Weiner zu einer Pressekonferenz angemeldet, die ein Befreiungsschlag werden sollte. Doch zunächst betritt sein Widersacher, der Netzjournalist Andrew Breitbart, überraschend das Podium und stellt sich an das Mikrofon, improvisiert aus dem Stand eine eigene Pressekonferenz, eilfertig befragt von den anwesenden Journalistinnen und Journalisten. Er sei, so lässt er verlauten, gerade zufällig in der Gegend – und fordere Anthony Weiner hiermit dazu auf, sich bei ihm zu entschuldigen. Schließlich habe er ihn in seinem Dementi (»Hacker«) eines Verbrechens verdächtigt, ihn als Lügner abgestempelt, obgleich alles, was er geschrieben habe, wahr sei. Erneut verweist er auf die Existenz des einen ominösen Fotos, das in seinem Besitz sei und das er mit Rücksicht auf Weiners Familie noch nicht publiziert habe. Aber wenn Weiner ihn bekämpfe, dann habe er eben dieses Bild als eine Waffe in der Hinterhand. Nach einer knappen Viertelstunde, die in eben diesem öffentlichen Einschüchterungs- und Erpressungsversuch gipfelt, überlässt Breitbart schließlich dem sichtlich schockierten Protagonisten Anthony Weiner das Feld, der alleine, ohne Beistand und Berater, ohne die Ehefrau Huma Abedin (einer engen Vertrauten und Mitarbeiterin Hillary Clintons) die Bühne betritt.[215]

Weiner greift auf fast alle klassischen Elemente einer längst eingespielten Dramaturgie der öffentlichen Reuebekundung zurück – aber eben nur fast.[216] Er übernehme die volle Verantwortung, so erklärt er. Er entschuldige sich bei seiner Frau Huma, seiner Familie, seinen politischen Freunden und Weggefährten, den Medien, die er so leichtfertig belogen habe. Er bitte, erklärt er mit den Tränen kämpfend, für seine Lügen um Verzeihung, sie seien seinem Versuch geschuldet, Schuld

---

215 Dass die Präsenz der Ehefrau eigentlich verlangt wird, zu einem wirksamen Ritual der öffentlichen Reuebekundung dazugehört, haben diverse Kommentatoren im Nachgang der Pressekonferenz deutlich gemacht.

216 Zum Ritual der Reuebekundung am Beispiel von Anthony Weiner siehe auch: SERRAO, MARC FELIX (2011): Umgang der US-Medien mit Skandalen. Lachen und Lynchen. In: *Sueddeutsche.de* vom 08.06.2011. http://www.sueddeutsche.de/leben/umgang-der-us-medien-mit-skandalen-lachen-und-lynchen-1.1106654 [14.06.2011].

und Schande von sich fernzuhalten, sich und seine Frau zu schützen. Es beginnt eine ausführliche Fragerunde, in der die Journalisten Anthony Weiner vor sich her treiben und sich Beobachter später wundern, weshalb er überhaupt so lange bleibt.[217] Warum seine Ehefrau nicht da sei? Ob sie sich von ihm trennen werde? Wie viele Frauen zu seinen Online-Gespielinnen gehört hätten? Ob das *Sexting*, der Versand erotisch-anzüglicher Bilder, während seiner regulären Arbeitszeiten passiert sei? Ob er seine Neigungen als krankhafte Abhängigkeit klassifiziert werden müssten und er sich in Behandlung begeben werde? Und immer wieder: Ob er sich nicht bei Andrew Breitbart entschuldigen wolle?

Abb. 23: Ein missglückter Versuch des Skandalmanagements – Anthony Weiners fatale Pressekonferenz.

Unter dem Druck der Journalisten und inmitten einer Pressekonferenz, die zunehmend entgleist und in deren Verlauf Anthony Weiner die Selbstdemontage durch immer neue Auskünfte und Antworten stetig verschärft und verschlimmert, antwortet er zunächst ausweichend, entschuldigt

---

217 POWELL, MICHAEL (2011): Confession and Apology, Long and Late. In: *The New York Times* vom 06.06.2011. http://www.nytimes.com/2011/06/07/nyregion/from-anthony-weiner-confession-and-apology-long-and-late.html?_r=1&scp=11&sq=Anthony%20Weiner&st=cse [15.06.2011].

sich schließlich auch bei seinem Verfolger – und sagt den entscheidenden Satz: »Ich entschuldige mich bei Andrew Breitbart.« (Breitbart wird die erzwungene Selbstunterwerfung später mit den folgenden Worten kommentieren: »Genugtuung strömt durch meine Venen.«) Entscheidend ist jedoch: Anthony Weiner tritt nicht zurück und verweigert die letzte Schrittfolge eines bereits ausbuchstabierten Scripts, den Schlussakt in einem Drama, das längst vorgezeichnet ist. *Das Ritual der Reuebekundung, das in dem eigenen Sturz gipfelt, bleibt unvollendet und damit letztlich wirkungslos.* Schließlich habe er keine der sechs Frauen je in seinem Leben getroffen, der Ehebruch sei nur virtuell gewesen, die Sexualität nicht echt, nicht real im Sinne einer direkten, einer physischen Begegnung. Überdies habe er keine Gesetze gebrochen. Er wolle und werde im Amt bleiben und sein Abgeordnetenmandat nicht abgeben.

DIE REALITÄT DES VIRTUELLEN

Eine solche Begründung ist, abstrahiert man für einen Moment von den Schrecken der Situation, durchaus aufschlussreich, illustriert sie doch, dass sich im Online-Universum, wie die Wissenssoziologin Sherry Turkle argumentiert, alte Fragen ganz neu stellen. Der Computer und die von ihm erzeugte Wirklichkeit – dies ist die Kernthese ihrer Bücher – wirkt als ein *evokatives Objekt*, als eine provozierend-stimulierende Spiegelung des eigenen Selbst und als Anlass für tiefgründige Reflexionen über die Realität des Virtuellen und die Natur der Intimität.[218] Am Beispiel des Cybersex-Skandals sieht man sich etwa mit der grundsätzlichen Frage konfrontiert, was eigentlich »das Wesen von Sexualität und Treue ausmacht. Ist es die körperliche Interaktion? Ist es das Gefühl der emotionalen Nähe zu einem anderen als dem primären Beziehungspartner? Findet Untreue im Kopf oder im Körper statt? Liegt sie im Wunsch oder in der Tat? Worin besteht der Treuebruch?«[219] Allerdings bleibt

218 TURKLE, SHERRY (1998): *Leben im Netz. Identität in Zeiten des Internet.* Reinbek bei Hamburg: Rowohlt. S. 31.
219 TURKLE, SHERRY (1998): *Leben im Netz. Identität in Zeiten des Internet.* Reinbek bei Hamburg: Rowohlt. S. 364.

die Auffassung, Weiner könne den Skandal überleben, weil es »keinen physischen Kontakt« gegeben habe und der Sex nur virtuell gewesen sei, eine Minderheitenposition. Kaum jemand vertritt sie wirklich engagiert und mit voller Überzeugung.[220]

Das Argument der vergleichsweise weniger dramatischen Virtualität des Vergehens vermag vermutlich auch deshalb nicht zu verfangen, weil sich schon kurz nach dem Ende der Pressekonferenz die Ereignisse erneut dramatisch zuspitzen, weil weiteres Material an die Öffentlichkeit dringt und sich der Druck auf Weiner verstärkt. Für das sehr reale Risiko seiner Eskapaden mit mehr oder minder Fremden hatte der Politiker, so wird immer deutlicher, ganz offensichtlich keinerlei Gespür. *Sein Risikobewusstsein scheint ihm in der virtuellen Zwittersphäre abhanden gekommen zu sein, agiert er doch so, als finde sein Handeln in einem real-irrealen Paralleluniversum statt, das nicht von den sonst üblichen Regeln und Gesetzen regiert wird.* Bereits einen Tag nach seinem Auftritt im Sheraton-Hotel ist Andrew Breitbart zu Gast in einer Radioshow, wird hier gebeten, das bislang nicht veröffentlichte Foto zumindest den Anwesenden zu zeigen. Und so kommt es, dass der Netzaktivist mit seinem Hass auf Linke und seiner Fähigkeit zur Kampagne die Redakteure der Show auf sein Blackberry blicken lässt. Wie durch Zufall läuft eine Kamera mit, die Breitbart nicht bemerkt haben will. Weniger zufällig ist es dann, dass ein Moderator der Show das Kamerabild seinerseits abfotografiert – und das Foto, das Weiner selbst eines Tages verschickt haben muss und das mutmaßlich den Penis des Politikers zeigt, ins Netz stellt, wo es fortan kursiert.[221]

In den folgenden Tagen setzt sich die Demontage des Anthony Weiner fort, nicht nur in Form von satirischen Fernsehshows, von Hohn und humoristisch-vulgären Namensspielen, einem Fake-Account auf Twitter, der u. a. mit dem Foto seiner Unterhose aufmacht. (Der Name

220 SHEAR, MICHAEL D. (2011): Five Reasons Weiner Might Survive – and Five He Might Not. In: *The Caucus. The Politics and Government Blog of The Times* vom 07.06.2011. http://thecaucus. blogs.nytimes.com/2011/06/07/five-reasons-weiner-might-survive-and-five-he-might-not/?scp=18&sq=Anthony%20Weiner&st=cse [15.06.2011].
221 STAUN, HARALD (2011): Bloggen von rechts. Allein gegen die Medien. In: *Faz.net* vom 14.06.2011. http://www.faz.net/artikel/C31013/bloggen-von-rechts-allein-gegen-die-medien-30438043. html [15.06.2011].

Weiner wird im Englischen ›Wiener‹ ausgesprochen, umgangssprachlich ein Synonym für das männliche Geschlecht). Parteifreunde lassen
ihn fallen. Eine von Demokraten initiierte Ethikkommission soll sich,
so heißt es, des Falles annehmen. Es wird bekannt, dass vermutlich
auch eine 17-Jährige zu seinen Online-Kontakten gehörte und diverse
Fotos im Fitness-Studio des Kongresses entstanden sind. Den immer
lauter werdenden Rücktrittsforderungen entzieht sich Weiner allerdings noch – und lässt über seine Sprecherin Risa Heller erklären, er
habe sich in therapeutische Behandlung begeben, um ein »gesünderer
Mensch« und ein »besserer Ehemann« zu werden. *Auch dies, der Gang in
die Klinik, die medizinisch-therapeutische Behandlung, ist ein dramaturgisch fest
etabliertes Element in einem öffentlich zelebrierten Reinigungsritual.* Es zielt
darauf, den Eindruck der authentischen Schuldeinsicht und das ernsthafte Bemühen um Buße und Läuterung zu verstärken, wird doch »die
Krankheit« akzeptiert, die Handlungsnotwendigkeit anerkannt und die
Bewältigung mit der Hilfe von Fachleuten in Angriff genommen, die
womöglich eines Tages auch bereit sind, die endgültig erfolgte Heilung
offiziell zu bestätigen. Aber in diesem Fall kommt das Ausweichmanöver
(Eingeständnis der eigenen ›Krankheit‹, Rückzug aus der Öffentlichkeit, Ankündigung einer beruflichen Auszeit) zu spät. Schließlich legt
ihm selbst Barack Obama den Rücktritt nahe, noch bevor der ehemalige
Pornostar Ginger Lee öffentlich berichtet, Weiner habe sie gebeten, den
Inhalt ihrer Online-Korrespondenz zu verschweigen und zu lügen. Kurz
darauf tritt Anthony Weiner, der erste Politiker, der über eine fehlgelei-
tete Twitter-Meldung stürzte, in einem Altersheim in Brooklyn erneut
vor die Presse – und liefert, unterbrochen von triumphierenden Jubel-
schreien und hasserfüllten Zwischenrufen (»Bye-bye, Perversling!«),
seine längst erwartete Rücktrittserklärung, dankt seiner Frau, seiner
Familie, seinen Wählern, beschwört Gott und das Vaterland, die Ideale
von Amerika. »Ich hatte gehofft, die Arbeit fortsetzen zu können für
die Bürger in meinem Wahlkreis, die mich gewählt haben«, so sagt er
bei seiner letzten Pressekonferenz als Abgeordneter. »Leider ist das
durch die von mir geschaffene Ablenkung unmöglich geworden.« Fragen im Anschluss sind dieses Mal nicht vorgesehen. Alles ist nach nur
vier Minuten vorbei.

6. DIE SOCIAL-MEDIA-KAMPAGNE VON GREENPEACE UND DIE OHNMACHT DER MACHT

DIE KLASSISCHE SKANDALDIDAKTIK

Die Aktion hat auf den ersten Blick alles, was eine klassische Greenpeace-Kampagne ausmacht, die das Internet nicht braucht und die auch auf Plakaten und Postern, in Zeitungsanzeigen oder in Fernsehfilmen funktionieren würde. Es existiert eine archetypische David-gegen-Goliath-Konstellation; eine kleine, entschlossene Gruppe von Umweltschützern kämpft gegen einen mächtigen Weltkonzern, dessen Produkte jeder kennt. Es gibt starke, medial verwertbare Bilder von diesem Kampf. Es existieren aufrüttelnde Darstellungen von den Opfern und den Verwüstungen, denen sie ausgesetzt sind. Und es regiert unvermeidlich das Gebot der klaren, der äußerst übersichtlichen Rollenverteilung und der dramaturgischen Vereinfachung. Soweit entspricht alles einer erprobten, längst lehrbuchfähigen Skandaldidaktik, die die Regeln der menschlichen Wahrnehmung (die Orientierung am Konkreten, Anschaulichen, am Punktuellen und Personalisierbaren) und der medienförmigen Aufmerksamkeitssteuerung (die Produktion eingängiger Bilder und prägnanter Botschaften) geschickt mit der Agenda des Umweltschutzes kombiniert.[222] Gleichwohl entwickelt sich in den Tagen nach dem 17. März 2010 eine eigene Empörungsdynamik, weil Greenpeace zum ersten Mal in dieser Intensität soziale Netzwerke als Kampagnenmedien einsetzt – und der Gegner, das Unternehmen Nestlé, immerhin der größte Lebensmittelkonzern der Welt, einigermaßen konfus bzw. kontraproduktiv reagiert.[223]

---

[222] Zur Machart von klassischen Greenpeace-Kampagnen siehe die instruktive Analyse von: KOCH, SVENJA (2009): Umweltkampagnen mit Herz und Verstand. Strategien der Greenpeace-Kommunikation. In: ULRIKE RÖTTGER (Hrsg.): *PR-Kampagnen. Über die Inszenierung von Öffentlichkeit.* 4., überarbeitete und erweiterte Aufl. Wiesbaden: VS Verlag für Sozialwissenschaften. S. 109-115.

[223] Zu den Hintergründen der Kampagne siehe: SEIBT, SÉBASTIAN (2010): How Greenpeace Reduced Nestlé's Kit Kat to Vircal Crumbs. Interview with Daniela Montalto. In: *France24.com* vom 02.04.2010. http://www.france24.com/en/20100402-environment-green-

Faktisch treibt Nestlé die Skandalisierung durch die Art der Reaktion noch voran, versucht, den Skandal zu kontrollieren und liefert eben durch diese Kontrollversuche der Empörung neue Anlässe und weitere Begründungen. *Der Kontrollversuch, so das in der Rückschau erkennbare Muster, provoziert erst endgültig den Kontrollverlust, schlägt also in sein Gegenteil um.*

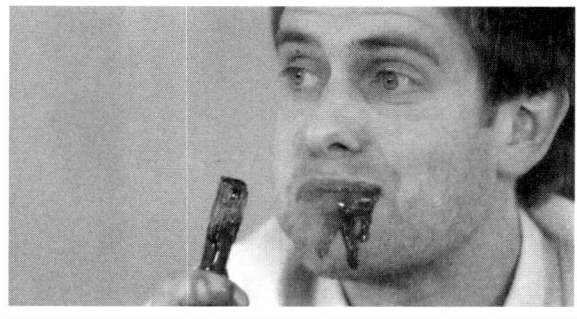

Abb. 24 + 25: Auszüge aus dem Schockvideo von Greenpeace: Der Büromitarbeiter zerkaut einen stark blutenden Affenfinger.

Aber von Anfang an. In den Morgenstunden des 17. März 2010 verteilen Greenpeace-Aktivisten Flugblätter vor zahlreichen Standorten von Nestlé, informieren auf Websites in unterschiedlichen Sprachen über

peace-nestle-kitkat-online-campaign-palm-oil-deforestation [30.08.2011]. Überdies: ANDRESEN, TINO/CATRIN BIALEK (2010): Greenpeace attackiert Nestlé. Wenn die Empörungswelle durch das Netz schwappt. In: *Handelsblatt.com* vom 09.04.2010. http://www.handelsblatt.com/unternehmen/industrie/wenn-die-empoerungswelle-durch-das-netz-schwappt/3408080.html [30.08.2011].

die Folgen der Palmölproduktion für den indonesischen Regenwald und die dort lebenden Orang-Utans. In Pressemitteilungen und Broschüren werden – bei allem Interesse an der Zuspitzung und der klaren Fokussierung auf den einen, den prominenten bzw. mächtigen Gegner – die Hintergründe differenzierter erläutert, dokumentiert man den Palmölverbrauch des Unternehmens und zeigt die Verflechtung mit der kaum bekannten Firma Sinar Mas, die in illegale Urwald-Rodungen verwickelt ist. Fast beiläufig weist man auf diverse Produkte anderer Unternehmen hin, die ebenso das durch die Urwaldzerstörung gewonnene Palmöl enthalten. In dieser Startphase der Kampagne geht bei YouTube überdies das entscheidende Video online, das den Konsum des Nestlé-Schokoriegels KitKat auf eine ziemliche blutige Weise mit dem Palmölverbrauch des Unternehmens und dem Schicksal der Menschenaffen verknüpft.[224] Man sieht in dem exakt eine Minute langen Filmchen einen blassen, zunehmend erschöpft wirkenden Büromitarbeiter, der sich – offenkundig nach Stunden des Schredderns irgendwelcher Unterlagen – eine Pause (»Have a Break, Have a KitKat«) bzw. eben einen Schokoriegel gönnt, ihn gedankenverloren auspackt, zwischen die Zähne schiebt und zerbeißt. Nur für den Zuschauer und seine ihn entgeistert anstarrenden Kollegen ist erkennbar, dass es sich bei diesem Riegel nicht um eine Süßigkeit, sondern um den länglichen, leicht behaarten Finger eines Affen handelt. Plötzlich, mit dem ersten knackenden Biss, fließt ihm Blut aus dem Mund, spritzt auf die Tastatur des Rechners. Es folgen schnelle, harte Schnitte, eine Variation des Werbeslogans (»Give the Orang-utang a Break«) und eine auf das Äußerste verknappte Anklage: »Nestlé, kein Palmöl aus Urwaldzerstörung!«

MOBILISIERUNG DURCH ZENSUR

Es erscheint wenig verwunderlich, dass dieses erste Schockvideo Nestlé provoziert, wird hier doch die eigene Erfolgsmarke offensiv ramponiert

---

224 Das Video lässt sich beispielsweise unter folgender Netzadresse finden: http://www.youtube. com/watch?v=IzF3UGOlvDC [31.08.2011].

und in einen Ekel-Kontext hinein gerückt. Und zeichnet doch der gesamte Film eine Kausalkette, die im Ergebnis auf die Botschaft hinausläuft, dass der sorglose KitKat-Konsum die Orang-Utans im indonesischen Urwald ihrer Lebensgrundlage beraubt, dass das Kauen von Schokoriegeln also letztlich Affen tötet. Noch am Abend des 17. März, also unmittelbar nach dem Beginn der Kampagne, veranlasst das Unternehmen, angeblich aus Gründen der Copyright-Verletzung, dass eine Variante des Videos von dem englischsprachigen YouTube-Kanal gesperrt wird – eine Reaktion, die man in einem Blog von Greenpeace spöttisch als »Lehrbuchbeispiel für den Streisand-Effekt in Social-Media-Schulungen«[225] empfiehlt. Was ist damit gemeint? Der sogenannte ›Streisand-Effekt‹ besagt, dass ein Zensurversuch gerade die Aufmerksamkeit schafft, die man eigentlich unbedingt vermeiden möchte. Es handelt sich um einen kontraproduktiven Versuch der Daten- und Informationskontrolle, der als Relevanzindiz gewertet wird und den Widerstand und die Gegenreaktion erst weckt – ganz nach dem Motto: *Die Daten müssen verbreitet werden, sie erscheinen relevant und interessant, weil andere ihre Verbreitung zu unterbinden trachten.* Technisch möglich und ohne Schwierigkeiten machbar ist dies, weil sich die Daten und Informationen von ihrem ursprünglichen Trägermedium, dem Papier, gelöst haben und damit die klassischen Kontrollinstrumente (Gegendarstellung im Ursprungsmedium, Schwärzung einzelner Passagen, Beschlagnahmung, im Extremfall das Einstampfen missliebiger Bücher und Zeitschriften) weitgehend untauglich geworden sind.[226] Nötig und dringend geboten erscheint der leichthändige Akt des subversiven Kopierens und Verbreitens, weil die Netzgemeinde seit den Tagen von Stewart Brand und John Perry Barlow[227] Informationsfreiheit als einen zentralen Wert begreift, Zensur hingegen als archaisches Mittel der Unterdrückung, das es prinzipiell abzulehnen

---

225 BORGERDING, BENJAMIN (2010): Nestlé in Erklärungsnot. In: *Greenpeace Blog* vom 18.03.2010. http://blog.greenpeace.de/blog/2010/03/18/nestle-in-erklaerungsnot/ [30.08.2011].

226 KURZ, CONSTANZE (2010): Wenn die Zensur reichlich alt aussieht. In: *Faz.net* vom 20.08.2010. http://www.faz.net/artikel/C30833/aus-dem-maschinenraum-14-wenn-die-zensur-reichlich-alt-aussieht-30301237.html [30.08.2011].

227 Über die tief in der Gegenkultur der 1960er-Jahre verwurzelten Publizisten Stewart Brand und John Perry Barlow und ihre Utopien schreibt im Detail: TURNER, FRED (2006): *From Counterculture to Cyberculture. Stewart Brand, the Whole Earth Network, and the Rise of Digital Utopianism.* Chicago/London: The University of Chicago Press.

und gegen das es unter allen Umständen anzukämpfen gilt. *Im Netz gelten Versuche der Informationskontrolle, die offline praktiziert und akzeptiert werden, als Normverletzungen eigener Art, als Grenzüberschreitungen zweiter Ordnung, die selbst skandalisiert werden.* Und so ist es wenig verwunderlich, dass zahlreiche User das Video erneut hochladen und auf die als empörend empfundenen Versuche der Beseitigung eines missliebigen Filmchens hinweisen. Man kopiert und transferiert nach Kräften, was doch gerade zensiert werden soll. »Danke Nestlé«, so schreibt ein aufgebrachter Kommentator auf dem Videoportal Vimeo. »Ich hätte dieses Video nie gesehen, wenn du es nicht aus YouTube entfernt hättest. Ich leite es jetzt an all meine Facebook-Freunde weiter, und rate mal, was die an all ihre Freunde senden. Du kannst dein PR-Team feuern. Das sind Flachköpfe.« Auch Greenpeace reagiert unmittelbar mit einem ironischen Brief an die »liebe PR-Abteilung« des Unternehmens – und hat offenkundig die unterschiedlichen Szenarien des Skandal- und Krisenmanagements längst durchgespielt, kann schnell reagieren, weil man das Spektrum möglicher Reaktionen kennt. Zensur, so lässt man im besten Blogger-Duktus durchblicken, sei eine ewig gestrige Methode, die in das vergangene Jahrhundert passe, aber nicht mehr in die Gegenwart. Als Nestlé schon einen Tag nach Kampagnenbeginn annonciert, man habe die Verträge mit der Zulieferfirma Sinar Mas gekündigt und durch einen anderen Palmölproduzenten ersetzt, kritisiert man diesen Schritt unmittelbar als »Augenwischerei« – und weist darauf hin, dass das Unternehmen ohnehin die wesentlichen Mengen des Palmöls über wiederum mit Sinar Mas verbundene Zwischenhändler beziehe, dass die Vertragskündigung also noch nicht weit genug ginge. Damit zeigt sich, dass das Skandalmanagement von Nestlé zwar dem *Prinzip der raschen Reaktion* folgt, aber das *Gebot der umfassenden Transparenz* verletzt – und das Unternehmen letztlich weiter in die Defensive bringt. Die aufgebrachten Aktivisten und die kritisch nachfragenden Verbraucher können keine wirkliche, keine glaubwürdige Veränderung des unternehmerischen Handelns erkennen, sondern attackieren die Verteidigungsstrategie als oberflächliche Imagekosmetik und als *Greenwashing.*[228]

228 EULER, THOMAS (2010): 2:0 – Greenpeace vs. Nestlé. In: PR-Blogger. Neue Wege in der Kommuni-kation. http://pr-blogger.de/2010/03/19/was-konnte-nestle-tun-und-was-tut-es/ [30.08.2011].

DER STREISAND-EFFEKT

Der Streisand-Effekt steht für eine kommunikative Paradoxie: Die Texte und Bilder, die man – warum auch immer – unterdrücken möchte, werden eben dadurch bekannt und bekommen eine Aufmerksamkeit, die sie ohne den missglückten Kontroll- und Zensurversuch niemals bekommen hätten. Der Begriff selbst geht auf die Sängerin und Schauspielerin Barbra Streisand zurück. Diese bemühte die Gerichte, um ein Luftbild ihres kalifornischen Strandhauses, das im Netz zu finden war, entfernen zu lassen. Der Fotograf Kenneth Adelman, der dieses und zahllose andere Küstenbilder gemacht hatte, um die Erosion der Küste zu dokumentieren, weigerte sich. Und Barbra Streisand verlor nicht nur die juristische Auseinandersetzung, sondern erreichte auch, dass das Bild ihres Hauses erst recht bekannt und ihr zugeordnet wurde. Zuvor hatten sich vergleichsweise wenige Menschen dafür interessiert.

SKANDAL- UND REPUTATIONSMANAGEMENT IM DIGITALEN ZEITALTER

PR-Berater geben Tipps zur Präsentationen des eigenen Unternehmens im Netz und zur Konstruktion einer ansprechenden digitalen Identität. Opferinitiativen wie *Internetvictims* bieten Beratung. Websites wie *Icorrect.com* werben mit den online verfügbaren Gegenreden und Stellungnahmen von Prominenten für den eigenen Dienst. Firmen wie *Reputation Defender, iKarma, Dein guter Ruf* oder *Saubere Weste* spüren gegen entsprechendes Honorar unliebsame Inhalte auf, versuchen, ihre Löschung zu erreichen oder sie durch positivere, gezielt lancierte Inhalte zu verdrängen. Unabhängig von den Erfolgschancen machen diese Bemühungen eines deutlich: Das Angebot eines mehr oder minder effektiven Skandal- und Reputationsmanagements hat sich im digitalen Zeitalter in ein eigenes Beratungs- und Geschäftsfeld verwandelt – und das Kontrollversprechen wird in Zeiten des Kontrollverlustes in besonderer Weise attraktiv.

BESETZUNG EINER VIRTUELLEN PLATTFORM

Unterdessen weitet sich der Protest in den sozialen Netzwerken aus. Das erste Mal arbeiten rund 26 Länderbüros von Greenpeace an einer Kampagne im Social Web. Interessierte werden durch einen fortlaufenden Twitter-Feed informiert; man bietet vorbereitete Online-Petitionen an. Und entsprechend instruierte Aktivisten und eine schwer einschätzbare Zahl von spontan und tatsächlich unaufgefordert Empörten setzen dazu an, die Facebook-Fanseiten von Nestlé und KitKat zu unterwandern, also eine virtuelle Plattform zu kapern.[229] Die Kommentare auf Facebook zielen darauf ab, Fans in Gegner zu verwandeln. Manche verweisen auf das eben noch zensierte Video, fordern die große Pause für bedrohte Orang-Utans und tauschen ihre Profilbilder gegen das Killer-Logo – eine Variante des KitKat-Logos, das Greenpeace für die Nutzer der sozialen Netzwerke bereit hält. Gefordert wird letztlich eine ethisch-moralische Umorientierung des Unternehmens – und ein spezifischer Kommunikationsstil, der die Anwürfe ernst nimmt, sich erreichbar zeigt. »Hallo Nestlé«, so schreibt eine Kommentatorin, »wir finden die Diskussion hier genau richtig. Schließlich ist das hier ein Social-Media-Auftritt. Und Social Media bedeutet dialogische Kommunikation.« Der Community-Manager von Nestlé nimmt diese dem Medium selbst eingeschriebene bzw. zugeschriebene Norm jedoch nicht weiter ernst – und kritisiert die Kommentatoren, dankt ihnen ironisch für ihre Belehrungen oder weist barsch darauf hin, man setze hier schließlich die Regeln, um dann die Löschung der Profile mit den verfremdeten KitKat-Logos anzudrohen. Erneut folgt nun eine im Ergebnis fatale Reaktion, die die Empörung wiederum mit neuen Anreizen versorgt: Die KitKat-Seite auf Facebook verschwindet kurzzeitig komplett – auch dies ein Versuch der kontraproduktiven Kommunikationskontrolle, der erneut für unerwünschte Aufmerksamkeit sorgt. Unterdessen hält der Protest online und offline weiter an. Greenpeace-Aktivisten protestieren vor dem indonesischen Firmensitz in Jakarta. Sie informieren die Verbraucher in mehr als 20 Ländern und tauchen in Supermärkten in Großbritannien, in der Schweiz, in Australien und in Dänemark auf, versehen allein in Deutschland an 46 Standorten den KitKat-Schokoriegel mit Aufklebern, die einen um Hilfe schreienden Orang-Utan zeigen. Greenpeace Deutschland lanciert darüber hinaus ein neues Video, das den Schokoriegel als eine riesige Naturvernichtungs- und Tötungsmaschine durch die Urwälder rasen lässt und einander umklammernde Affenbabys mit abgehackten

---

229 HILLENBRAND, TOM (2010): Unternehmen im sozialen Netz. Die Facebook-Falle. In: *Spiegel Online* vom 16.04.2010. http://www.spiegel.de/netzwelt/web/0,1518,688975,00.html [30.08.2011].

Gliedmaßen und abgeschlagenen Köpfen zurücklässt: Die Konzentration auf das *eine* Produkt, die *eine* Kausalkette, die *eine* zum Tode verurteilte Tierart ist es, die Komplexität in effektiver Weise reduziert und »heiße Muster, emotional und normativ geladene Sichtweisen«[230] aus Mitleid und Abscheu entstehen lässt.

Das bedeutet im Sinne einer bilanzierenden Zusammenschau: Man kann hier erkennen, wie man mithilfe sozialer Netzwerke besorgte Konsumenten in Aktivisten verwandelt, ihnen eine eigene Präsenz und neue Sichtbarkeit im Protestgeschehen gibt. Man kann hier erkennen, auf welche Weise sich Online- und Offline-Aktivitäten mit dem Ziel der umfassenden Mobilmachung verknüpfen und aufeinander abstimmen lassen. Denn es kommen in den Monaten nach dem Kampagnenstart gleichermaßen alte *und* neue Medien, alte *und* neue Protestformen zum Einsatz. Zum einen arbeitet man, ganz klassisch, mit Aufklärungsbroschüren und Flyern, greift auf Plakate und Protestpostkarten zurück, die zum Beispiel in der Fußgängerzone an Passanten verteilt werden. Und es gibt spektakuläre Störaktionen in Aktionärsversammlungen, Face-to-Face-Konfrontationen und Kundgebungen, bei denen Greenpeace-Aktivisten im Affenkostüm auftreten. Zum anderen ist man erkennbar darum bemüht, die neuen Öffentlichkeiten für die eigenen Zwecke zu nutzen. *Im Kern geht es darum, einen sich selbst verstärkenden Wirkungskreislauf in verschiedenen Kommunikationssphären zu kreieren.* Was offline geschieht, soll online registriert und eindeutig kommentiert werden, um immer neue Reaktionskaskaden im Netz und Follow-up-Berichte in den etablierten Massenmedien auszulösen. An dieser Stelle nur ein einziges Detail, das diese Fähigkeit zur strategisch geschickten Kombination illustriert: Als am Morgen des 15. April 2010 Greenpeace-Mitarbeiter ein riesiges Protest-Transparent an der Fassade der Frankfurter Firmenzentrale von Nestlé befestigen, gehen gleichzeitig auf einer vor den Unternehmensgebäuden platzierten Großleinwand, deutlich sichtbar

---

230 Diese Formulierung verwendet Gerhard Vowe mit Blick auf die Brent-Spar-Kampagne von Greenpeace. Siehe: VOWE, GERHARD (2009): Feldzüge um die öffentliche Meinung. Politische Kommunikation in Kampagnen am Beispiel von Brent Spar und Mururoa. In: ULRIKE RÖTTGER (Hrsg.): PR-*Kampagnen. Über die Inszenierung von Öffentlichkeit.* 4., überarbeitete und erweiterte Aufl. Wiesbaden: vs Verlag für Sozialwissenschaften. S. 81.

und wiederum online und offline kommentiert, die Twitter-Meldungen empörter Verbraucher ein, die darauf drängen, endlich auf eben jene Palmölbestände zu verzichten, die erst durch die Urwaldzerstörung gewonnen werden. Plötzlich wird jeder, der auf die Empörungsofferte der Umweltschützer reagiert, auch zum Akteur, der sich in einen Strom vielfältiger Unmutsäußerungen einfügt, die sich gegen die Konzernpolitik richten.

Abb: 26: Kritische Konsumenten werden Aktivisten: die Twitter-Wall vor dem Frankfurter Firmengebäude von Nestlé.

Was damit sichtbar wird, sind die Konturen einer *partizipativen Skandaldidaktik*, die Greenpeace mit dieser Kampagne geschaffen hat. Man animiert ein mit dem eigenen Anliegen sympathisierendes Publikum dazu, sich am Protest zu beteiligen und liefert die entsprechenden Instrumente und Ideen gleich mit. Es geht nicht mehr nur darum, durch aufrüttelnde Bilder und medial perfekt verwertbare Aktionen zu wirken, Wissen zu vermitteln, Aufklärung in der vergleichsweise linearen Sender-Empfänger-Logik zu betreiben, sondern auch Prozesse der Selbstorganisation auf der Seite des Publikums hintergründig anzuleiten und zu inspirieren bzw. Selbstorganisation mit Blick auf das große Ziel zu organisieren. Wesentlich und neu ist, dass die Erfinder dieser partizipativen Skandaldidaktik – barrierefrei – einen medialen Rahmen für die individuelle Protestnote anbieten, der es einer großen Zahl von Menschen erlaubt, sich blitzschnell zuzuschalten, sich mühelos zu artikulieren und den eigenen Unmut in Echtzeit sichtbar zu machen.[231] Es ist eine Strategie der umfassenden Mobilisierung, die Wirkung zeigt. Zwei Monate nach dem Start der Kampagne lenkt das in die Defensive geratene Unternehmen endgültig ein. Am 17. Mai 2010 kündigt Nestlé an, Rohstoffe nur noch aus nachhaltiger Produktion zu kaufen und sich selbst beim Einkauf von Palmöl strengsten Standards zu beugen. Man gibt überdies eine Allianz mit der Nichtregierungsorganisation The Forest Trust bekannt und legt einen detaillierten Aktionsplan vor, um den eigenen Zielen gerecht zu werden. Dies wird von Greenpeace auf der eigenen Website als durchschlagender Erfolg verzeichnet. Schon in den ersten Wochen ist das Schockvideo anderthalb Millionen Mal angeklickt worden. Zahllose Kommentare fanden sich auf der Facebook-Fan-Seite von KitKat, ein endloser Strom der Protestbotschaften und Boykottaufrufe wurde getwittert und per Mail verbreitet. »Lasst uns den süßen Erfolg feiern«, so heißt es in einem euphorischen Essay über die eigene Kampagne. »Ihr verdient einen Riesenapplaus dafür, dass ihr geholfen habt, dem Orang-Utan und den indonesischen Regenwäldern diese wohlverdiente Pause zu verschaffen! Gebt ruhig online damit an: Nutzt Facebook. Nutzt Twitter!«[232]

231 Siehe auch: HEUER, STEFFAN (2009): Skandal in Echtzeit. In: *Brand Eins*. Nr. 2. S. 76-79.
232 O. A. (2010): Sweet Success For Kit Kat Campaign. You Asked, Nestlé Has Answered. In: *Greenpeace.org* vom 17.05.2010. http://www.greenpeace.org/international/en/news/features/ Sweet-success-for-Kit-Kat-campaign/ [29.08.2011].

7. DAS GOOGLE-IMAGE VON DANIEL COHN-BENDIT UND DIE EWIGE GEGENWART DER DATEN

DIE ENDLOSSCHLEIFE DER EMPÖRUNG

Die Sätze gehen nicht weg. Sie lassen sich nicht mehr ausradieren. Sie altern und vergilben nicht mit dem Papier, auf dem sie einmal gedruckt wurden. Das Buch, in dem sie 1975 ein erstes Mal zu lesen waren, und die Zeitschrift, ein Polit- und Softporno-Magazin, das sie 1976 erneut publiziert hat, sind längst vom Markt verschwunden. Aber die Sätze sind geblieben, und sie verfolgen ihren Autor, den Europapolitiker und prominenten Stichwortgeber der deutschen und französischen Grünen Daniel Cohn-Bendit, wie ein böser Fluch. Es geht um sieben Sätze, die gut 100 Wörter umfassen. Sie stammen aus einem vor mehr als 30 Jahren veröffentlichten autobiografischen Buch mit dem Titel *Der große Basar*. In dem Kapitel ›Little Big Man‹ erzählt Daniel Cohn-Bendit von antiautoritären Experimenten und schildert Alltag und Arbeit in einem linksalternativen Kindergarten der Frankfurter Universität. Es geht ganz allgemein um das Verhältnis der Linken zu Kindern und ganz konkret um einen schwierigen Jungen, der ein Meerschweinchen quält. Es geht um die Prämissen der antiautoritären Erziehung und um politisch korrekte Märchen, die Cohn-Bendit für die ihm Anvertrauten erfindet, als sie alle einmal gemeinsam im Kindergarten übernachten. Dann folgt eine Stelle, die er später zu schlechter Literatur und einer rein fiktiven Provokation umdeuten wird. Die entscheidenden Sätze lauten: »Mein ständiger Flirt mit allen Kindern nahm bald erotische Züge an. Ich konnte richtig fühlen, wie die kleinen Mädchen von fünf Jahren schon gelernt hatten, mich anzumachen. Es ist kaum zu glauben. Meist war ich ziemlich entwaffnet. [...] Es ist mir mehrfach passiert, dass einige Kinder meinen Hosenlatz geöffnet und angefangen haben, mich zu streicheln. Ich habe je nach den Umständen unterschiedlich reagiert, aber ihr Wunsch stellte mich vor Probleme. Ich habe sie gefragt: ›Warum spielt ihr nicht untereinander, warum habt ihr mich ausgewählt und nicht andere Kinder?‹ Aber, wenn sie darauf bestanden, habe ich sie dennoch gestreichelt. Da hat man mich der ›Perversion‹ beschuldigt.«[233] Es sind Sätze eines Provokateurs, die 1975 kein Aufsehen erregten. Kein einziger Rezensent, auch nicht der sogenannten bürgerlichen Presse, sah hier einen Skandal. Niemand mochte sie als Bericht über einen sexuellen Missbrauch lesen, obgleich das Buch in zahlreichen Medien im In- und Ausland intensiv diskutiert wurde. 1976 druckte ein Links-Verleger, heute selbst unter Pädophilie-Verdacht,[234] das entsprechende Kapitel in seinem Magazin *Das da* noch einmal ab – und auch in diesem Fall gab es keine nennenswerte Reaktion.[235] Dann verschwanden die entsprechenden Passagen aus einer hastig zusammengestückelten Autobiografie für lange Zeit in den Archiven. Die Sätze waren weg, zumindest für ein paar Jahrzehnte. Wenn man heute jedoch damit beginnt, den Namen des Politikers in die Suchmaske von Google einzugeben, so greift, noch bevor der Name ganz ausgeschrieben ist, der Algorithmus einer automatischen Vervollständigung (der entsprechende Dienst heißt: Google Suggest).[236] Er orientiert sich an der Beliebtheit von Suchanfragen und versieht auch die eigene Anfrage mit gängigen Zusatzbegriffen, ergänzt sie – und lenkt damit die Aufmerksamkeit. Man tritt also in eine von anderen erschaffene Deutungssphäre ein, gerät in eine vordefinierte Informationsblase, die in dieser Form, wie zu zeigen sein wird, nur online existiert: Sie setzt sich aus dem zusammen, was andere offenkundig interessiert – und einen eben deshalb auch interessieren könnte oder sollte. Eine der ersten Begriffskombinationen, die einem im Falle des Europapolitikers angeboten werden, lautet: *Daniel Cohn-Bendit Kinderschänder*. Kurz darauf folgt der Verweis auf das Buch *Der große Basar*.

233 COHN-BENDIT, DANIEL (1975): *Der große Basar. Gespräche mit Michel Lévy, Jean-Marc Salmon, Maren Sell*. München: Trikont-Verlag. S. 140 und S. 143.
234 Im *Stern* und im *Spiegel* sind Berichte erschienen, die sexuelle Übergriffe beschreiben. Der Beschuldigte bestreitet die Vorwürfe.
235 COHN-BENDIT, DANIEL (1976): Der »Rote Dany« erinnert sich an APO-Zeiten. Damals im Kinderladen. In: *Das da. Monatsmagazin für Kultur und Politik*. H. 8. S. 21-24.
236 LEBER, SEBASTIAN (2010): Google Suggest. Sind alle Nazis schwul? In: *Tagesspiegel.de* vom 28.04.2010. http://www.tagesspiegel.de/medien/digitale-welt/sind-deutsche-nazis-schwul/1809762.html [15.07.2011].

Abb. 27: Nach der Eingabe des Namens – die automatische Vervollständigung der Suchanfrage zu Daniel Cohn-Bendit.

Man entdeckt, wenn man den in dieser Weise arrangierten Spuren folgt, Ausschnitte aus der französischen Talkshow *Apostrophe* vom 23. April 1982, in der Daniel Cohn-Bendit mit spürbarer Lust an der Provokation davon berichtet, vor der Sendung einen Haschisch-Keks eingeworfen zu haben. Überdies schwadroniert er darüber, wie sehr es ihn erotisiere, sich von einem fünfjährigen Mädchen ausziehen zu lassen – auch dies mit Blick auf seine Arbeit in dem alternativen Frankfurter Kindergarten. Cohn-Bendit: »Um neun Uhr morgens gehe ich hin zu meinen acht kleinen Knirpsen zwischen 16 Monaten und 2 Jahren. Ich wasche ihnen den Popo ab, ich kitzle sie, sie kitzeln mich, wir schmusen. [...] Wissen Sie, die Sexualität eines Kindes ist etwas Phantastisches. Man muss aufrichtig sein, seriös. Bei den ganz Kleinen ist es etwas anderes, aber bei den Vier- bis Sechsjährigen: Wenn ein kleines fünfjähriges Mädchen beginnt, Sie auszuziehen, es ist großartig, weil es ein Spiel ist. Es ist ein wahnsinnig erotisches Spiel.«[237] Für zahlreiche Kommentatoren, die ihre Botschaften im Netz hinterlassen haben, ist der Fall damit endgültig klar, scheint doch der Schuldbeweis vom Täter in Form eines öffentlichen Geständnisses selbst erbracht. Etliche Angriffe kulminieren in Vernichtungs- und Mordfantasien. »Dieses grüne Dreckschwein«, so heißt es beispielsweise in aktuellen Beiträgen, sollte man »aufhängen« oder auch »an die Wand stellen« und seinen »Körper voll Blei pumpen«, ihm sein Vergehen »auf die Stirn tätowieren«, ihn auf »den elektrischen Stuhl« bringen und so weiter. Auch die Sätze aus dem Buch werden in der Kommentarspalte erneut zitiert, als zusätzlicher Beweis eines bislang ungesühnten Verbrechens, eines letztlich folgenlosen Skandals.

237 Zitiert nach: FLEISCHHAUER, JAN/WIEBKE HOLLERSEN (2010): »Kuck mal, meine Vagina«. In: *Der Spiegel* vom 21.06.2010. Nr. 25. S. 44.

Das heißt: Der Netzöffentlichkeit gilt Cohn-Bendit als ein Kinderschänder, den es zur Strecke zu bringen gilt. Seine *Googlability* – seine digitale, aus den Suchergebnissen resultierende Reputation – ist massiv angegriffen, denn die von ihm vertretene Gegenrede hat im Online-Universum keinen Ort und kein Zentrum. Sie ist weitgehend unsichtbar. Die Entlastungszeugen, die es gab und gibt, kommen kaum und schon gar nicht an prominenter Stelle vor. Es gibt keine eigene Website, auf der sich etwa ein zentrales Schreiben finden würde, nämlich der Brief der ehemaligen Kindergarten-Eltern und der einst von Daniel Cohn-Bendit betreuten Sprösslinge. Hier heißt es: »Es gilt festzuhalten, dass wir Eltern aus unserer heutigen Sicht einige Formulierungen als unpassend empfinden und nicht mehr gutheißen. Damals aber verstanden wir sie so, dass sie eine Debatte wiedergaben und zuspitzten, die in Deutschland im Zuge von Faschismus und Nachkriegsgeschichte verkümmert war. Man denke an die Ansätze aus den 20er-Jahren von Sigmund Freud, Wilhelm Reich und Anna Freud zum Thema kindliche Sexualität, die innerhalb der Kinderladenbewegung heftig debattiert wurden. Es ging um das Ausloten von Grenzen und das Durchbrechen von Denkverboten. Das hatte nichts mit sexuellem Missbrauch zu tun [...]. Dany war über einige Jahre Bezugsperson unserer Kinder und zeichnete sich besonders dadurch aus, dass er die Bedürfnisse der Kinder sehr ernst nahm. Wir wissen, dass er niemals die Persönlichkeitsgrenzen unserer Kinder verletzt hat. Im Gegenteil, er hat sie geschützt. Wir waren und sind uns sicher, dass wir ihm vollkommen vertrauen konnten. Es gilt weiterhin festzuhalten, dass auch wir, die Kinder der damaligen Kinderläden, in denen Dany gearbeitet hat – heute zwischen zwanzig und fünfunddreißig Jahre alt – uns gerne an die Zeit mit ihm als Bezugsperson erinnern und ihn gerne wiedertreffen. Wir weisen ganz entschieden den Versuch zurück, Daniel Cohn-Bendit in die Nähe von Tätern zu rücken, die Kinder sexuell missbraucht haben.«[238]

Die entscheidenden Fragen der Analyse lauten damit: Wie entsteht – aller Relativierungsversuche zum Trotz – Wahrheitsgewissheit

---

238 VOGEL, THEA (2001): *Brief der ehemaligen Kinderladeneltern an Klaus Kinkel* vom 31.01.2001.

innerhalb der Netzöffentlichkeit? Was hält die Empörung stabil? Weshalb haben sich ein paar Sätze aus einem Buch von 1975 und einer lange eingestellten Zeitschrift in frei flottierende Daten und allgemein zugängliche Skandalbeweise verwandelt? Eine erste Antwort lässt sich personalisieren. Eine freie Journalistin war es, die die entscheidende Passage um die Jahrtausendwende herum wieder ausfindig machte. Sie war es, die im Zuge eigener Recherchen den Artikel in der Zeitschrift *Das da* entdeckte und auf ihrer Homepage Anfang 2001 ein Dossier über den Politiker anlegte. Man konnte sich hier durch die Seiten des Artikels klicken – und entdeckte neben dem Originalmaterial wütende Attacken. Eben diese Journalistin war es auch, die Briefe formulierte und dabei auf den noch unentdeckten Skandal eines vermeintlich pädophilen Polit-Promis und ihr im Netz abrufbares Dossier verwies. Sie war es, die Journalistinnen und Journalisten die entsprechenden Unterlagen zusteckte und Zeitungen die Geschichte anbot. Heute, ein weiteres Jahrzehnt nach der plötzlichen Wiederkehr der fatalen Sätze, muss man konstatieren: Die ganze Geschichte ist auch ein Lehrstück der effektiven Skandalisierung im digitalen Zeitalter. *Es zeigt sich an diesem Fallbeispiel eine eigene Zeitform des entfesselten Skandals, eine potenziell ewige Gegenwart und eine Permanenz der Präsenz, die kein Vergessen kennt.*

Man muss bei all dem, im Sinne einer Reihe von Prämissen, festhalten: Es gibt einen Tatverdacht, der sich aus einer lange zurückliegenden Veröffentlichung des Verdächtigten speist. Es geht womöglich um ein Verbrechen. Niemand, der heute noch anklagt, war dabei oder besitzt weitere Quellen, die über den Buchausschnitt und die wenigen Talkshow-Sequenzen hinausgehen würden. Es gibt kein Opfer der angeblichen Übergriffe, das identifizierbar wäre, sich zu erkennen gegeben hätte. Daniel Cohn-Bendit selbst hat den 2001 erstmals aufgekommenen Tatverdacht zurückgewiesen. Die Eltern und Kinder haben ihn entlastet, aber im Ergebnis die öffentliche Stigmatisierung doch nicht beseitigen können. Das bestenfalls fahrlässige Gerede eines erkennbar von sich selbst begeisterten Provokateurs und das vermeintliche Geschehen werden in immer neuen Anläufen bis zum heutigen Tag skandalisiert.

DIE GOOGLABILITY DES REINER FAKEMAN

Der Name ist Programm – Reiner Fakeman existiert nicht wirklich, aber er erscheint doch real. Es handelt sich um eine Kunstfigur des Online-Universums, erschaffen und mit ersten Eigenschaften versehen im Jahre 2006. Anlass war ein Experiment der *Wirtschaftswoche*, das nachzeichnen sollte, wie Reputation im digitalen Zeitalter entsteht. Was erfahren wir heute über Reiner Fakeman, wenn wir ihn googeln? Es besteht noch immer ein Blog mit Foto. Es gibt Profile in sozialen Netzwerken wie Myspace oder Flickr. Man findet diverse Kommentare – und kann aus insgesamt 1350 Einträgen das Bild einer Person konstruieren, die es nicht gibt. Kurze braune Haare hat Fakeman, so heißt es; 186 cm ist er groß, wohnhaft in Düsseldorf, Single. Er liest viel. Besonders mag er englische Fachbücher. Und er ist auch gerne mal betrunken. Aus all dem resultiert Reiner Fakemans *Googlability* – ein Begriff, der die digitale Reputation einer Person bezeichnet, basierend auf den Informationen, die sich beim Googeln des Namens ergeben. Würde man ihn einstellen, wenn man doch weiß oder sehr leicht recherchieren kann, dass er manchmal exzessiv trinkt? Wie wäre der Eindruck vor dem ersten Date? Welchem Bild der Person würde man aus welchen Gründen glauben? Reiner Fakemans vermeintliche Vorlieben sind purer Schein; er selbst ist Fiktion, die allerdings auf eine allgemeine Wirklichkeit verweist. Ein Image, so kann man von ihm lernen, ist heute die Summe der Treffer, die eine Suchmaschine prominent platziert.

DOKUMENTE WERDEN DATEN

Zunächst beginnt alles mit der Veröffentlichung auf der Website einer einzelnen Journalistin, dann greifen ausländische und später auch deutschsprachige Medien den Fall auf, schließlich setzt sich die Geschichte vor allem im Netz fort und wird primär von extrem konservativen bis rechtsradikalen Publizisten am Leben gehalten, deren Ziel es ist, eine Symbolfigur von 1968 (»Dany le Rouge«) zu attackieren. Die eigentlichen Abläufe sind schnell erzählt.[239] Wahrscheinlich zum Jahresbeginn 2001 (die ursprüngliche Website lässt sich nur noch mithilfe der Wayback-Maschine rekonstruieren) geht eben jene Journalistin im Zuge ihrer Recherchen zur militanten Vergangenheit des damaligen Au-

239 Siehe auch: STAMER, SABINE (2001): *Cohn-Bendit. Die Biografie*. Hamburg: Europa-Verlag. S. 132ff.

ßenministers Joschka Fischer auch mit ihrem Dossier zur Causa Cohn-Bendit online. Sie verwandelt also die autobiografischen Streifzüge zunächst in digitalisierte Daten, die rasch gefunden, mühelos kopiert und blitzschnell transferiert werden können. Diese Transformation der bislang allein noch in Bibliotheken und Privatarchiven auffindbaren Äußerungen des Politikers in den neuen, den digitalen Aggregatzustand markiert ein entscheidendes Stadium des Kontrollverlustes und illustriert eine fundamentale Einsicht des Bloggers und Medientheoretikers Michael Seemann. Niemand vermag heute zu sagen, so seine These, was morgen Daten sein werden.[240] *Niemand, der sich äußert, dessen Äußerungen oder Handlungen man dokumentiert, vermag in dem Moment der Äußerung oder Handlung vorauszusehen, ob andere diese Dokumente eines Tages in frei zugängliche Daten verwandeln und in welchen Kontexten und Verknüpfungen diese dann auftauchen werden.*

Nach allem, was bekannt ist, versucht eben diese Journalistin, die Geschichte über die angeblichen Übergriffe des Daniel Cohn-Bendit auch deutschsprachigen Zeitungen anzubieten, jedoch ohne durchschlagenden Erfolg. Es sind ausländische Medien, die sie zunächst aufgreifen. Erst dann wird auch in Deutschland berichtet. Der eigentliche Skandal wird also gleichsam reimportiert. Den Startschuss liefert ein Artikel im englischen *Observer* vom 28. Januar 2001, der die einschlägigen Sätze erneut zitiert, aber auch die Argumente der Entlastung nennt. Es handele sich, so Daniel Cohn-Bendit, um eine Provokation und gänzlich fiktive Fantasie, die dazu diene, eine Debatte auszulösen, nicht aber um die Beschreibung eines realen Geschehens. Es folgen u. a. Artikel in der *Bild*-Zeitung und ambivalent-unentschiedene Berichte in deutschsprachigen Qualitätsmedien wie der *Süddeutschen Zeitung* und der *Frankfurter Allgemeinen Zeitung*; letztlich sieht man hier keine besondere Notwendigkeit, dem Skandalisierungsvorschlag nachzugehen, ihn aufzugreifen. Auch ein offener Brief von Klaus Kinkel findet sich unter den Reaktionen, der in der B. Z., einer Berliner Boulevardzeitung, publiziert wird. Hier kommt es zu einer direkten Konfrontation, denn Kinkel fordert

---

240 Öffentlicher Vortrag von Michael Seemann am 18. Juli 2011 an der Universität Tübingen.

von Cohn-Bendit eine öffentliche Erklärung, »daß es bei Ihrer Arbeit in dem Kinderladen im Kontakt mit den Kindern nie zu unsittlichen Berührungen bei Ihnen oder durch Sie gekommen ist.« Der Angegriffene reagiert unmittelbar in Form eines eigenen offenen Briefes – und lässt keinen Zweifel daran, dass auch er aus seiner heutigen Sicht die besagten Sätze für falsch hält, und bleibt strikt bei der einmal gewählten Verteidigungsstrategie: Alles nur Fiktion. *Sein Dementi hat in diesem Stadium der Skandalisierung noch eine lokalisierbare Referenz; es besitzt einen Ort, eine klar identifizierbare Adresse.* Cohn-Bendit weiß, an wen er sich wenden muss, nämlich an die Redaktion der Zeitung und den ihn attackierenden Politiker. Er beschwört förmlich, erkennbar getroffen, dass ein sexueller Missbrauch niemals stattgefunden habe, dass es sich bei den besagten Sätzen um die Zusammenfassung von zahlreichen Debatten handele, dass er hier darauf abziele, sich als Tabubrecher zu profilieren – ein Vorwurf, den er sich gefallen lassen müsse. »Einige Zeilen dieser Reflexion sind, heute gelesen, unerträglich und falsch«, schreibt Daniel Cohn-Bendit. »Hätten wir damals mehr über sexuellen Missbrauch gewusst, hätte ich sie nicht geschrieben.« Überdies kündigt er die Stellungnahme der Eltern und der damals von ihm betreuten Kinder an, die tatsächlich kurz darauf publik wird. Der öffentliche Austausch endet ohne eine Geste der Annäherung. Klaus Kinkel hält die Äußerungen von Daniel Cohn-Bendit ganz offensichtlich nicht für glaubwürdig.

VOM UMGANG DER LINKEN MIT DER PÄDOPHILIE

Schließlich bricht Ende Februar 2001 die Debatte in Frankreich aus. Anlass ist zunächst ein ausführlicher Artikel im *L'Express*. In den Abendnachrichten von TF1 bekommt man ein äußerst konfrontativ geführtes Fernsehinterview mit einem sichtlich schockierten Cohn-Bendit zu sehen, der sich selbst als Opfer einer »Menschenjagd« beschreibt; auch in zahllosen anderen Medien werden die explosiven Sätze zitiert – und erneut setzt eine intensive, auch nach Deutschland ausstrahlende Folgeberichterstattung ein, die allerdings die Leitplanken der Diskussion entscheidend verschiebt: Nicht mehr nur eine Person steht im Zentrum,

sondern eine ganze Generation, die die gesellschaftlichen und moralischen Folgekosten der eigenen Lust am Tabubruch selbstkritisch reflektiert.[241] Auch die fahrlässig-sympathisierende Berichterstattung zum
Thema Pädophilie in links orientierten Blättern kommt ausführlich zur
Sprache – eine besonders aufschlussreiche Wendung, weil sie deutlich
macht, dass die skandalösen Sätze in ähnlicher Form auch von anderen
gesagt, geglaubt und nachgebetet wurden, die sich im linksradikalen
Milieu der 1970er-Jahre beheimatet fühlten. Der leitende politische Re-
dakteur der linken Tageszeitung *Liberation* wird mit den Worten zitiert:
»Unser Denken war fiebrig und völlig konfus.« Es existiert, so wird deutlich, bei diesem Thema generell eine ideen- und ideologiegeschichtlich
aufschlussreiche Ambivalenz innerhalb der französischen und deutschen
Linken: Einerseits fühlte man sich offenkundig unwohl, war unsicher
und irritiert. Andererseits sah man sich gedrängt und drängte sich selbst,
Grenzen zu überschreiten, Sympathie mit pädophilen Kriminellen zu
bekunden, die es verstanden, ihre Übergriffe auf Kinder und Jugendliche als politisch notwendige Libertinage und als dringend gebotenen
Tabubruch auf dem Weg zu einer freien, unverklemmten Sexualität
zu inszenieren. Wer als Linker gegen das Establishment agitierte und
wer von Polizei und Staatsgewalt verfolgt wurde, konnte – so der ideologisch eingerastete Automatismus – zunächst einmal grundsätzlich
mit einem Sympathiebonus und womöglich auch mit Unterstützung
rechnen, erschien doch seine Kriminalisierung durch die falsche Seite in
einem merkwürdigen argumentativen Manöver schon als Beweis seiner
moralische Integrität und als robustes Indiz seiner Schutzbedürftig-
keit. In Frankreich verlangten beispielsweise der Philosoph Jean-Paul
Sartre, die Frauenrechtlerin Simone de Beauvoir und andere bekannte
französische Intellektuelle, dass der Paragraf zur Verführung Minder-
jähriger abgeschafft werde – und unterzeichneten einen immerhin in
dem Weltblatt *Le Monde* abgedruckten Appell, in dem zur Freilassung
von mehreren verurteilten Pädophilen mit folgenden Worten aufgerufen

---

241 Einen guten Überblick liefert folgender Artikel: HÉNARD, JACQUELINE (2001): Danys dumme
Streicheleien. Frankreich streitet über seinen 68er: Cohn-Bendit im Dickicht der Sex-Zitate.
In: *Zeit Online* vom 08.03.2001. http://www.zeit.de/2001/11/Danys_dumme_Streicheleien
[14.07.2011].

wurde: »Drei Jahre Gefängnis für streicheln und küssen. Jetzt reicht es. Wir würden es nicht verstehen, wenn die Verurteilten nicht ihre Freiheit wieder fänden.«²⁴² Auch in deutschsprachigen Medien findet man vergleichbare Kampagnen aus jener Zeit. Überdies entdeckt man in Büchern, Zeitschriften und Protokollen aus den entsprechenden Jahren Material, das sexuelle Übergriffe auf Kinder und Grenzüberschreitungen als Befreiung von einer verspießerten, bourgeoisen Sexualmoral präsentiert. Es sind Dokumente, die die Übergriffe ideologisch überhöhen, sie als notwendige Gesten des Ausbruchs und des Aufbruchs präsentieren – hin zu einer besseren Gesellschaft, hin zu einem neuen Menschen, der sich vom verknöcherten Spießer und dem verachteten deutschen Kleinbürger deutlich unterscheiden wird. An dieser Stelle seien nur einige ausgewählte Beispiele zitiert, die eines deutlich machen: Was Daniel Cohn-Bendit 1975 formulierte, war eben in jenen Jahren nicht notwendig eine Provokation, sondern Ausdruck einer kollektiven Anstrengung, Kinder zu freien, endgültig unverklemmten Wesen zu formen – notfalls eben auch durch den Übergriff, den Missbrauch der eigenen Macht. *Der zeittypische Umgang mit seinen Äußerungen – die damalige Ignoranz und Akzeptanz, die Jahrzehnte später aufflammende Empörung – illustriert auch, dass Skandalisierungsprozesse von gesellschaftlichen Sensibilitäten und einem sich wandelnden Tabuempfinden regiert werden: Es ist ein semantischer, sich aus dem Wandel des Wertesystems und den neuen medientechnischen Möglichkeiten ergebender Kontrollverlust, der hier vorliegt. Was einst als Akt der Befreiung glorifiziert oder aber zumindest nicht mit Kritik oder Empörung quittiert bzw. schlicht ignoriert wurde, erscheint heute als ein Skandal.* Einige Beispiele mögen dies illustrieren: So bekam man im *Kursbuch* Nummer 17 im Juni 1969 eine Fotosammlung in Form einer Posterbeilage angeboten, die man heute, so vermerkt der *Spiegel*, »in einem Pädophilenblatt vermuten würde, aber nicht in einem Leitmedium der linken Intelligenz.«²⁴³ Auf den Bildern sieht man »Liebesspiele im Kinderzimmer« (Kursbuch) bzw. zwei nackte Kinder. Sie

242 KRUSCHE, LUTZ (2001): Daniel Cohn-Bendit: »Ich bin kein Pädophiler«. In: *Berliner Zeitung* vom 24.02.2001. http://www.berlinonline.de/berliner-zeitung/archiv/.bin/dump.fcgi/2001/0224/politik/0049/index.html [13.07.2011].
243 FLEISCHHAUER, JAN/WIEBKE HOLLERSEN (2010): »Kuck mal, meine Vagina«. In: *Der Spiegel* vom 21.06.2010. Nr. 25. S. 42.

sind drei und vier Jahre alt. Sie heißen Nessim und Grisha und waren in der Kommune 2 in Berlin untergebracht – und damit prädestiniert, zu den Prototypen pädagogischer oder erotischer Experimente der erwachsenen Kommunarden erkoren zu werden. Es blieb aber, dies ist verbürgt, dieses Mal nicht beim Beobachten bzw. Fotografieren. In eigenen Aufzeichnungen hat der Kommunarde Eberhard Schultz festgehalten, wie er sich von dem Mädchen Grisha erregen lässt und seine Vagina berührt. Zum Geschlechtsverkehr kommt es nicht, weil er gegenüber dem Mädchen einräumen muss, dass sein Penis eben zu groß sei, und sie daher besser daran tue, die eigene Sexualität mit Gleichaltrigen auszuleben. Was hier vorliegt, ist eine gezielte Sexualisierung in Form einer scheinbar aufklärerisch-befreienden Inszenierung, ein Missbrauch, der aber im Kontext eines groß angelegten Erziehungsprogramms gerechtfertigt zu sein schien.[244] Dem Kind galt ein besonderes Interesse, weil es – noch ganz reines, noch ganz unverdorbenes Naturwesen im Sinne von Jean-Jacques Rousseau – sich am ehesten und leichtesten zu einem neuen Menschen entwickeln würde, frei von Eifersucht und Konkurrenzdenken, unangepasst, rebellisch, Vorbote einer zukünftigen Gesellschaft. So nahm man zumindest an.

Im Kern ging es darum, die eigene Pädagogik auch zur Züchtung von kleinen Widerstandskämpfern gegen das verhasste System zu nutzen. Man las die Schriften Sigmund Freuds zur Sexualität des Kindes, vertiefte sich in eine Studie seiner Tochter Anna Freud, ebenfalls als Analytikerin tätig, über jüdische Waisenkinder im KZ Theresienstadt, die man – ungeachtet der entsetzlichen Lebensumstände und der Tatsache, dass man die Eltern ermordet hatte – sorglos als Erfolgsmodell eines Kinderkollektivs präsentierte. Unter diesen Kindern gebe es, so ließen die Betreiber von Kinderläden in einer Broschüre zum Thema durchblicken, keine Eifersucht, keine Rivalität und kein Konkurrenzdenken. Die Gefühle der Waisenkinder seien »so warm und spontan« gewesen – dies hieß im Sinne einer pädagogischen Ansage und einer Übersetzung der gezielt für eigene Zwecke interpretierten Empirie des

244 KOENEN, GERD (2001): *Das rote Jahrzehnt. Unsere kleine deutsche Kulturrevolution 1967-1977*. Köln: Kiepenheuer & Witsch. S. 166.

Horrors: Rückzug der Eltern aus der Erziehungszone, radikale Selbst-
entfaltung der Eigennatur des Kindes, Auflösung der neurotisierenden
Kleinfamilie, um ihre schädlichen Einflüsse durch die Entwurzelung
und Abschottung der noch Unverdorbenen zu blockieren.[245] Der abtrün-
nige Freud-Schüler Wilhelm Reich, Autor einer eigenwilligen Orgasmus-
theorie, diente als Stichwortgeber, hatte er doch eine befreite Sexualität
ohne Altersbeschränkungen irgendwelcher Art offensiv mit politischer
Veränderung verknüpft.[246] Selbstbefreiung und gesellschaftliche Emanzipation, erotische Zufriedenheit des Einzelnen und Systemtransfor-
mation, individuelles Glück und politischer Einfluss wurden hier in
einer Weise vermischt, die privates Handeln systematisch aufwertete,
es plötzlich ganz und gar wesentlich erscheinen ließ, war es doch stets
Teil eines größeren Zusammenhangs, Element eines Programms, das
von fundamentaler Veränderung kündete.

Wie man sich die Zusammenhänge und Kausalitäten mitunter zu-
rechtfantasierte, kommt exemplarisch in einer 1971 im Rowohlt Verlag
erschienenen, in hoher Auflage verbreiteten Schrift mit dem Titel *Revolution der Erziehung* zum Ausdruck. So heißt es hier: »Die Entsexua-
lisierung des Zusammenlebens in der Familie, vom Verbot sexueller
Betätigungen der Kinder bis zum Inzesttabu, dient der Vorbereitung
der totalen Anpassung – als Vorbereitung auf die Lustfeindlichkeit
der Schule, auf die freiwillige Unterwerfung unter den entfremdeten
Arbeitsprozess.«[247] In einem *Handbuch in positiver Kinderindoktrination*
aus demselben Jahr bekam man zu lesen: »Kinder können Erotik und
Beischlaf schätzen lernen, lange bevor sie imstande sind zu begreifen,
wie ein Kind entsteht. Für Kinder ist es wertvoll, wenn sie gemeinsam mit Erwachsenen schmusen. Nicht weniger wertvoll ist es, wenn

---

245 Zu dieser Fallstudie von Anna Freud siehe folgende Quellen: KRAUSHAAR, WOLFGANG (2010):
»Die befreite Gesellschaft«. In: *Welt am Sonntag* vom 16.05.2010. http://www.welt.de/die-welt/
kultur/literatur/article7649337/Die-befreite-Gesellschaft.html [16.07.2011]. KOENEN, GERD
(2001): *Das rote Jahrzehnt. Unsere kleine deutsche Kulturrevolution 1967-1977.* Köln: Kiepenheuer &
Witsch. S. 166ff.

246 Zur Bedeutung Wilhelm Reichs und seiner Konzepte für die 68er siehe: KRAUSHAAR, WOLF-
GANG (2008): *Achtundsechzig. Eine Bilanz.* Berlin: Propyläen. S. 97ff.

247 Zitiert nach: FLEISCHHAUER, JAN/WIEBKE HOLLERSEN (2010): »Kuck mal, meine Vagina«.
In: *Der Spiegel* vom 21.06.2010. Nr. 25. S. 42.

während des Schmusens Geschlechtsverkehr stattfindet.«[248] Es folgten durchaus kontrovers diskutierte Beiträge von Pädophilen in Szenemagazinen und Stadtzeitschriften.[249] Es folgte die Kampagne in eigener Sache des bekennenden, zu diversen Haftstrafen verurteilten Pädophilen Peter Schult, ein ehemaliger Fremdenlegionär und linksanarchistischer Schriftsteller, der Teile der linksintellektuellen Prominenz für seine Sache zu mobilisieren verstand. Es folgten aggressive Auftritte und Redaktionsbesetzungen einer sogenannten ›Indianerkommune‹ aus Nürnberg, die schon beim Gründungsparteitag der Grünen das Recht auf Kinderliebe und die Abschaffung der Schulpflicht forderte und auch in späteren Jahren noch, allerdings vor allem durch Gebrüll und gezielte Störungen, ihren Einfluss in der Partei geltend zu machen versuchte – bis es schließlich zum Eklat und zur programmatischen Vereindeutigung und endgültigen Trennung kam. Und es folgten apologetische Debattenbeiträge in der linksalternativen *tageszeitung*, in der es hieß, bei der Pädophilie handele es sich um ein »Verbrechen ohne Opfer«. Man druckte ohne jede erkennbare Distanzierung manifestartige Bekennerschriften (»Ich liebe Jungs«) – und fragt sich heute in eigenen, erstaunlich selbstkritischen Artikelserien der Aufarbeitung regelrecht konsterniert, wie es eigentlich dazu kommen konnte, derartigen Positionen überhaupt ein Forum zu bieten, sie zu tolerieren und als Möglichkeit einer alternativen, widerständigen Lebenspraxis auszuflaggen.[250] Die sympathisierende Parteinahme war, auch dies sei erneut betont, schon in den 1970er- und 1980er-Jahren keineswegs unumstritten; und man findet seit 1980 hellsichtig-analytische Beiträge der Journalistin und Frauenrechtlerin Alice Schwarzer und des Sexualwissenschaftlers Günther Amendt (*Das Sex-Buch*), die sich sehr früh und ohne Scheu vor der diffamierenden Etikettierung als Spießer und

248 Zitiert nach: FLEISCHHAUER, JAN/WIEBKE HOLLERSEN (2010): »Kuck mal, meine Vagina«. In: *Der Spiegel* vom 21.06.2010. Nr. 25. S. 43.
249 KRAUSHAAR, WOLFGANG (2010): Bewegte Männer? Wie Teile der Linken und der alternativen Szene Pädophilie als Emanzipation begriffen. In: *Zeit Online* vom 25.05.2010. http://www. zeit.de/2010/22/Missbrauch-Paedophilie [14.07.2011].
250 Siehe exemplarisch: PIN, NINA (2011): Enthüllungen aus der linksalternativen Szene. Nicht nur Indianer. In: *Taz.de* vom 22.01.2011. http://taz.de/1/leben/alltag/artikel/1/nicht-nur-die-indianer/ [15.07.2011].

lustfeindliche, kleinbürgerliche Moralapostel dafür entschieden, den Missbrauch von Kindern ganz einfach Missbrauch zu nennen und ihn nicht als Akt der Befreiung oder des gebotenen Systemwiderstandes zu glorifizieren.[251] Gleichwohl: Die Beispiele und Zitate zeigen, dass sich Daniel Cohn-Bendit mit seinen Äußerungen in einem eigenen, die Provokation abschwächenden Diskursuniversum beheimatet fühlen konnte. Was er sagte, war so ungewöhnlich nicht. Es handelt sich auch um zeitbedingte Grenzverletzungen, denen heute ein Milieu fehlt, das sie schützen oder legitim erscheinen lassen könnte. Eine irgendwie besonders gefährlich-provozierende Minderheitenposition vertrat er innerhalb der Linken 1975 keineswegs. Der Skandal braucht, um als solcher identifizierbar zu werden, erst den neuen Kontext, den Zeitenwechsel.

DAS PRINZIP DER REAKTIVEN SKANDALISIERUNG

Man kann es nur wiederholen: Die meisten der zitierten verbalen Entgleisungen sind längst vergessen. Nicht jedoch die sieben Sätze des Daniel Cohn-Bendit. Sie führen, auch heute noch, ein vitales Eigenleben im Netz, werden gegen ihren Autor und die Generation der 68er insgesamt oder auch gegen die Grünen verwendet, deren moralische Integrität über den Umweg des Pädophilie-Verdachtes angegriffen werden soll. Allerdings zeigt sich, dass der Europapolitiker die Skandalisierungsversuche in den Mainstream-Medien und der etablierten Presse inzwischen ohne einen größeren Imageschaden überstanden hat. Nur ganz gelegentlich flackert die Debatte noch einmal auf, kehrt die Vergangenheit zurück. Dann aber wird Daniel Cohn-Bendit von der Mehrheit der Kommentatoren jedoch eher verteidigt, in Schutz genommen, verweist man auf den entlastenden Brief der Eltern und Kinder und lobt die deutlichen Worte der Distanzierung als »nobel und entschieden« und als beeindruckenden »Mut zum Widerruf«.[252] Auch er selbst hat sich 2010 im Zuge der

---

251 Siehe etwa: SCHWARZER, ALICE/GÜNTER AMENDT (1980): Wie frei macht Pädophilie? In: *Emma*. H. 4/1980. S. 26-31.
252 Siehe exemplarisch: JENS, TILMAN (2011): *Freiwild. Die Odenwaldschule – Ein Lehrstück von Opfern und Tätern*. Gütersloh: Gütersloher Verlagshaus. S. 80.

Berichterstattung über die lange vertuschten Missbrauchsskandale an der Odenwaldschule, einst ein weithin strahlendes Modell und mit Auszeichnungen bedachtes Vorzeigeprojekt der Reformpädagogik, erneut öffentlich zu Wort gemeldet, sich zu seinen Fehlern bekannt und seine heutige Position folgendermaßen umschrieben: »Ich bin immer für diese libertäre Sexualmoral eingetreten und werde es auch weiter tun, denn die repressive Vor-68er-Sexualmoral hat großen Schaden angerichtet. Aber wir haben im Überschwang auch Fehler gemacht, die man korrigieren muss. Wir haben keine klaren Grenzen gezogen. Den Kindern und Jugendlichen eine eigene Sexualität, einen eigenen Weg zur Entwicklung der Sexualität zuzugestehen war und ist richtig. Dass Erwachsene Kindern ihre Art von Sexualität, auch wenn sie einen libertären Anstrich hat, überstülpen, das verkehrt Emanzipation in ihr Gegenteil.«[253]

In der Netzöffentlichkeit dominiert hingegen, wenn es um dieses Thema geht, das Bild des Kriminellen, dessen Taten verjährt sein mögen, aber dessen moralische Schuld unverändert bestehen bleibt. Wer sich allein auf Google und das durch die Suchmaschine eröffnete Fenster zur Welt verlässt, der muss den Eindruck haben, einem praktizierenden Propagandisten der Pädophilie zu begegnen, einem Schmierfinken, der so dumm war, sich selbst zu verraten und das eigene Geständnis im Modus der Provokation zu liefern. Der Grund für diese Imagespaltung ist, dass sich im Netzmedium rechte bis rechtsextreme Publizisten und fundamentalistische Christen in eigenen Zeitschriften und Blogs, Foren, Videos und Kommentarspalten nach Kräften darum bemühen, die Erinnerung an die Provokationen aus dem Jahre 1975 wach zu erhalten – und dass keine Gegenbewegung erkennbar wäre, die sich entschieden artikuliert, Motivverdacht äußert, die politische Herkunft der heute noch aktiven Skandalisierer benennt und ihren Vernichtungswillen kritisiert. Wer die einzelnen Veröffentlichungen in der Zusammenschau studiert, der kann an der Fülle der Beispiele ein Prinzip der Diffamierung beobachten, das *reaktive Skandalisierung* genannt werden soll: *Man reagiert in durchaus typischer*

253 KERSTAN, THOMAS (2010): Sexueller Missbrauch. »Wir haben Fehler gemacht«. In: *Zeit Online* vom 15.03.2010. http://www.zeit.de/2010/11/Moral-Interview-Cohn-Bendit/komplettansicht [13.07.2011].

Art und Weise auf die Verletzung eigener, ideologisch-weltanschaulich begründeter Normen durch entschiedene Skandalisierungsversuche – eben mithilfe des dann doch äußerst spärlichen, aber umso exzessiver genutzten Materials.[254]

Wann immer eine Gruppe ihre Interessen tangiert sieht, sich ihrerseits durch Cohn-Bendit oder aber die Öffentlichkeit kritisiert fühlt bzw. Material braucht, um den jeweiligen politischen Gegner aus konkretem Anlass zu diffamieren, holt man die Äußerungen erneut ans Licht, greift den Politiker oft aus dem Dunkel der Anonymität heraus an. An dieser Stelle erneut nur einige ausgewählte Beispiele, die das Vorgehen illustrieren: Als ihn Grüne im Sommer 2009 nach Wien einladen, attackiert ihn der FPÖ-Mann Heinz-Christian Strache und erinnert in einer öffentlichen Stellungnahme an die Haftstrafen des wegen Missbrauchs verurteilten Sektengründers und Aktionskünstlers Otto Mühl, der sich über Jahre hinweg tatsächlich an den in seiner Kommune lebenden Mädchen verging, seine Anhänger mit aller Kraft in Abhängige verwandelte und ein System der Unterwerfung etablierte, eine Diktatur der freien Sexualität. Die Strategie heißt in diesem Fall: *Diffamierung durch Assoziation; gezielte Imageschädigung durch negative Konnotationen.*[255] »In Österreich ist der perverse Kinderschänder Otto Mühl«, so bekommt man zu lesen, »zu einer siebenjährigen Haftstrafe wegen ähnlicher Delikte verurteilt worden – Cohn-Bendit hat für seine schändlichen Taten noch keinen Tag gebüßt.« Ein knappes Jahr darauf liest FPÖ-Mann Johannes Hübner im österreichischen Parlament aus dem Buch *Der große Basar* vor – eigentliches Thema: eine aktuelle Stunde zum Missbrauch in der katholischen Kirche, die die Grünen beantragt haben. Auch die rechtsextreme Online-Zeitung *kreuz.net* und diverse Blogs vom rechten Rand gehen nach diesem Muster vor. Kaum wird der sexuelle Missbrauch innerhalb der katholischen Kirche öffentlich zum Thema, reagiert man mit einer Fülle von Artikeln, die Daniel Cohn-Bendit und seine Parteifreunde als Verbrecher etiket-

---

254 Zu diesem reaktiven Moment rechtsextremer Propagandaanstrengungen siehe PÖRKSEN, BERNHARD (2005): *Die Konstruktion von Feindbildern. Zum Sprachgebrauch in neonazistischen Medien.* 2., erweiterte Aufl. Wiesbaden: VS Verlag für Sozialwissenschaften. S. 13f. und S. 108ff.

255 Zu solchen Strategien der Diffamierung siehe das noch immer instruktive Buch von: DIECKMANN, WALTHER (1964): *Information oder Überredung. Zum Wortgebrauch der politischen Werbung in Deutschland seit der Französischen Revolution.* Marburg: N. G. Elwert. S. 143ff.

tieren und in der üblichen Diktion der sich stets bedroht wähnenden Extremisten gegen die wahrheitswidrige Berichterstattung der »Systemmedien« agitieren. »Die Kirche wird«, so heißt es etwa, »heute mit Kinderschändereien in Zusammenhang gebracht, weil sie die einzige gesellschaftliche Institution ist, die diese ohne Wenn und Aber ablehnt. Der deutsch-französische Europagrüne Daniel Cohn-Bendit (64) hat viel Freude an Mädchen unter fünf Jahren. Er und seine Partei sind in der Vergangenheit als eifrige Verteidiger der Kinderschänderei aufgetreten.«

Abb. 28: Auszug aus einer Zeitung ungarischer Rechtsextremisten. Der Text trägt den Titel »Der Kinderbelästiger« und nennt die entscheidenden Zitate erneut.

Ungarische Rechtsextremisten attackieren ihn als Kinderschänder und mit deutlich antisemitischem Beigeschmack und diffamierend gemeinten Fotomontagen als einen Freund Israels – dies als eine Antwort auf Daniel Cohn-Bendits Kritik an dem ungarischen Politiker Viktor Orbán. Man bildet, so zeigt sich insgesamt, innerhalb der Medienlandschaft der europäischen Rechtsextremen, unbeeindruckt durch entlastende Dokumente, regelrechte Zitier- und Bestätigungskartelle aus, die Realitäts- und Wahrheitsgewissheit durch fortwährende Wiederholung, den Verweis auf scheinbar vergleichbare Fälle im grün-alternativen Milieu und wechselseitige Verlinkung erzeugen. Man suggeriert auf diese Weise eine Quellenvielfalt und Quantität der Belege, die eben gerade nicht existiert: Stets bleiben im Falle von Daniel Cohn-Bendit sieben Sätze und einige Talkshowsequenzen als Beweise übrig. Wer hier eigentlich als Informant auftritt, wer inzwischen nach dem raschen Abflachen der ersten Empörungswelle im Jahre 2001 mit welchen Absichten und Motiven die Rolle des Skandalisierers wählt und online eine eigene Informationsblase kreiert, wird in der Regel nicht kommentiert. *Die Herkunft und gezielte Streuung der Daten bleiben unbeobachtet; und die Äußerungen werden in einen Kontext hineingerückt, der alle entlastenden Vorzeichen ausblendet, verschweigt.* Aber auch ganz unabhängig von den Agitationsbemühungen vielfach rechtsextremer Publizisten stellt sich die Frage, nach welchen Kriterien sich eigentlich die adäquate Halbwertszeit der Empörung bemisst.[256] Zu welchem Zeitpunkt sollte ein Skandal enden? Wann ist eine Umorientierung glaubwürdig genug dokumentiert?[257] Und wie bewahren sich Einzelne oder Gruppen ihre Lernfähigkeit, wenn Fehler nicht mehr verschwinden und sich die Idiotien der eigenen Vergangenheit bruchlos der gegenwärtigen Identität zurechnen lassen? Man kann, so zeigt sich, nicht auf einen kollektiven Erinnerungsverlust und die damit gegebene Chance zum Neuanfang warten und muss im Zeitalter der gnadenlosen Dokumentation die Antwort nach dem richtigen Augenblick des Vergessens notwendig für sich bestimmen, individuell und allein. Die Sätze gehen nicht weg. Sie bilden den dunklen Schatten einer Biografie, obgleich der Mensch, der sie einmal gesagt und vielleicht anders gemeint hat, längst ein anderer geworden ist.

---

256 Zur Debatte um das digitale Vergessen siehe: MAYER-SCHÖNBERGER, VIKTOR (2010): *Delete. Die Tugend des Vergessens in digitalen Zeiten.* Berlin: Berlin University Press.

257 Zu diesen Fragen siehe auch die aufschlussreiche Geschichte eines ehemaligen *Bild*-Journalisten, der sich bei BILDblog meldet – und um Löschung seines Namens bittet, weil ihm die kritische Erwähnung inzwischen bei der Jobsuche schadet. Der Medienjournalist Stefan Niggemeier lehnt dies ab – und hat aus diesem Anlass einen klugen Essay zum Problem der totalen Erinnerung verfasst. Siehe: NIGGEMEIER, STEFAN (2011): Vergessen und vergessen machen. In: *Stefan-Niggemeier.de* vom 18.01.2011. http://www.stefan-niggemeier.de/blog/vergessen-und-vergessen-machen/ [15.07.2011].

V. DAS ENDE DER KONTROLLE IM DIGITALEN ZEITALTER. EIN PROGRAMMATISCHES RESÜMEE

DAS MUSTER, DAS VERBINDET

Im Jahre 1979, ein Jahr vor seinem Tod, veröffentlicht der Kyberneti-ker Gregory Bateson ein letztes Buch, das er sich im Angesicht einer schweren Krankheit förmlich abringt. In den Phasen der endgültigen Niederschrift, so heißt es gleich auf der ersten Seite mit leichter Ironie, habe er »ernsthafte medizinische Abenteuer«[258] zu bestehen gehabt. Zu diesen Abenteuern gehören Krankenhausaufenthalte, eine schwere Operation und der Besuch eines indonesischen Geistheilers, der sich gegen die pessimistische Prognose der Ärzte stellt, die einen letztlich inoperablen Lungentumor diagnostizieren. Bateson ist, als die Krank-heit ihn ereilt und er ahnt, dass er alles daran setzen muss, sein Werk rasch zu vollenden, längst ein akademischer Superstar und eine Ikone der Gegenkultur. Man verehrt und man hofiert ihn, diesen seltsamen Weisen, der sich mit dem Humor beschäftigt, dem Spiel der Fischot-ter und der Sprache der Delphine, der Entstehung der Schizophrenie und den Konturen eines neuen, eines ökologischen Bewusstseins. Sein

---

258 BATESON, GREGORY (1990): *Geist und Natur. Eine notwendige Einheit.* 2. Aufl. Frankfurt am Main: Suhrkamp. S. 7.

letztes Buch nennt er *Geist und Natur* und stellt ihm ein gleichermaßen rätselhaftes und faszinierendes Einführungskapitel voran. Er schreibt diesen entscheidenden Text auf der Suche nach einer Synthese, und er tut sich doch erkennbar schwer, sein eigenes, gleichermaßen strenges und wildes Denken auf eine Linie zu bringen. Er will einerseits die eine, die zentrale Formel präsentieren, die alles erklärt – und möchte sich doch andererseits um jeden Preis eine grundsätzliche Offenheit erhalten, eine prinzipielle Immunität gegenüber Dogmen gleich welcher Art. Auch seinen begeisterten Anhängern will er den Zugang zu seinem Werk nicht unbedingt durch didaktische Tricks und Kniffe erleichtern. Gregory Bateson argumentiert ganz offensichtlich *systematisch unsystematisch*, aber manchmal ist man sich nicht sicher, was im Moment des Schreibens Absicht und Methode ist und was einfach nur unkoordinierte Assoziation, über die er selbst staunen muss. Er erregt sich in dieser Einführung über die Prinzipien der abendländischen Erziehung und betont, dass Geschichten und Metaphern wissenschaftlich respektable Äußerungsformen seien, definiert Schlüsselbegriffe der Evolutionstheorie um und kommt beiläufig auf den Hinduismus und Probleme der Logik zu sprechen. Schließlich bietet er einen weiteren Titel seines Buches an, eine andere, eine neue Bilanzformel. Wie wäre es, so heißt es abrupt, wenn er sein Werk »*das Muster, das verbindet*« nennen würde. Und »welches Muster«, so seine Frage, »verbindet den Krebs mit dem Hummer und die Orchidee mit der Primel und all diese vier mit mir? Und mich mit Ihnen? Und uns alle sechs mit den Amöben in einer Richtung und mit dem eingeschüchterten Schizophrenen in einer anderen?« Dann schreibt er weiter: »Ich möchte Ihnen sagen, warum ich mein ganzes Leben lang Biologe war, was es ist, das ich immer versucht habe zu studieren. Welche Gedanken kann ich hinsichtlich der gesamten biologischen Welt, in der wir leben und unser Dasein fristen, mit anderen teilen? Wie ist diese Welt zusammengesetzt?«[259] Bateson will in einer letzten dramatischen Anstrengung des Denkens eine Matrix des Lebendigen beschreiben – und skizziert schließlich, geschult an

---

259 BATESON, GREGORY (1990): *Geist und Natur. Eine notwendige Einheit.* 2. Aufl. Frankfurt am Main: Suhrkamp. S. 15. [Hervorhebung im Original].

der Unterscheidungsphilosophie der Kybernetiker und Informations-
theoretiker, sein Verständnis des Geistes und des Lebendigen: Die Operation des Unterscheidens und die Wahrnehmung von Differenzen
erscheint ihm als gemeinsames Grundmuster, das allem Lebendigen
eigen ist und das für ihn das Wesen des Geistes ausmacht.

URSACHEN DES KONTROLLVERLUSTES

Wenn man selbst am Schluss eines Buches nach einer bilanzierenden
Formel sucht, dann kann man von dem Vorgehen des Irritations- und
Integrationsgenies Gregory Bateson ganz entscheidend profitieren – und
sich zunächst fragen: Welches Muster verbindet die Geschichten, die hier
ausgebreitet wurden? Was verbindet die Diffamierung einer chinesischen
Studentin mit der Geschichte des Politikers Daniel Cohn-Bendit? Welche
Erfahrung teilen der Australier Julian Assange und der amerikanische
Ex-Soldat Charles Graner, Haupttäter im Folterskandal von Abu Ghraib?
Was hat die Entlarvung eines Verteidigungsministers durch deutsche
Netzaktivisten mit dem Skandal zu tun, den die Büroangestellte und
Bloggerin Jessica Cutler vor etlichen Jahren in Washington ausgelöst hat?
Welches gemeinsame Muster verknüpft den Rücktritt eines Bundesprä-
sidenten mit dem Schicksal des mutmaßlichen WikiLeaks-Informanten
Bradley Manning oder den Ereignissen um Roger Chan Yuet-tung, der
in einem Nachtbus in Hongkong einen Wutanfall bekommt und dabei
mit einem Handy gefilmt wird? Was haben die Erlebnisse von Nestlé
im Angesicht einer Greenpeace-Kampagne, der Golfer Tiger Woods
und der unglücklich agierende Politiker Anthony Weiner gemeinsam?
Und was verbindet sie alle mit dem Schicksal von zwei Angestellten
in Nürnberg, deren E-Mail-Verkehr schließlich ins Netz gelangt? *Die
Antwort lautet, dass es die Erfahrung eines elementaren Kontrollverlustes ist, die
als ein gemeinsames Meta-Muster gesehen werden kann.* In die falschen Kanäle geratene Mails und Fotos, Interviewsequenzen, Passwörter und
Handyvideos, sms-Botschaften und Twitter-Meldungen beenden, so
zeigt sich, Karrieren und besiegeln ein Schicksal. Sie werden zu global
zirkulierenden Beweisen eines Vergehens, die sich nicht mehr aus der

Welt schaffen lassen. Immer mehr Daten lassen sich immer leichter durchsuchen, verknüpfen, rekonstruieren, dauerhaft speichern – und eines Tages in öffentliche Dokumente der Diskreditierung verwandeln, die sich nicht allein gegen Mächtige und Prominente, sondern auch gegen Ohnmächtige und gänzlich Unbekannte richten.[260] Was immer digital vorliegt, kursiert womöglich eines Tages unkontrolliert, wird von einer nicht mehr kontrollierbaren Zahl von Menschen rezipiert, kommentiert und kombiniert, in seiner Bedeutung verändert, in gänzlich neue Zusammenhänge eingebettet und immer wieder aktualisiert und erneut propagiert. Und wer dennoch dazu ansetzt, den Kontrollverlust durch eigene Kontrollanstrengungen oder durch die Hilfe mehr oder minder qualifizierter Experten in den Griff zu bekommen, der erreicht womöglich das Gegenteil des Gewünschten – und verschärft die eigene vielleicht längst einigermaßen missliche Position. Kurzum: Das Ende der Kontrolle – dieses von dem *Wired*-Mitbegründer Kevin Kelly schon früh dechiffrierte Meta-Muster – ist so fundamental, dass auch die Versuche des Skandal- und Reputationsmanagements als vergleichsweise kümmerliche oder im schlimmsten Fall gänzlich kontraproduktive Versuche der Gegenwehr erscheinen.[261]

DER KATEGORISCHE IMPERATIV DES DIGITALEN ZEITALTERS

Handele stets so, dass Dir die öffentlichen Effekte Deines Handelns langfristig vertretbar erscheinen. Aber rechne damit, dass dies nichts nützt.

---

260 Siehe: KURZ, CONSTANZE/FRANK RIEGER (2011): *Die Datenfresser. Wie Internetfirmen und Staat sich unsere persönlichen Daten einverleiben und wie wir die Kontrolle darüber zurückerlangen.* Frankfurt am Main: S. Fischer Verlag.
261 Siehe: KELLY, KEVIN (1997): *Das Ende der Kontrolle. Die biologische Wende in Wirtschaft, Technik und Gesellschaft.* Mannheim: Bollmann. Erneut sei an dieser Stelle auch auf die Arbeiten des Bloggers und Medientheoretikers Michael Seemann verwiesen, die dieser in seinem Blog zum Thema entfaltet. Siehe: http://www.ctrl-verlust.net/ [30.05.2011].

FORMEN DER KONTEXTVERLETZUNG

Was aber, so kann man weiterfragen, verursacht den Kontrollverlust? Die erste, die sehr konkrete Antwort lautet: Es ist einfach Nachlässigkeit und fehlende Fantasie, die in vielen Geschichten wiederkehrende Medialitäts- und Situationsvergessenheit bzw. eine Art *Möglichkeitsblindheit*: Man kann sich schlicht nicht vorstellen, was mit den eigenen Daten passieren kann, in welchen merkwürdigen oder auch fatalen Kombinationen sie im Medium der Öffentlichkeit zu einem zurückkehren und eventuell eines Tages das eigene Image ruinieren. Manchmal fehlt, auch das lässt sich feststellen, das nötige Minimum an Medienkompetenz – und die ganze Sache entgleitet, weil man aus einer Laune heraus ein Video online stellt, das plötzlich und unerwartet einen Hype auslöst, sich nicht mehr beseitigen lässt. Manchmal geht es um Datendiebstahl und den gezielten Geheimnisverrat – dann ist der Kontrollverlust direkt das Ziel, nicht jedoch lediglich ein unerwünschter Effekt. Mitunter ist es der Geltungsdrang eines Einzelnen, der besonders auffällt. Dann wieder erscheint das Bedürfnis nach Rache und die Lust, einen anderen öffentlich zu blamieren und zu bestrafen, als dominant. Und so weiter.

Aber die konkrete Betrachtung, die Vielschichtigkeit der Motive und unmittelbaren Anlässe verdeckt den Blick für das Allgemeine – und lässt die grundlegenden Voraussetzungen und die Varianten des Kontrollverlustes nicht ausreichend deutlich werden. Zu diesen Voraussetzungen gehören zunächst und vor allem die Digitalisierung von Dokumenten und Materialien, die Möglichkeit, gewaltige Datenmengen zu speichern, zu kopieren, sie rasch zu durchsuchen, zu verknüpfen, zu transferieren und zu publizieren. Aber das ist noch nicht alles. *Es existiert noch ein weiterer basaler Mechanismus, ein weiteres Meta-Muster des Kontrollverlustes, das Kontextverletzung genannt werden soll.* Auch dieses Muster der Kontextverletzung, so kann man, geschult an Gregory Batesons Ähnlichkeitsdiagnosen, erkennen, verbindet alle Fälle und Fallgeschichten auf eine hintergründige Weise.[262] Was ist

---

262 Zum Konzept des Kontextes als Basis der Inszenierungsanalyse im digitalen Zeitalter siehe auch: WESCH, MICHAEL (2009): YouTube and You. Experiences of Self-Awareness in the Context Collapse of the Recording Webcam. In: *Explorations in Media Ecology*. 8. Jg. H. 2. S. 19-34.

damit gemeint? Kontext meint hier ganz schlicht: die Summe der erwarteten und erwartbaren Kommunikationsbedingungen. Kontextverletzung bedeutet, dass der ursprüngliche Äußerungs- und Handlungskontext, in allen hier ausgebreiteten Geschichten und Fallanalysen aufgesprengt, verschoben und verändert wird. Erst diese Verletzung ursprünglich gemeinter, als gegeben angenommener Kontexte und der Bruch mit den gerade noch bestehenden Rahmenbedingungen der Kommunikation und des Handelns erzeugen die neue Bedeutung; erst diese Verschiebungen und Veränderungen schaffen die Basis für die effektive Diffamierung und kreieren die Bedingungen der Möglichkeit für die Entfesselung des Skandals. Welche verschiedenen Varianten und Formen der Kontextverletzung lassen sich ausfindig machen? Die Antwort lautet:

- Die Kontextverletzung, die den Kontrollverlust provoziert, ist immer und notwendigerweise *räumlicher Natur*: Was an einem Ort gesagt oder getan wurde, wird plötzlich an vielen anderen Orten der Welt bekannt – und im Extremfall global registriert und simultan rezipiert. Es ist der beschützte, der abgeschirmte Informationsraum, der aufgesprengt wird. *Daten und Dokumente werden deterritorialisiert.*

- Die Kontextverletzung ist darüber hinaus immer und in jedem Fall *zeitlicher Natur*. Es ist Vergangenes, das mit einem Mal und womöglich dauerhaft und ohne Chance auf ein gnädiges Vergessen gegenwärtig erscheint – und auch in Zukunft präsent bleibt. *Daten und Dokumente werden, so könnte man formulieren, entzeitlicht.*

- Diese Kontextverletzung ist schließlich unter allen Umständen *publikums- und öffentlichkeitsspezifischer Natur*. Es ist das kleine, das ausgesuchte Publikum der eigenen Äußerungen und Handlungen, das mit einem Mal durch ein potenzielles Weltpublikum ersetzt wird. Plötzlich werden Geheimnisse öffentlich, wird Intimes und Privates, das eben noch im kleinen Kreis verhandelt wurde, publiziert – und im Extremfall von einem feixenden Mob kommentiert. *Daten und Dokumente werden unter Umständen global bekannt.*

- Diese Kontextverletzung, basaler Mechanismus des Kontrollverlustes im digitalen Zeitalter, ist nicht notwendig, aber oft *kultureller Natur*. Was im Kontext einer bestimmten Kultur, im Bedeutungsraum einer kleinen Gruppe oder auch eines ganzen Kontinents als legitim oder gänzlich normal erscheint, mag – nach erfolgtem Transfer in andere Sinn-Enklaven bzw. Interpretationssphären – anstößig, ekelhaft, eben skandalös wirken. Die Übertragung in den anderen, den neuen kulturellen Kontext ist Erregungsursache und Empörungsanlass. *Daten und Dokumente werden hier neu interpretiert – und eben dadurch überhaupt erst zum Skandal.*

- Diese Kontextverletzung ist schließlich aus der Sicht derjenigen, die reden, telefonieren, Ad-hoc-Nachrichten hinterlassen, E-Mails und SMS-Nachrichten verschicken, Schnappschüsse machen, Filmchen drehen usw. *modaler Natur*. Die Handelnden glauben häufig an die Flüchtigkeit des aus der konkreten Situation heraus Geäußerten. Sie formulieren und agieren entsprechend – und rechnen offenkundig nicht mit der permanenten Speicherung des eigentlich für den Augenblick Präsentierten. Ihre Ad-hoc-Einlassungen sind eben gerade nicht stilistisch durchgeformt, überlegt in der Wortwahl und sicher im Ausdruck, sondern dialogisch, prozess- und sprunghaft, in der Regel umgangssprachlich eingefärbt. Es handelt sich um *konzeptionelle Mündlichkeit*, die aber faktisch doch schriftlich zementiert wird – und mit einem Mal öffentlich für Aufregung sorgt.²⁶³ Der (fälschlich angenommene) Kontext ephemerer, spontaner, zumeist privater Kommunikation in der eigenen Nahwelt ist es, der hier verletzt wird. Fatal aus der Sicht der Betroffenen: *Daten und Dokumente werden dauerhaft fixiert, das vermeintlich Flüchtige bleibt bestehen – und wird zum leicht erneuerbaren Skandalisierungsanlass für ein distanziert rezipierendes Großpublikum.*

---

263 Zur Unterscheidung konzeptioneller bzw. medialer Mündlichkeit und Schriftlichkeit, die diesen Überlegungen zugrunde liegt, siehe: KOCH, PETER/WULF OESTERREICHER (1995): Sprache der Nähe – Sprache der Distanz. Mündlichkeit und Schriftlichkeit im Spannungsfeld von Sprachtheorie und Sprachgeschichte. In: *Romanistisches Jahrbuch*. Bd. 36. S. 15-43.

Voraussetzungen des Kontrollverlustes	Digitalisierung von Dokumenten/Materialien, Datenspeicherung, Datenkopie/Datentransfer, Datenverknüpfung, leichte Möglichkeiten der Veröffentlichung.
Mechanismen des Kontrollverlustes	Der ursprüngliche Äußerungskontext wird aufgesprengt, verschoben, verändert – die Folge derartiger Kontextverletzungen: Äußerungen und Handlungen werden skandalisierbar.
Konkrete Ursachen des Kontrollverlustes	Fehlende Medienkompetenz, Geltungsdrang, Nachlässigkeit, Geheimnisverrat, Datendiebstahl, öffentliche Bloßstellung etc.

Tab.1: Ursachen des Kontrollverlustes

Raum	Geschützte Informationsräume werden aufgesprengt, Daten weltweit verfügbar.
Zeit	Zeitliche Grenzen erodieren, Vergangenes wird dauerhaft gegenwärtig.
Publikum	Das Präsenzpublikum wird zum potenziellen Weltpublikum.
Öffentlichkeit	Intimes und Privates wird öffentlich, Geheimnisse werden offenbart.
Kultur	Kulturelle Kontexte lassen sich blitzschnell verschieben. Was in einer Kultur als normal gilt, mag – nach erfolgtem Transfer in eine andere Interpretationssphäre – als anstößig, ekelhaft, eben skandalös erscheinen.
Modus	Vermeintlich flüchtige Mündlichkeit wird dauerhaft fixiert; Ad-hoc-Äußerungen und situationsgebundene Fehlleistungen bleiben präsent.

Tab.2: Kontrollverlust durch Kontextverletzung

DIE MÖGLICHKEIT DES ANDERSSEINS

Was folgt aus all dem? Soll man den Kontrollverlust mit rhetorischem Furor zur Signatur des digitalen Zeitalters erklären? Ist es angebracht, den vielen Behauptungen der Zeitenwende und der Zäsur eine weitere hinzuzufügen? Leben wir alle in der Ära der Kontextverletzung? Wie sind diese Erfahrungsmuster höherer Ordnung zu bewerten? Beobachten wir bei genauerem Hinsehen eigentlich die Verwirklichung einer Utopie? Warum also eigentlich so negativ? Müssen wir uns womöglich einfach von der Angst vor dem Kontrollverlust befreien, um »aus den neuen Gegebenheiten eine neue, vielleicht ehrlichere und offenere Gesellschaft [zu] formen«?[264] Ist es geboten, den Kontrollverlust als Vorboten einer Welt zu deuten, in der Diktatoren keine Chance mehr haben? Sind wir auf dem Weg zu einer Gesellschaft totaler Transparenz, in der das Privatleben als ein Relikt der Vergangenheit erscheint? Wird vielleicht sogar eine neue Toleranz möglich, weil schon bald alle endlich alles voneinander wissen und die radikale Vielfalt der Lebensentwürfe zuerst sichtbar wird und dann als gänzlich akzeptabel erscheint? Besitzt dann mit einem Mal die Diagnose einer Norm- und Normalitätsabweichung (Grundlage jeder Diskriminierung) keine Macht mehr, weil das »allgemeine Ausmaß des Nicht-normal-Seins für jedermann« erkennbar wird?[265] Soll man den Kontrollverlust womöglich, der so herrlich suggestiven Prosa Kevin Kellys folgend, aus der Perspektive eines Techno-Mystikers betrachten und ihn ganz einfach feiern? Zeigt sich in der Eigendynamik des Technischen ein höherer Wille und spiegelt sich in der Komplexität eines Smartphones, wie der Netzphilosoph inzwischen ganz ernsthaft glauben machen möchte, vielleicht sogar das Wesen des Göttlichen?[266] Oder ist alles genau umgekehrt und ist die Eigenmacht des Technischen ein Grund zur Klage, ein Indiz des Niedergangs und der Zerstörung? Versorgen uns allein die Kulturpessimisten mit korrekten Interpretationen? Wessen Geschichte zählt? Die des von einem Cybermob ruinierten Opfers oder die Geschichte des arabischen Frühlings, der Twitter und Facebook und den Möglichkeiten der effektiven Schwarmbildung so entscheidende Anstöße verdankt?[267]

---

264 SEEMANN, MICHAEL (2010): Die Krankenakte von Tut Ench Amun. In: CTRL-*Verlust* vom 11.01.2010. http://www.ctrl-verlust.net/die-krankenakte-von-tut-ench-amun/ [30.05.2011].
265 Zu dieser Spielform der digitalen Utopie siehe kritisch: KURZ, CONSTANZE/FRANK RIEGER (2011): *Die Datenfresser. Wie Internetfirmen und Staat sich unsere persönlichen Daten einverleiben und wie wir die Kontrolle darüber zurückerlangen*. Frankfurt am Main: S. Fischer Verlag. S. 251.
266 KELLY, KEVIN (2010): *What Technology Wants*. New York: Viking. S. 358f.
267 Zum Thema siehe die folgenden – gegensätzlichen – Stellungnahmen und Analysen: MOROZOV, EVGENY (2011): Facebook and Twitter Are Just Places Revolutionaries Go. Cyber-utopians Who Believe the Arab Spring Has Been Driven by Social Networks Ignore the Real-world Activism Underpinning Them. In: *Guardian.co.uk* vom 07.03.2011. http://www.guardian.co.uk/commentisfree/2011/mar/07/facebook-twitter-revolutionaries-cyber-utopians?commentpage=all#start-of-comments [17.09.2011].
HOWARD, PHILIP N./AIDEN DUFFY/DEEN FREELON/MUZZAMMIL HUSSAIN/WILL MARI/MARWA MAZAID (2011): *Opening Closed Regimes. What Was the Role of Social Media During the Arab Spring?*

Wer nun meint, die definitive, die einzig mögliche Antwort gefunden zu haben, läuft Gefahr, die eigene Offenheit zu riskieren, die persönliche Position zum Dogma auszurufen und einen weiteren Beitrag zur aufgeregten Frontenbildung zu liefern, die so viele aktuelle Netzdebatten prägt. Schon allein deshalb lohnt es sich, an die Haltung Gregory Batesons zu erinnern, aus der heraus er in der existenziellen Situation des nahenden Todes seine Einführung formuliert und sein eigenes Nachdenken mit bewundernswerter Gelassenheit resümiert. Bateson will, das ist offensichtlich, die umfassende Perspektive, das große Bild. Und er ist, auch das steht außer Frage, am Ende seines Lebens auf der Suche nach einer Urformel des Lebendigen. Aber er weiß doch um die Gefahren des Reduktionismus und der flotten Trivialisierung, die einem solchen Ansinnen eigen sind, und versucht sie zu vermeiden, indem er sich der endgültigen Festlegung entzieht, Geschichten und Parabeln wählt und seine eigenen Gewissheiten so lange dreht und wendet, bis sie unscharfe Ränder bekommen – und man mehr sieht als zuvor. Er will sich selbst und seinen Leserinnen und Lesern, auch das gehört zu seiner Bilanz, unter allen Umständen die Fähigkeit zur Überraschung erhalten, ein Gespür für die Möglichkeit des Andersseins, die sich aus seiner Haltung gebenüber den eigenen, als so elementar erkannten Einsichten ergibt. Man könnte sagen: Gregory Bateson führt vor, dass echtes Denken spielt.

Project on Information Technology & Political Islam. Working Paper 2011.1. University of Washington. http://pitpi.org/index.php/2011/09/11/opening-closed-regimes-what-was-the-role-of-social-media-during-the-arab-spring, [09.02.2011].

DANKSAGUNG

Bei der Arbeit an diesem Buch sind wir gelegentlich einer Empfehlung Heinrich von Kleists gefolgt. Er schreibt in seinem Aufsatz *Über die allmähliche Verfertigung der Gedanken beim Reden*, man solle das noch nicht Gewusste und nur halb Bewusste anderen Menschen erzählen, um sich auf diese Weise Klarheit zu verschaffen. Im Prozess des Redens und Diskutierens gewinne der noch gestaltlose Gedanke Kontur. Für die Bereitschaft zum Gespräch danken wir: Jens Bergmann, Patrick Centner, Ursula und Jürgen Detel, Matthias Eckoldt, Wolfgang Kraushaar, Gunhild und Uwe Pörksen, Jan-Lüder Röhrs, Julia Raabe, Friedbert Rüb, Judith Schächterle, Michael Seemann und Armin Scholl. Kati Trinkner und Jonas Schaible gebührt besondere Anerkennung für die gelegentlich ein detektivisches Gespür erfordernden Recherchen und die Fähigkeit, auch noch die entlegensten und längst verloren geglaubten Quellen und Netzseiten ausfindig zu machen. Unser Verleger Herbert von Halem hat auch dieses Projekt zuversichtlich und mit einem im Buchgeschäft längst unüblich gewordenen Engagement unterstützt. Von dem Austausch mit Kevin Kelly und einer Wanderung mit Howard Rheingold in den Hügeln Mill Valleys haben wir enorm profitiert, auch wenn ihnen unsere Thesen mitunter als Ausdruck eines alteuropäischen Pessimismus erschienen sein mögen. Bücherschreiben ist ein Vergnügen – und eine Anstrengung eigener Art. Es ist allen Genannten geschuldet, dass die allmähliche Verfertigung der Gedanken beim Reden und beim Schreiben stets etwas Anregendes, Aufregendes und sachlich Herausforderndes behielt.

VERZEICHNIS DER ABBILDUNGEN

Abb. 1

Zusammen mit seiner Frau gibt
Bundespräsident Horst Köhler im
Schloss Bellevue in Berlin seinen Rücktritt
bekannt
© picture-alliance/dpa; Foto: Wolfgang
Kumm

Abb. 2

Der Mann mit dem Modem: das Manifest
des Matt Drudge
Quelle: NAL Hardcover

Abb. 3

Insinuation statt Investigation:
ein Foto des amerikanischen
Präsidentschaftskandidaten
Barack Obama mit Turban auf den Seiten
des *Drudge Report*
Quelle: *Drudge Report*

Abb. 4

Vermarktung eines Skandals:
Jessica Cutler im Fernsehen
Quelle: http://video.google.com/videoplay?do
cid=-5674561267862735138

Abb. 5

Auszüge aus dem WikiLeaks-Video *Collateral*
Murder. Es zeigt, wie amerikanische
Soldaten im Osten Bagdads Menschen
erschießen
Quelle: http://www.youtube.com/
watch?v=5rXPrfnU3G0

Abb. 6

Bradley Manning, der mutmaßliche
WikiLeaks-Informant, in Uniform
© picture Alliance /dpa;
Foto: Michael Reynolds

Abb. 7

Bilanz einer kollaborativ entlarvten Fälschung: die Startseite des Wikis *GuttenPlag*

Quelle: http://de.guttenplag.wikia.com/wiki/GuttenPlag_Wiki

Abb. 8

Absturz einer Lichtgestalt – die einstige Selbstpräsentation von Karl-Theodor zu Guttenberg

Quelle: Screenshot der damaligen Website, die heute in dieser Form nicht mehr existiert

Abb. 9

Die Abbildung zeigt die zirkuläre Logik einer durch Grenzüberschreitungen zweiter Ordnung befeuerten Skandalisierung

Quelle: Thompson, John B. (2000): *Political Scandal. Power and Visibility in the Media Age.* Cambridge: Polity Press. S. 24.

Abb. 10

Gao Qianhui während ihrer Hassrede gegen Erdbebenopfer

Quelle: http://www.youtube.com/watch?v=bPDhZJmRB4A

Abb. 11 + 12

Der aufgebrachte Mob agiert online und offline. Die erste Abbildung zeigt ein digital bearbeitetes Foto Wang Qianyuans mit einem Schild »Landesverräter« um den Hals; im Hintergrund erkennt man die Pro-Tibet-Demonstranten. Auf dem zweiten Bild sieht man die Parolen an der Wand der elterlichen Wohnung:»Tötet die ganze Familie! Bringt Landesverräter um!«

Quelle: http://www.99sui.com.cn/article/sort013/info-6440.html

Abb. 13

Erste Folge einer Reality-Soap in eigener Sache: das YouTube-Video, mit dem alles begann

Quelle: http://www.youtube.com/watch?v=hx_WKxqQF2o

Abb. 14 + 15 + 16 + 17

Ikonische Bilder des Folterskandals von Abu Ghraib, die weltweit zirkulieren: ›der Mann an der Leine‹, der sogenannte ›Kapuzenmann‹, der ›Iceman‹ und die ›menschliche Pyramide‹

© picture-alliance/dpa

Abb. 18

Die Panoptikum-Skizze von Jeremy Bentham. Vom Zentrum des Gebäudes aus lässt sich jede einzelne Zelle einsehen

Quelle: Bentham, Jeremy (1791): *Panopticon. Or, the Inspection-House.* Dublin: Thomas Byrne.

Abb. 19

Die Fusion von zwei ikonischen Bildern: der sogenannte ›Kapuzenmann‹ und der ›iPod-Tänzer‹

Quelle: http://www.flickr.com/photos/amerigo/388831667/

Abb. 20

Roger Chan Yuet-tungs Wutanfall in einem
Hongkonger Nachtbus – festgehalten mit
einer Handykamera
Quelle: http://www.youtube.com/watch?v=76
I82ZBtBJ0&feature=BFa&list=PL00B55482A0
21D858&lf=plcp&index=8

Abb. 21

Das plötzlich aufflammende Interesse an
dem Missgeschick der beiden
BA-Mitarbeiterinnen: Die beiden Linien
illustrieren die Suchanfragen nach den
Namen der beiden BA-Mitarbeiterinnen
Quelle: http://www.google.com/insights/
search/?hl=de#q=%22Anica%20
Gerloff%22%2C%22Christina%20Sch%C3
%B6ffel%22&geo=DE&date=7%2F2006%20
4m&cmpt=q

Abb. 22

Tiger Woods bei der von ihm einberufenen
Pressekonferenz in einem Clubhaus des US-
Golfverbandes in Florida
© picture-alliance/epa; Foto: Lori Moffett

Abb. 23

Ein missglückter Versuch des
Skandalmanagements – Anthony Weiners
fatale Pressekonferenz
© picture-alliance /epa; Foto: Andrew
Gombert

Abb. 24 + 25

Auszüge aus dem Schockvideo von
Greenpeace: Der Büromitarbeiter zerkaut
einen stark blutenden Affenfinger
Quelle: http://www.youtube.com/watch?v=Iz
F3UGOlVDc&feature=player_embedded

Abb. 26

Kritische Konsumenten werden Aktivisten:
die Twitter-Wall vor dem Frankfurter
Firmengebäude von Nestlé
© Andreas Varnhorn/Greenpeace

Abb. 27

Nach der Eingabe des Namens –
die automatische Vervollständigung der
Suchanfrage zu Daniel Cohn-Bendit
Quelle: Google

Abb. 28

Auszug aus einer Zeitung ungarischer
Rechtsextremisten. Der Text trägt den
Titel »Der Kinderbelästiger« und nennt die
entscheidenden Zitate erneut
Quelle: Magyar Fórum